姜斯宪 著

攀登

坚定从容
建设世界一流大学

上海交通大学出版社
SHANGHAI JIAO TONG UNIVERSITY PRESS

内容提要

　　本书系作者担任上海交通大学党委书记期间一系列文稿的精心选编。全书分为五个篇章，勾勒了上海交通大学近年来改革发展的实践图景，阐述了作者对如何扎根中国大地建设世界一流大学的独到见解。全书内容丰富，观点鲜明，求真务实，案例生动，适合高校领导干部及广大教育工作者和教育科研人员阅读。

图书在版编目（CIP）数据

攀登：坚定从容建设世界一流大学 ／ 姜斯宪著. —
上海：上海交通大学出版社，2021
ISBN 978 - 7 - 313 - 24761 - 2

Ⅰ. ①攀… Ⅱ. ①姜… Ⅲ. ①高等学校—教育建设—
研究—中国 Ⅳ. ①G649.2

中国版本图书馆 CIP 数据核字（2021）第 035800 号

攀登：坚定从容建设世界一流大学
PANDENG：JIANDING CONGRONG JIANSHE SHIJIE YILIU DAXUE

著　　者：姜斯宪
出版发行：上海交通大学出版社　　　　　　　地　　址：上海市番禺路 951 号
邮政编码：200030　　　　　　　　　　　　　电　　话：021 - 64071208
印　　制：苏州市越洋印刷有限公司　　　　　经　　销：全国新华书店
开　　本：710 mm×1000 mm　1/16　　　　 印　　张：24.75
字　　数：308 千字
版　　次：2021 年 3 月第 1 版　　　　　　　印　　次：2021 年 3 月第 1 次印刷
书　　号：ISBN 978 - 7 - 313 - 24761 - 2
定　　价：68.00 元

就读于上海交通大学时期的证件照

担任上海交通大学党委书记时期的个人照

2015 年 3 月 14 日,与新当选的中共上海交通大学第十届党委委员合影

2015 年 7 月,在云南考察期间与大理研究院师生餐叙交流

2016 年 3 月,出席博鳌亚洲论坛期间在"东西方教育思想的差异"论坛上发言

2016 年 4 月 8 日，主持上海交通大学建校 120 周年纪念大会

2016 年 10 月 28 日，出席霍英东体育中心揭牌仪式

2016 年 10 月 30 日，与时任上海市市长杨雄为
上海交通大学中国城市治理研究院揭牌

2016 年 11 月 28 日，出席李政道研究所成立仪式

2017 年 4 月 8 日，为"盛宅·校友之家"揭幕

2017 年 5 月 26 日，主持应勇市长在上海交通大学的形势政策报告会

2017 年 9 月 10 日,为首届"教书育人奖""科研成果奖"获奖者颁奖

2018 年 1 月 9 日,接待来校访问的联合国原秘书长潘基文一行

2018 年 6 月 9 日,在 77、78 级校友入学 40 周年纪念大会上作报告

2018 年 6 月 24 日,与日本前首相福田康夫等为上海交通大学日本研究中心揭牌

2019 年 7 月 6 日,接待来校访问的保加利亚总统鲁门·拉德夫

2019 年 11 月 5 日,接待来校访问的塞尔维亚总理阿娜·布尔纳比奇

2020 年 2 月 9 日，在瑞金医院援鄂医疗队出征仪式上讲话

2020 年 3 月 1 日，为全校师生主讲在线教学第一课

出席学校毕业典礼

在毕业典礼上为毕业生拨穗

为全校新生讲授开学第一课

讲授形势与政策课"读懂中国:卓越全球城市上海"

为本科生讲授马克思主义基本原理课

与上海交通大学荣获 ACM 国际大学生程序设计世界总决赛金牌的师生合影

与上海交通大学荣获第十四届"挑战杯"冠军的师生团队合影

为学校第 30 届"希望杯"足球赛决赛开球

慰问留校过年学生

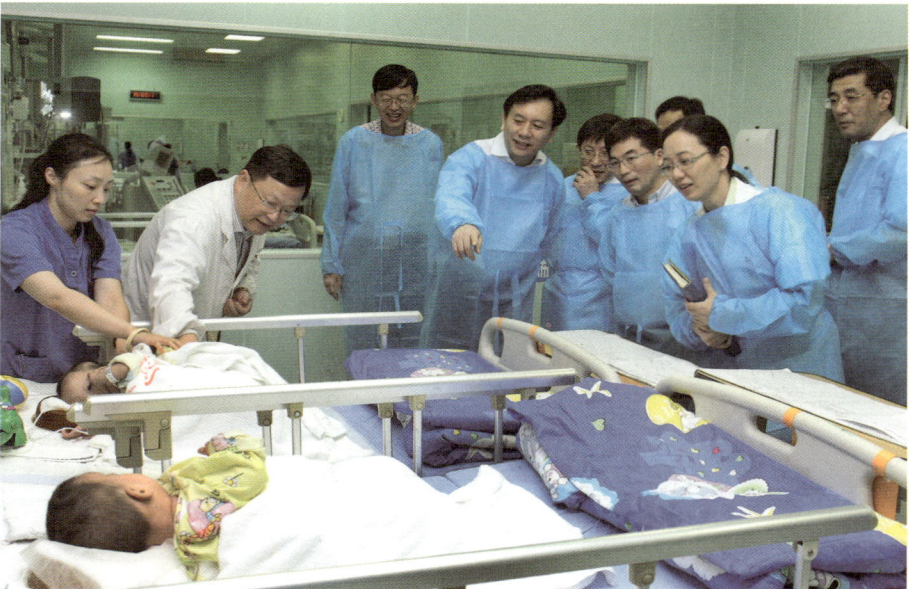

慰问学校附属医院

与上海交通大学六系七八级同窗的合影

与上海交通大学已退任主要领导的合影

2020 年 3 月 17 日,与校领导班子成员的合影

序 一

很高兴能为姜斯宪同志的《攀登：坚定从容建设世界一流大学》一书作序。

我与斯宪同志结缘已有 30 余年。20 世纪 80 年代，斯宪同志与我分别在上海交通大学团委、清华大学团委工作，他曾经带队到清华大学考察交流共青团工作。彼时的交大，勇立潮头、锐意进取，改革经验历史性地被写入政府工作报告。在这个过程中，学校也培养锻炼出了一批优秀的干部，斯宪同志就是其中的佼佼者。90 年代中期，斯宪同志经组织选派离开学校，先后在上海、海南等地多个重要岗位工作，丰富的人生阅历造就了他达观处世、谦和待人的君子风范。

2014 年 1 月，斯宪同志回母校担任党委书记一职，肩负起带领学校探索中国特色世界一流大学之路的时代重任。履职以来，斯宪同志与张杰校长、林忠钦校长及其他班子同志深入学习贯彻习近平新时代中国特色社会主义思想，团结带领全校师生医务员工，坚持社会主义办学方向，落实立德树人根本任务，深化综合改革，推进依法治校，提高办学质量，加快内涵发展，高质量地实现了学校"三步走"战略目标中的第二步，学校整体实力稳居国内一流高校前列、跻身世界一流大学行列。学校的快速发展，凝聚着学校班子和全体交大人的心血和智慧，也离不开斯宪同志的无私奉献。谨借此机会，向斯宪同志的辛劳付出致以崇高的敬意！

本书是斯宪同志在任期间一系列文稿的精心选编。全书分"改革发展""学在交大""人才强校""开放合作""党的建设"五个篇章，从变革时代大学领导者的角度，勾勒了上海交大的阶段"成长史"，真实记录了斯宪同志努力践行"依法治校，以德服人，励精图治，尽我绵薄"履新诺言的勤勉历程，以及学校班子在世界一流大学建设之路上所进行的深入思考与生动实践，相信必会给广大高等教育界同行们带来启迪和思考。

思源致远，薪火相传。把全面建成世界一流大学的蓝图变为现实，是一次新的攀登，也是一场新的长征。站在两个百年奋斗目标的交汇点上，回顾往昔，展望未来，我们既要登高望远，又要脚踏实地。未来五年和更长的一段时期，是交大开启新的征程向世界一流大学前列迈进的第一个五年，是实现新的更大发展的关键时期，需要我们这代交大人接好交大薪火相传的"接力棒"，走好交大永续发展的"长征路"。

谨作此序，亦自勉之。

上海交通大学党委书记

2021 年 1 月

序　二

非常荣幸能在第一时间收到斯宪同志的文章合辑并受邀作序,仔细阅读这一篇篇文章,唤起了我与斯宪同志共事6年里点点滴滴的回忆。这本合辑高度凝练了斯宪同志的办学治校思想与智慧,对于学校未来的发展具有重要指导意义与价值。

斯宪同志是交大培养的优秀干部,历任多个岗位的重要领导职务。2014年1月,他回到母校担任党委书记以来,充分展现了"讲政治的教育家"和"懂教育的政治家"的风采,充分履行了他在就职时的承诺:公廉尽职,励精图治。他有高度的政治责任感、很强的政治定力、高远的战略思维和开阔的国际视野,既旗帜鲜明、坚定自信,也担当务实、大气谦和,他实事求是的工作作风和成人之美的豁达胸襟也非常令人钦佩。作为他的同窗和同事,我们在多年并肩奋斗中,心往一处想、劲往一处使,结下了深厚的"革命友谊"。

在他的带领下,6年多来,学校的改革发展打开了新的局面,各项事业大步迈上了新的台阶。党的领导更加坚强有力,党委领导下的校长负责制不断完善和发展,成为我们扎根中国大地办世界一流大学的显著制度优势。"立德树人、教书育人"的中心地位更加凸显,以价值引领为核心的"四位一体"育人理念深入人心,"学在交大"蔚然成风,成为新时期交大的鲜亮名片。人才强校主战略不断提升,综合改革持续深化,中国特色世界一流大学治理体系日趋完善,院系基层单位办学活力得到极大激发。学校在人才培养、科研创新、社会服务、国际合作与交流、文化传承创新等各领域都取得了新的重大突破,走出了建设中国特色世界一流大学的交大之路。斯宪同志还发挥优势，汇聚力量，推动学校深度融入国家、区域和行业的发展战略，为学校的发展赢得了重大机遇，争取了宝贵资源。百廿交大在传承中创新，学校党政班子团结和谐、开拓进取，全体交大人努力拼搏、奋发有为，一心想干事，努力干成事，交大事业奔腾向前。全校上下形成了风清气正、求真务实、开放兼容的文化氛围。

从校领导岗位退下来以后，斯宪同志仍非常关心学校的建设与发展，在战略咨询、学科建设、人才引进等方面继续为学校做贡献，而这本文章合辑，也是斯宪同志留给学校未来发展的又一珍贵礼物，体现了他对母校的深厚感情。借此机会，再次向斯宪同志致以崇高的敬意和真诚的感谢，衷心祝愿斯宪同志体健心怡、万事如意！

是为序。

林忠钦

上海交通大学校长、中国工程院院士

2021 年 1 月

思源致远　薪火相传*

——在上海交通大学教师干部大会上的讲话

（代　序）

（2020 年 3 月 17 日）

　　刚才，中央组织部王维平局长宣布了中共中央关于上海交通大学党委书记职务任免的决定，我完全拥护中央的决定。三位领导同志的讲话，高度肯定了我校过去几年的发展进步并提出了殷切希望，也对我个人的工作表现给予了很高的评价。我认为，这是对全体班子同志的肯定和鼓励，也是对全校师生医务员工的褒扬和激励。

　　近年来，我在忠诚履职、勤勉工作的同时，多次向组织提出新老交替的恳切请求，今天中央派来了杨振斌同志，这充分体现了以习近平同志为核心的党中央对上海交大的重视和厚望。杨振斌同志是我国高等教育战线上的优秀领导干部，在全国同行中有着很好的口碑。刚才，几位领导已经全面介绍了杨书记丰富的工作经历，高度评价了杨书记优秀的思想品质、突出的工作能力和显著的工作业绩。我完全同意。我想补充的是，振斌书记比我小 9 岁，巧合的是，我们俩都是在 38 岁时担任了母校的党委副书记（他在清华大学，我在上海交大），也都是在 48 岁时成为中管干部。我们完全有理由相信，在振斌书记和忠钦校长的带领下，上海交大将继往开来、勇攀高峰，在建设中国特色世界一流的交大之路上更加奋发有为。我非常欣慰能把接力棒交给振斌同志，也

＊　本文是 2020 年 3 月 17 日在上海交通大学教师干部大会上的讲话。

一定会全力支持他的工作。我提议，让我们再一次用热烈的掌声欢迎振斌书记主政上海交通大学。

同志们，2013 年底，中央决定让我回母校上海交通大学担任党委书记。同时，提名我担任上海市人大常委会副主任，这是对我莫大的信任与关怀。6 年 3 个月，弹指一挥间。履新之时，我曾以"依法治校，以德服人，励精图治，尽我绵薄"来自勉。今天扪心自问，应该是兑现了当时的承诺。

6 年来，我们坚定自信、从容不迫，在迈向世界一流大学的征程中始终保持战略定力。作为中管高校书记，我先后十余次现场聆听习近平总书记重要讲话，深受启迪，倍感责任重大。我与班子成员一起，认真学习、深刻领会、准确把握习近平总书记关于我国高等教育改革与发展的一系列重要论述，坚持社会主义办学方向，把握"中国特色"和"世界一流"的辩证统一。既扎根中国大地，与国家同向同行，又秉持开放理念，在百年未有之大变局中持续推进国际交流与合作。我们积极探索，不断完善党委统一领导、党政分工合作、高效协调运行的工作机制，倡导领导班子争做"团体冠军"的干事理念。我们大力培育"选择交大，就选择了责任"的使命意识，积极营造求真务实、和谐奋进的工作氛围，形成了具有国际竞争力的一流师资队伍，凝聚起建成中国特色世界一流大学的强大合力。

6 年来，我们勠力同心、时不我待，发扬改革创新精神，持续激发办学活力。上海交大是一所因改革开放而繁荣兴盛、后来居上的学校。2014 年，学校党委认真研究制定了综合改革方案并获国家教改办批准，成为继清华、北大之后第三所获批高校。2015 年，我们成功召开了第十次党代会，明确了到 2020 年初步建成世界一流大学的奋斗目标。2016 年，我们隆重举行建校 120 周年系列活动，使全体交大人的成就感、自豪感、认同感得到明显提升。2017 年，我们顺利地在中央确定的

"双一流"建设方案中获得有力支持和先发位置,17 个一流学科入选教育部公布的名单。2018 年,我们精心组织改革开放 40 周年纪念活动和新时期教育思想大讨论。2019 年,我们认真开展"不忘初心、牢记使命"主题教育活动和新中国成立 70 周年庆祝活动。在组织这些活动和开展日常工作中,我们始终注重弘扬改革创新精神,有效地促进了以"学在交大""院为实体""多元评价"为主要抓手的综合改革全面推开,院系办学活力和师生员工获得感普遍提升。

6 年来,我们自加压力、奋楫争先,注重内涵建设,不断增强办学实力。学校各项办学指标节节攀升,"综合性、研究型、国际化"的办学格局进一步完善。学科建设成效显著,优势学科高峰凸起,交叉学科成长迅速。所有在建学科各具特色,组群发展,形成上海交大学科高原。科学研究捷报频传,我校连续十年在全国高校中保持国家自然科学基金获批项目数名列第一;连续两年荣获国家科技奖,名列全国高校第二,其中包括以第一完成单位和完成人荣获 2019 年国家科技进步特等奖,实现历史性突破。社会服务有为有位,中国城市治理研究院等智库为广大教师贡献智慧、资政建言发挥了平台作用。一流大学与一流城市共生互动。对接上海全球科创中心建设,李政道研究所、张江科学园、医学院浦东校区等重大项目拔地而起。学校的国际声誉稳步上升,与世界顶尖大学联合培养高层次人才的合作项目和科研合作项目日益增多,成果丰硕。

6 年来,我们发扬传统、立德树人,在打造"学在交大"名片中彰显百年学府魅力。交通大学是近代中国高等教育的发祥地之一。124 年来,学校培养了一大批卓有建树、灿若群星的杰出校友以及数十万各类人才。在新时代,我们弘扬尚学重教传统,形成了价值引领、知识探究、能力建设、人格养成"四位一体"育人理念;牢固树立"立德树人、教书育人"的鲜明导向,努力把人才优势、科研优势转化成育人优势。"学在交大"逐渐成为新时期全体交大师生的共同追求。2020年春节以来，在奋力迎战新冠肺炎疫情的同时，全校上下化危为机、全情投入，实现了在线教学全面有序开展，产生了积极的社会反响。

在我心中，交大是一生的情缘与眷恋。我是高考制度恢复后的77级学生，而立之年硕士毕业并留校工作，不惑之年跨出校门开始从政生涯，耳顺之年重回母校工作至今。

值此离任之际，我衷心感谢党组织为我提供了再次奉献母校发展、实现人生价值的舞台。感谢中组部、教育部和上海市委市政府6年来给予我的帮助和支持。真诚感谢学校领导班子的每一位成员，与你们合作共事的日子辛勤而愉快。特别要感谢张杰、林忠钦两位优秀的校长，我们相互信任、紧密配合、携手并进，结成了"最佳搭档"。我还要感谢老领导、老同志给予我的信任和鼓励。最后，我衷心感谢交大全体师生员工、医务工作者、全球校友以及社会各界支持交大发展的人，正是你们的关心支持、鼎力相助，交大的事业才有蒸蒸日上的局面。

"思源致远，薪火相传。"百廿交大正以昂扬的姿态开启新的航程。我相信，交大建成中国特色世界一流大学的奋斗目标一定会如期实现。衷心祝福母校的明天更加美好！

于上海交通大学

目　录

人才强校篇

开放合作篇

党的建设篇

364　后记

改革发展篇

饮水思源　励精图治 *

（2014 年 1 月 14 日）

　　我衷心感谢中央的信任和重托,衷心感谢中组部、教育部、上海市委和海南省委的肯定和关心,衷心感谢全校师生和广大校友的鼓励和支持。

　　此时此刻,我心中百感交集。一方面,回到母校感觉真好！阔别 19 年后,我重归曾经学习、工作了 17 年的母校任职,看到今天会场上不少熟悉的面孔和大家期待的目光,脑海中映现出许多美好的回忆。我是高考制度恢复后的 77 级学生,而立之年硕士毕业并留校工作,不惑之年跨出校门开始从政生涯。饮水思源,没有母校的培养和锤炼,就没有我的一切。另一方面,回到母校压力山大！今天的上海交大,正在努力跻身全球大学百强行列。这是逆水行舟,更是百舸争流。我完全赞同刚才三位领导代表组织对马德秀书记十年来的杰出贡献和优秀品质的评价,也深为马书记刚才"十年奋斗路,一生交大情"的讲话所感动。作为她的接班人,我有决心和信心尽快完成角色转换,切实担负起历史责任。

　　在今后的工作中,我将在以下几方面做出努力:

　　第一,勤奋学习,提高素质,努力成为"懂教育的政治家和讲政治的教育家"。这是中央对重点大学书记、校长的普遍要求,也是一个永无止境的目标。我将认真学习党的十八大以来的重要文件和习近平总书

---

* 本文是 2014 年 1 月 14 日就任上海交通大学党委书记时的讲话。

记的系列重要讲话，准确把握新的历史条件下我们党治国理政的新思想、新论断、新要求；认真学习《国家中长期教育改革和发展规划纲要（2010—2020年）》以及党和国家有关高等教育发展的指示精神和法律法规，力求融会贯通，深刻理解，并在工作实践中创造性地贯彻落实。与此同时，我也将认真研究世界一流大学的成长规律和上海交大的发展轨迹，尤其要通过深入调查研究，体察校情民意，正确认识学校在改革与发展方面的关键点。在此基础上，始终坚持中国特色社会主义的办学方向，切实加强建设世界一流大学的宏观思考和战略谋划。

第二，抓住机遇，发挥优势，努力成为中国高等教育改革与发展的排头兵。经过30多年改革开放的成功实践，中华民族伟大复兴的强国之梦已经清晰可见、势不可挡。而作为中国改革开放最前沿的上海市，更以其得天独厚的先发效应和综合实力，以及市委市政府对高等教育事业的高度重视和特殊支持，为我校加快建设世界一流大学奠定了坚实基础。我们切不可错失这一千载难逢的机遇，一定要紧紧围绕国家和上海市经济社会发展对学校提出的新任务，主动作为，服务大局，锐意改革，创新发展。要切实提高人才培养质量，着力培养并主动向上海市输送信念执着、品德优良、知识丰富、本领过人的专门人才和创新人才；要大力提升科学研究水平，充分发挥学校在国家和上海市创新体系建设中的作用，积极争取早日进入国家协同创新中心行列，提升人才、学科、科研三位一体的整体创新能力；要努力增强社会服务功能，推进产学研用结合，加快科技成果转化，大力传播先进文化，积极参与决策咨询，鼓励师生参与志愿服务，努力成为上海大家庭中的优秀成员。

第三，依法治校，率先垂范，努力建设公廉从政、团结和谐的领导班子。建立中国特色的现代大学制度是落实和扩大高校办学自主权的必要条件。我们要切实做好有效执行学校章程的准备，进一步完善内部治理结构。要把党委领导下的校长负责制切实运行好，把"教授治学"

的学术组织整合建设好,把民主管理、社会参与和权力监督的机制逐一落实好。其中最为关键的是搞好党政合作。对此,我和张杰校长在这里共同承诺:"高度信任,相互尊重,坦诚相待,加强沟通。"我们将率先垂范,成为和谐共事的榜样。同时,将努力带好党政班子,切实增强工作合力。下一步,我们要以党的群众路线教育实践活动的总结为契机,把长效整改项目和即知即改项目逐一落实好,以师生为本,以事业为重,珍惜交大的荣誉,营造风清气正的校园氛围。

最后,我要向马德秀书记表达崇高的敬意和衷心的感谢!过去十年中,我和德秀书记见面不多,但每次见面我都能感受到她那种创先争优的强烈事业心和对师生员工以及广大校友的真情实意。我提议,让我们再一次以热烈的掌声向马德秀书记表示由衷的感谢!

各位领导、同志们,今天是我工作经历中一个全新的起点。我将谨遵"饮水思源,爱国荣校"的校训,不辜负组织上和同志们对我的信任,励精图治,尽我绵薄。谢谢大家!

继往开来　深化改革[*]

（2014 年 2 月 26 日）

　　今天的全校干部大会,主要目的是与全校干部交流一下有关学校重大发展的意见,并部署新一年的工作。刚才,张杰校长介绍了校领导寒假务虚会上研究讨论的成果,并对 2014 年的工作进行了全面部署,我完全同意。作为学校新任党委书记,我也借此机会与同志们交流一下一个多月来开展调查研究的主要感受和想法。我到任后与德秀书记和张杰校长进行了多次深入交流,也认真阅研了两位同志的若干讲话和文章,同时,与校领导班子的每一位同志都进行了交谈,听取他们对自身主管工作的介绍。我也和部分机关职能部门负责人见面谈话,初步了解学校各方面的运行情况。此外,通过迎春茶话会和春节团拜会以及走访老领导和院士代表等形式,我听取了不少真知灼见。我和张校长共同听取了医学院及附属医院的汇报,给我留下了深刻印象。我们还听取了中欧国际工商学院和上海高级金融学院负责同志的汇报。本月中旬,学校领导班子利用三个单元(一天半的时间)召开务虚会,全体校领导及相关部处的同志都做了非常认真的准备,张校长在会前还对多位同志的发言提纲提出了修改意见,务虚会开得很有质量。通过问题导向的反思性讨论,从战略上、策略上对学校未来发展的若干关键问题进行了深入的思考和研究。

　　作为一位老交大人,我深切地感觉到学校近年来的进步是实实在

＊　本文是 2014 年 2 月 26 日在全校干部大会上的讲话。

在的,这既凝聚了德秀书记和张杰校长的突出贡献,更凝聚了领导班子和全体教职医护员工的辛勤汗水,大家都很有自豪感和成就感。与此同时,我也能感受到全校上下强烈的紧迫感。我觉得,也许正是这种自我加压的精神状态使大家的潜力得到激发,使我们的事业有了跨越式的发展。当然,学校在向基层和全校师生员工传递压力的同时,也要十分注意关心师生员工,让大家都有事业发展的舞台,既有自豪感和成就感,也有归属感和幸福感。

下面,围绕创建世界一流大学的总目标和扎实推进 2014 年学校的主要工作,我谈两点意见。

一、继往开来、追求卓越

这主要包含两层意思:第一层意思是不动摇、不松劲;第二层意思是抓住机遇、深化改革。

先说不动摇、不松劲。过去 20 年间,我先后在 10 个岗位上工作过,其中当过 6 次一把手。我发现,一把手到岗后,下属会自觉或不自觉地观望一段时间,可能想看看新领导是什么风格,有没有新思路或者"三板斧",而这正是我特别希望避免的。我想明确提出,我们要坚持创建世界一流大学的目标不动摇,坚持已达成共识的办学理念和举措不动摇。1996 年,在交大百年校庆之际,江泽民学长欣然题词,确立了全体交大人创建世界一流的目标愿景和共同理想。我至今还记得在徐家汇万体馆出席学校百年庆典的盛况。1998 年,在北京大学百年校庆之际,江泽民总书记代表党中央进一步明确提出建设若干所世界一流大学的奋斗目标,由此形成了著名的"985 工程"。十几年来,在学校党委和行政的带领下,上海交大紧紧围绕创建世界一流大学的战略目标,创新发展模式,抢抓发展机遇,学校的核心竞争力显著提升,综合性、研究型、国际化大学的格局基本形成，基础更加厚实，高原逐步凸显。我们有理由也有信心，以持之以恒的决心和坚韧不拔的毅力不断推进中国特色的世界一流大学建设。

我们要遵循世界一流大学的成长规律，担当中华民族强国之梦的历史责任，坚持面向世界科技前沿、面向国家和区域重大战略需求，坚定不移地走提升质量为核心的内涵式发展道路，更加积极地在中华民族伟大复兴中展现交大的身影。这些都是学校最重要的发展理念和既定部署，我们要毫不动摇地坚持下去并落到实处。新书记没有新套路，我对同志们的要求就是保持交大工作的连续性、稳定性和开拓性，保持交大的好势头。

与此同时，我们要保持舍我其谁、追求卓越不松劲，保持居安思危的忧患意识不松劲。我回到交大后的这段时间里，看到大家身上展示出来的昂扬向上的精神状态，学校这几年在不少方面走在全国高校的前列。马书记、张校长经常被邀请在国内外重要场合介绍经验，大家都为此感到自豪，也增强了我们的自信心，但是大家又都保持着清醒的头脑，竞争意识、忧患意识、危机感都很强，这是十分可贵的，也是交大继续保持快速发展的动力源泉。在前不久的务虚会上，每位校领导的发言都聚焦于需要进一步解决的问题上，除了张校长有主旨发言外，我们还分别就"关于文科发展的若干问题研究"（林忠钦）、"关于工科科研团队建设的若干思考"（梅宏）、"关于人才培养体系的思考"（徐学敏）、"学生奖助学金一体化管理方案"（朱健）、"关于干部队伍建设的思考"（胡近）、"关于医学学科发展战略的思考"（陈国强）、"关于后勤服务社会化的思考"（张安胜）、"关于院（系）公有用房定额管理方案的研究"（吴旦）、"学校与闵行区合作的思考与展望"（吴旦）、"国际化发展战略的思考"（黄震）10个题目交换了意见。大家都意识到我们目前的相对优势还不够稳固，我们的短板还比较突出，也都看到了"985"高校百舸争流的竞争态势,因此,大家都主动自我加压,主动适应创建世界一流大学的要求,提出了有针对性和可操作的见解。

"继往开来、追求卓越"的第二层意思是抓住机遇、深化改革。中国的高等教育为什么会有历史性的进步? 根本原因是中华民族伟大复兴所带动的。当然,反过来高等教育也为国家的振兴提供了力量源泉。我们有理由坚信,中国特色社会主义事业具有远大前程,中国经济将持续中高速的发展势头。有专家预测,到 2020 年,我国的经济总量按汇率法计算将达到美国的 80% 左右,按购买力平价法计算可能达到美国的 1.3 倍,而教育总投入将保持在 GDP 总量的 4% 以上。保持法定增长,这是中国高等教育得天独厚的历史机遇,将为我们早日建成世界一流大学奠定物质基础。

我们要善于把交大的发展放到世界竞争、国家发展、上海建设的大背景中去思考和谋划。从国家层面看,今年是全面深化改革的第一年,按照党的十八届三中全会精神,改革的总目标是完善和发展中国特色社会主义制度,推进国家治理体系和治理能力现代化,涉及 15 个领域和 330 多项较大的改革举措,改革理念、广度、力度和路径都与以往有不同程度的差别。改革内容很多方面都直接或间接与我们的学科布局、人才培养和科学研究相关,蕴含着前所未有的机遇和挑战。教育部已明确提出,2014 年要落实全面深化教育领域综合改革的要求,加快推进大学治理体系和治理能力的现代化。袁贵仁部长在和我进行任职谈话时提到,教育部决定在"两校一区"进行全面深化高等教育改革的试点。"两校"就是清华和北大,"一区"就是上海教育改革试验区。前几天,我利用在北京开会的间歇,拜会了北大的朱善璐书记、清华的陈旭书记和陈吉宁校长,以及教育部的领导同志,清华和北大都在谋划和推进全面深化改革的问题。上海教育综合改革试验区是全国唯一的教育综合改革试验区。我们要抓住这个机遇,主动参与上海市政策方案的制定，从全局的高度献计献策，为提升上海高等教育的综合实力做出应有的贡献。此外，教育部在"985"和"211"建设、科技成果评价改革、留学生教育、"2011协同创新中心"建设等方面都有新的重大举措。全校上下在考虑新一年的工作计划时，必须及时掌握情况，主动对接需求，争取先发优势。再从上海的全局看，上海迈向世界城市的步伐坚定而有力，党中央、国务院对上海寄予厚望并给予了有力支持。中国（上海）自由贸易试验区建设作为上海创新驱动发展战略的重中之重，它的巨大开放性，不仅有助于上海在更高的水平上汇聚全球创新资源，更在改革发展的思路上给我们很多启迪，比如实行负面清单管理的政策思路和做法对我们提升学校的治理体系和治理能力，扩大办学自主权就很有借鉴意义。我们要更好地发挥地处上海的区位优势，通过加强与上海的共生互动，以服务求支持，以贡献谋发展，快速提升我们的国际竞争力和影响力。

二、深化改革、突出重点，持续深入推进学校内涵式发展

一是坚持人才强校主战略，深化人事制度改革。学校提出并实施人才强校主战略已经有10年了（2004年第八次党代会确立了人才强校主战略）。通过积极而又稳妥的实践，全校的人才队伍在数量和质量上都上了新的台阶。2014年，我们正式提出建立学术荣誉体系的战略任务和目标，既体现了建设世界一流大学的客观要求，也契合了深化高等教育改革的大趋势。我在与清华、北大主要领导交流时，他们都明确提出了要借鉴Tenure制和Tenure Track的政策，其他"985"高校领导对此也有共识，可以说，高校人事制度改革已经呼之欲出。交大在人才队伍建设方面是走在前列的，比如，较早启动了高层次人才引进、较明确地提出并实施了师资分类发展改革等。下一步，我们要继续坚持引进

与培养并重，不断深化人事制度改革。建设世界一流大学，一定要有世界一流的师资队伍，未来的交大一定要形成一支以进入长聘教职学术荣誉体系的教师为中坚的师资队伍。最近，我认真阅研了学校还在继续征求意见的文件（试行稿），总体感觉比较成熟。在建立学术荣誉体系的具体实践中，首先要打开两扇门，既要有引进国内外一流人才这扇门，也要有现有的优秀教师进入学术荣誉体系的门；既要形成师德高尚、造诣高深的长聘教职队伍，也要形成后劲十足、考核严格的长聘教轨队伍。另外，我们的事业也还需要一批潜心从事思想政治教育、基层党的建设、行政管理工作的干部和教师，以及一批专注教学或专注科研工作的师资，他们中的大多数或许进不了学术荣誉体系，但都是学校的宝贵财富，都需要被珍惜和善待。

因此，学校要进一步深化师资分类发展政策，形成引得进、留得住，人岗相适、合理流出的人才活水。20 世纪 70 年代末，学校曾有过一次力度很大的人事制度改革，一批年富力强的工农兵学员教师，走出校门，开辟创业新天地，其中不少人获得了成功。当前，全国各类高校都开始关注内涵发展、提高师资质量，都把目光聚焦到人才选拔、培养、考核、流动等机制改革上，目的就是要营造有利于吸引、激励、稳定优秀人才潜心从事教学科研的生态环境。学校要创造条件为各类教师的发展提供帮助，让大家在不同的舞台、不同的岗位上发挥自己的聪明才智。总之，在实施人才强校主战略上，既要积极又要稳妥。

二是以开放促发展，进一步发挥天时地利之优势。这里的"开放"包括对内开放和对外开放。对内开放，就是主动对接国家和区域重大需求，在服务地方发展中实现自身的快速发展。这方面的空间很大。地处上海市是我们创建世界一流大学的重要比较优势。过去一个时期，学校发展上的诸多重大布局都离不开上海市和相关区以及委办局的有力支持。比如，闵行校区的建设，"985 工程"建设资金 1∶1 的配套,交大与原上海二医大的强强合并,建设上海高级金融学院,转化医学重大科学设施落地等。在当前上海加快建设世界城市的关键时期,我们更要看到校地合作的巨大潜力,要充分认识到,世界城市与一流大学的共生互动并不是自然发生的,也不是必然发生在同一个地理单元中的。在知识经济和网络化时代,世界城市与一流大学的互动可以跨越空间,只有视野开阔、目光敏锐、行动迅速、主动适应城市进步发展需要的大学,才能与该城市产生共生效应,把区位优势转化为现实发展成效和核心竞争力。我们要有换位思考的意识,不能把所在地政府对学校的支持看成理所当然的,更不能低估地方政府支持学校发展的潜力。相互之间理解越深,支持力度就越大。2014 年,学校在科技创新上有很重的任务,如"2011 协同创新中心"建设,必须要有突破,关键还是要对接国家重大需求,有效整合内外部资源。在后天的学校科技工作会上,会对 2014 年的目标任务和重大举措进行部署和讨论,请各相关方面做好准备,全力以赴。

对外开放,也就是国际化,是交大与生俱来的优势。从 20 世纪 70 年代末率先派出教授代表团访美,到 80 年代初率先接受海外捐赠建设包兆龙图书馆,到 90 年代初,学校投入骨干力量兴办中欧国际工商学院,以及 21 世纪初以来成功举办的交大密西根学院、巴黎高科卓越工程师学院等中外合作办学的范例,都有效发挥了试验田的辐射带动作用。另外,国际学术交流频繁,去海外游学的学生比重逐年上升,130 余门用外文讲授的专业课的开设等,都体现了学校国际化水平的大幅提升。当然,我们也还有短板,比如学位留学生培养、国际科研合作等。2014 年,我们要争取在这两方面有所突破,要力争在国际联合实验室建设与认定方面取得重要进展。

三是深入推进以激发办学活力为导向的内部治理结构改革。要以中央和教育部最近下发或即将下发的文件精神和学校章程为依据,完善依法治校制度。学校已成立了由我和张杰校长任组长的综合改革领导小组,统筹对学校全面深化改革的领导,设立 7 个专项工作组。领导小组发挥顶层设计和综合协调作用,重心在专项工作小组,每个小组都由校领导牵头,组织相关部处和学术组织参与,广泛听取教授及各方面人士意见,尽快拿出学校综合改革方案的初稿,形成交大重点改革的内容,争取国家和上海市的支持。

另外,要积极推进校办院向院办校的转变。一流大学离不开一流学院的支撑。院系是学校办学的主体,要以进一步扩大院系办学自主权为着力点,做好院系综合预算改革试点,学校层面要加强调研,改善对院系的指导,加强对院系的服务,及时总结试点的经验,发挥好示范和辐射作用。各院系尤其是试点院系,要健全院内议事决策规则和民主参与制度,形成自我约束、自我规范的内部管理体制和监督制约机制,为推进办学重心下移提供保障。同时,各院系要在培养学术大师和学科团队上下功夫。

四是着力打造一支与学校事业发展相适应的干部队伍。有什么样的干部就能营造什么样的环境,就能开创什么样的事业。近年来,学校的干部队伍结构发生了很大的变化。不少校领导和院系及部处领导都有很强的专业背景。有些院领导还是学校从世界一流大学引进的知名学者,这样的领导团队,对于增强学校发展的学术导向和促进教授治学都很有意义,应当坚持和发扬。与此同时,我们首先要求各级干部要自觉坚持社会主义办学方向,要认同中国特色社会主义道路。关于这个问题,我在上周召开的学习习近平总书记系列讲话专题培训班上已讲过了,讲话摘要会发给大家,这里不再重复。其次,各级领导干部都要有奉献精神。最近,教育部党组专门发文强调加强直属学校领导班子建设,包括 6 个方面的 23 条意见,其中包括要求强化职业意识,领导干部要全身心投入学校的管理工作中,各院系、部处的领导也要参照执行这一精神。当然，我们还是要强调提高工作的效率，减少或合并会议与文件，政治学习和业务活动都要提高效率，注重效果。最后，为了当好全国改革开放的排头兵和科学发展的先行者，上海市对干部队伍提出要敢担当、敢负责、敢碰硬、敢闯、敢干。对于我们学校而言，同样适用，同时我们的干部还要带头清正廉洁，弘扬克己奉公之风。在资源的分配，津贴、奖金的发放，科研论文的署名以及评优报奖的机会面前，我们的领导干部要高风亮节、以德服人。同时要坚持原则，抵制腐败之风对学校的侵蚀，全力守护、努力营造风清气正的育人环境和发展氛围。我们还要结合学校《2014—2018 干部工作规划》的制定，研究新情况，拿出新对策，按照人岗相适的原则，合理调整现职干部，并在后备干部蓄水池建设上有超前谋划，在干部培养锻炼机制建设上有实招，真正把干部队伍建设这盘棋做活。

五是深化以立德树人为基本导向的人才培养体系改革。人才培养是学校的根本任务。前不久，我去钱学森图书馆参观，看到钱老求学时的试卷和教材，颇为感慨。改革开放 30 多年来，学校的人才培养质量稳步回升，目前已居于全国高校前列。但在校领导和不少教授看来，学校在培养学生追求卓越的品质和激发学生学术志趣方面还存在一些不足。近年来，通过密西根学院和致远学院等试点计划，学校在生源质量和培养方式上都有了新的进步。我们下一步要把试点拓展为示范，加大实施致远荣誉计划的力度。大力支持机动学院国家试点学院创新人才培养模式改革。要把江泽民学长在母校 110 周年校庆时题写的"思源致远"作为激励青年学子报效祖国、成就伟业的精神动力。既要"志存高远"，又要"宁静致远"，克服小富即安、患得患失的功利思想。

对于今天的上海交大来说，人才培养还包含了研究生及在职研究生教育的内容。我特别要提到中欧国际工商学院、安泰经济与管理学院和上海高级金融学院。它们不仅在招收全日制 MBA 方面门槛很高，更招收了一大批已经是社会精英的 EMBA 学员。如何确保学院的培养质量，并努力增强学生对上海交大的归属感是值得我们努力破解的课题。由此推而广之，我们还要进一步做好上海交大校友会的工作。要尽快用新媒体与广大校友建立起密切联系，要把"祝你成功"和"助你成功"更好地结合起来。在这个方面，要认真借鉴世界一流大学和国内顶尖大学的经验。

同志们，今年是学习贯彻党的十八届三中全会的关键之年。全校上下要切实把思想和行动统一到中央的指示精神和工作部署上来，锐意改革、发愤图强、狠抓落实、务求实效，实现学校各项事业的新发展！今年的工作安排，在张校长的报告中做了重点布置，各分管校领导还会以不同的形式做出具体部署，请相关院系和部处细化并落实具体工作要求。

一分部署，九分落实。我对落实好今年的工作，简要地提三点要求。

一是确保令出即行，务期必成。要防止徒陈空文、等待观望、急功近利，还要防止点到即止，逢难即退。有许多工作，都是靠精诚所至，方能金石为开的。

二是加强调研、破解难题。我们昨天的党委常委会，根据刚刚开过的校领导班子寒假务虚会的内容，凝练出了"5+7"个重点调研和重点推进的工作。开学前后，各院系领导班子都在积极讨论新一年的工作，希望大家更加重视调研，并能把调研成果转化为推动学校发展的思路和具体措施。

三是以良好的精神状态抓落实。今年乃至今后相当长一段时间，学校全面深化改革的任务很艰巨，我们既要突破思想"禁区"，又要突破利益"雷区"，特别需要发扬敢为人先的精神、敢于碰硬的精神。过去，交大人正是在这种精神的激励下，才能始终走在高等教育改革的前列，才有了今天的成就和地位。交大今天的事业发展，更需要我们继续保持这种精神状态。

实施大学章程　推进依法治校 [*]

（2014 年 8 月 4 日）

　　大学章程的制定和实施，既是国家的统一意志，也是大学的内在需要，是时代使然，是中国现代大学走向成熟的标志和必然选择。

　　处在快速发展和变革的时代，面对大学治理现代化的要求，我们的大学章程要坚守什么？ 应引领什么？ 能承载什么？ 这是需要我们认真思考并在实践中深入探索的时代命题。

一、大学章程的方向引领

　　中国大学章程的方向引领，首先体现在明确适合中国国情的基本制度模式。大学章程是大学联系政府、社会，以及大学依法自主办学、民主管理和履行大学职能的基本准则，是构建中国特色现代大学制度的重要载体，是"依法治国"基本方略在大学治理中的具体体现。

　　大学章程作为大学存在和发展的制度性根基，必然要反映一个国家的政治制度、经济发展特征和历史传统；必然要弘扬国家和民族的核心价值观；必然要彰显一所大学的办学理念和精神气质；必然要体现一所大学治理体系的制度精髓。这是大学章程制定和实施必须考虑的重要内容。

　　中国经济持续 30 余年的高速增长，高等教育做出了不可替代的

＊　本文节选自 2014 年 8 月 4 日《光明日报》发表的《变革中的大学章程》。

贡献,同时也实现了自身的跨越式发展,在不断探索中更加坚定了中国特色高等教育的道路自信、理论自信、制度自信。以党委领导、校长负责、教授治学、民主管理为核心内容的中国特色现代大学基本制度框架,构成了我国大学章程的基础。大学章程的方向引领,就是要坚持社会主义办学方向,坚持立德树人,培育践行社会主义核心价值观的一代新人;就是要坚持党委领导下的校长负责制,充分发挥中国特色的高等教育体制优势和组织优势,继续保持强大的执行力和创新活力。

适合中国国情的党委领导下的校长负责制,能够充分反映中国特色高等教育的"三个自信",通过大学章程的法律认定,我们可以理直气壮、旗帜鲜明地向国际同行表达我们的制度优势。每一种制度设计显然都不可能是完美的,因此,决定制度效率的关键还在于人。党委领导下的校长负责制在不同的文化环境、不同的领导集体中,会面临着不同的挑战,需要学校领导班子,尤其是书记和校长之间"高度信任,相互尊重,坦诚相待,加强沟通",率先垂范,成为和谐共事的榜样,努力带好党政班子,切实增强工作合力。

大学章程的方向引领,体现在对大学精神和办学使命的弘扬上。大学章程传承大学精神、昭示大学使命。在不同发展阶段,都需要我们思考:大学存在的理由和追求的价值是什么? 大学作为社会组织不可替代的作用如何体现? 保持大学基业长盛的源泉和动力是什么? 这就是大学精神及大学使命的内涵和力量。大学精神是大学的灵魂,是大学在长期办学实践中积淀的最富典型意义的精神特征,集中体现了大学的核心价值追求,鲜明表达出大学的个性与特质,深刻透视出大学的感染力、凝聚力、生命力和震撼力。大学使命是大学精神在办学功能上的外化和延伸,是实践大学精神的重要依据和载体。

二、大学章程与制度创新

　　章程在现代大学的制度体系中是必不可少的，没有章程的学校，不是真正意义上的现代大学。制定高校章程，一方面可以对大学举办者、办学者的权利边界和职责义务进行明确界定，对大学内部治理进行规范；另一方面，可以将大学的办学理念、组织属性等落实在学校的制度层面，成为现代大学制度的标志和载体。

　　大学章程要积极回应变革时代的要求。在创新驱动发展的时代，高等教育处于科技第一生产力和人才第一资源的重要结合点，承载着前所未有的历史责任。一方面，需要通过大学章程的制定和实施，构建科学规范、运行有效的现代大学制度体系，使经过长期实践探索后相对成熟的大学管理制度逐步规范定型，保障大学科学、持续发展。另一方面，大学体制机制创新是变革时代的必然要求，党的十八届三中全会对全面深化改革做出了重大战略部署，吹响了高等教育领域改革的冲锋号，大学改革已经进入"深水区"，需要从体制机制上寻找问题的根源和解决方法。改革越深入，越要强调法治，越需要制定和实施大学章程，并逐步树立章程的权威，以章程的内容作为全校师生员工认同的最大公约数，成为全校上下共同遵行的规则，以大学章程来引领改革方向、推动改革进程、保障改革成果。

　　大学章程要在应对现实挑战中体现智慧。实现大学治理现代化，当前还面临着严峻的挑战，还有许多深层次问题需要进一步探索和突破。面对快速发展的高等教育，无论是《中华人民共和国高等教育法》还是大学章程，都难以穷尽大学发展的方方面面，大学章程需要以问题为导向，在实践中不断完善。当前，大学章程制定面临具体的条件限制，其中比较突出的问题：一是上位法不够完善，直接上位法《中华人民共和国高等教育法》颁布实施 16 年来,高等教育已快速进入大众化阶段,发生了翻天覆地的变化,上位法明显滞后于时代的发展。二是随着全面深化改革的推进,政府加快转变职能,政府、社会与学校的关系处在调整改革之中,与高等教育事业相关的各个领域,都有可能对既有的制度安排进行重新调整,增加了外部环境的不确定性。三是大学章程的制定,需要协调处理好适应与引领、理想与现实、中国特色与国际惯例等关系。因此,我们要用发展的眼光、改革的精神、法治的思维看待大学章程,在思想层面把依法治校作为一种办学理念、一种治校文化,渗透到学校的方方面面,最大限度地发挥大学章程引领和推动大学改革发展的作用。

大学章程要在制度设计上体现改革创新的精神。大学章程的制定,应该充分体现使命引领、内生驱动、问题导向、协同突破的指导思想,体现自主办学和自我约束的结合,体现人才培养的根本任务,体现人才强校主战略的发展方向和改革成果,还要强化学术管理,进一步完善符合国情和校情的内部治理结构。

三、大学章程的价值实现

大学章程作为治校总纲领,其发挥作用的前提是价值认同,而价值实现的程度则取决于执行力度以及是否具有自我完善的功能。

价值认同的基础是充分的参与和知晓。从目前掌握的情况看,制定大学章程的过程,是一个广泛听取政府有关部门、学校内部组织、师生员工意见的过程;是学校举办者、管理者、办学者,以及教职员工、学生充分表达建议与意愿的过程;是统一思想、凝聚共识、促进管理、增进和谐的过程。

同时,作为大学的基本准则,章程上承国家法律法规,下启学校规章制度，以章程为准则，全面梳理学校的规章制度和管理文件，建立健全教学、科研、人事、财务、学生管理、后勤服务等相互衔接的配套制度，让章程的思想全面渗透在学校制度体系之中。

大学章程的生命力在于执行。发挥章程在学校管理和办学实践中的作用，关键是要建立和完善大学章程的执行机制，找到有效的载体和抓手。比如，已经颁布章程的学校，都应该以章程实施为重要契机，积极探索面向社会自主办学的发展模式，围绕学校治理体系和治理能力现代化，聚焦影响学校发展的两大主要关系：一是理顺学校与政府、社会之间的外部关系，加强学校与部委、行业的合作，推进校地合作、校企合作、校校合作，进一步把握发展机遇、拓展发展空间；二是理顺校院（系）两级关系，推进学校办学重心下移，扩大学院（系）等基层学术组织自主管理的领域和范围，确保事权相宜、权责一致，充分激发内部办学活力。

大学章程的生命力体现在不断的自我完善上。作为大学制度体系的"基本法"，虽然大学章程不应频繁修订，但在变革时代，大学章程必须与时俱进，不断完善，才能永葆旺盛的生命力。大学章程的实施要充分考虑原则性、包容性、开放性特点。对院（系）等基层学术组织提出的创新需求，不能简单地以大学章程没有规定或者不能突破予以否定，要从学校根本的、长远的利益出发，从学校工作全局来权衡，及时研究提出解决问题的思路和办法。党委常委会要依据章程授权，对章程实施过程中遇到的重大问题进行科学解释，校长、学术委员会和教职工代表大会等机构要按照章程的制度设计，各司其职、协同配合，有效保障章程的良好运行，切实发挥好章程的引领推动作用。

关于推进我校综合改革的若干思考[*]

（2014 年 9 月 1 日）

　　第七期院长书记培训班的主题是深化综合改革。今天上午,杜占元副部长和张杰校长为大家做了专题报告。下午,大家进行了热烈的讨论,刚才几位同志就分组讨论的情况做了交流,我听后很受启发。借此机会,我也简要谈几点体会。

一、正确认识高等教育改革的形势和任务

　　坚持把教育摆在优先发展的战略地位,是中国社会主义现代化建设长期坚持的重大战略方针。我们要善于把交大的发展放在世界竞争、国家发展、上海建设的大背景中去思考和谋划。从国家层面看,2014 年是贯彻落实党的十八届三中全会精神、全面深化改革的元年,改革的任务非常繁重,而在繁重的改革任务中,中央把教育领域的综合改革作为全面深化改革的重要任务来推动。教育始终为国民经济服务,在教育领域开展综合改革,提高教育服务社会经济发展的水平,是国民经济发展、全面深化改革的迫切需要。

　　假期前和假期中,我连续参加了教育部直属高校咨询工作会和上海市高校党政干部工作会。国务院领导,教育部党组,上海市委、市政府主要领导对落实中央全面深化改革的要求都非常积极主动,认识是

＊　本文是 2014 年 9 月 1 日在上海交通大学第七期院长书记培训班上的讲话。

一致的。现在的改革已经从办学、招考、就业等单项改革逐步过渡到了综合改革；已经从试点试验性的改革过渡到了全面改革，从外延发展导向的改革过渡到内涵发展导向的改革，新时期的改革是全面的、综合的、深入的、内涵式的发展改革，既然是全面深化改革，就意味着改革进入了深水区，意味着我们即将推行的改革涉及价值争论、利益博弈、体制摩擦以及机制转换，当然还涉及具体的操作能力、操作路径等一系列复杂的问题。党中央对教育改革的要求是既要坚定积极，又要扎实稳妥。因为教育几乎涉及每个家庭，中国3亿多人在受教育，把家长算上就是全国人人都和教育有关，所以采取的改革措施要比较稳妥，且一定要坚定。如果只强调稳妥，我们的改革就可能裹足不前，我们继续前进的步伐就会放慢。上海市委有一个战略性判断，上海已经到了不深化改革就不能继续前进的程度，这句话拿到学校来讲也是适用的。不改革，我们建成世界一流大学的进程就会放慢或出现曲折，所以必须坚定不移地推进改革。但是，改革要努力争取不犯颠覆性的错误。

　　教育部明确了高等教育综合改革必须坚持的三项基本原则：一是要以立德树人为基本导向。中央和教育部领导同志不断强调要坚持社会主义办学方向，要把社会主义核心价值观的教育扎实有效地开展起来。我们要落实中央和教育部的精神，通过改革使社会主义核心价值观更加深入人心，更能够指导学校的全面发展，而不仅仅是指导我们的学生培养。二是要着眼于促进内涵发展，提高教育质量。树立以提高质量为核心的教育发展观，坚持规模和质量相统一，推动教育内涵发展。把建立国家教育标准和质量评估制度、创新高校人才培养模式、切实提高教师队伍素质、推进学校多样化特色化发展、扩大国际合作与交流作为提高教育质量的政策选择。三是要突出激发办学活力。首先，加强制度的顶层设计，构建政府、学校、社会之间的新型关系，实现管、办、评分离，转变政府职能、简政放权，扩大学校办学自主权。其次，营造公平的市场环境,引入市场竞争机制,发挥市场在高校办学资源配置中的决定性作用。最后,尊重基层的首创精神,发挥高校师生的积极性、创造性,实现上下良性互动,共同把改革推向深入。

　　高等教育的综合改革是一项复杂的系统工程,要按照高等教育的四大功能,聚焦高等教育综合改革五项重点任务。一是推进办学体制改革,构建政府、学校、社会之间的新型关系。实现政府宏观"管学"和高校自主"办学"的双向转变;实现扩大社会合作和接受社会监督的双向互动;实现政府管理和社会参与的双向沟通。核心是政府要放权,或者对有条件的单位协议授权,让高校的自主权能够扩大。二是深化管理体制改革,完善高校内部治理结构和管理体制。中央领导同志一再讲向高校放权,但要求避免一放就乱、一乱就收、一收就死的恶性循环。这需要高校有一个良好的内部治理结构。内部治理结构强调的第一条就是要一如既往地坚持和完善党委领导下的校长负责制。在这个基础上,要促进行政权力与学术权力的协同,要扩大师生参与民主管理和民主监督的渠道。怎么做到这一点呢? 通过制定或修订大学章程,以章程为指引把各项制度建立好。三是人才培养机制改革。中央对招生考试制度的改革非常重视。一方面我们要坚持教育公平,通过考试来选拔人才是实现教育公平的有效手段。但是,标准化的考试有可能抑制创新人才的发现和培养,因此提出了进一步推进招生制度改革的任务。四是人事制度改革。这项改革非常艰难也非常重要,中央和教育部希望各高校能够创造出经验。交大在这方面做了很好的工作,我们的学术荣誉体系建设、长聘教职体系建设走在全国前列,不少高水平大学也都在进行尝试,如何又稳又快地把这个体制推向前进,是我们的重要任务。五是科学研究体制改革要与国家科技体制改革同步推进。优化科研管理和组织模式,在制度上打破分割和壁垒,重新整合资源,鼓励多学科融合、多团队协同、产学研一体化的协同创新已经成为大趋势。

二、突出重点，扎实推进我校综合改革的各项工作

交大具有"敢为人先"的优良传统。上海交大自成立时起就始终牢记民族复兴的历史使命，始终秉承"与日俱进、敢为人先"的创新传统，始终坚持把改革作为学校发展的主要动力，始终走在中国高等教育改革的前列。进入21世纪以来的十多年里，全校师生共同努力，锐意改革，努力进取，上海交通大学被誉为改革开放以来发展最快的学校之一。

为了深入推进综合改革，学校成立了综合改革领导小组，在已经进行的人才培养模式、师资分类发展、院系综合预算、科研组织模式等前期改革的基础上，结合学校发展实际，制订并在全国高校中率先向教育部报送了综合改革方案，得到教育部的认可，同时成为上海市国家教育综合改革试验区的重要组成部分。交大的综合改革方案以"坚持道路自信、注重制度激励、强化自律保障"为指导思想，突出"使命引领、内生驱动、问题导向、协同突破"，明确了"建立以制度激励为核心的现代大学治理体系，探索以部市协同为支撑的部属高校自主发展道路"的改革目标；确立了改革的基本任务是完善一项根本制度（现代大学制度），深化三项关键领域改革（人才培养模式、人事制度和科研体制），拓展国际化办学优势，推进资源配置模式改革。目前，学校成立7个专项工作组，正在细化改革方案，扎实推进方案的实施。上学期结束的时候，我们专门召开了综合改革领导小组全体会议，7个专项工作小组的牵头人介绍了各个专项的改革思路。前天的校领导班子务虚会上，其中4个专项小组做了汇报，具体的方案都有了进一步的推进，应当说是思路清晰、目标明确、举措可行，在一些关键问题上想清楚了。既做到了主动积极，也体现了稳妥求实。

对此,我再谈三点意见:

第一,扎实推进院为实体的综合改革。

推进综合改革需要突破,也需要试验。学校党委经过研究、讨论认为,从"校办院"向"院办校"转变是改革的大方向。但转变是一个渐进的过程,对每个具体的学院来说可能有先有后,条件比较具备的走得快一点,条件尚不具备的有可能走得慢一点。从学院的发展情况上看,目前有三种类别:第一类是学校的"特区学院"。如高级金融学院、密西根学院以及巴黎高科卓越工程师学院。这些学院有它的理事会、章程和决策机制,我们尊重这种改革探索,对这些学院的放权程度相对来讲更高。第二类是综合预算改革的试点学院。综合预算试点单位不是有多少好处,主要还是有更多的活力,资源分配的关键不在多少,关键是给它的活力多一点,由它决策的事情多一些。第三类是条件还不完全具备的学院。但是大的方向是要推进院为实体,要把办学自主权该下放给院系的就下放给院系,能授权给院系的就授权给院系,从而激发院系的活力。

管理模式上实现"校办院"向"院办校"的转变,对三种类别的学院要分类指导,对不同阶段、不同层次的学院要有不同的授权。比如对教授的评价,既要保证学校高评委的最终决定权,又要不断增大各学院尤其是试点学院的建议权,学院的党政领导集体以及学院的学术委员会对自己学院教授的评价应该对大评委有较大的影响力。如果在学院的层级上认为某个教师非常优秀,不可或缺,虽然他少了两篇论文,但在满足国家重大需求,完成国家重点任务方面发挥了重要作用,就不应当一刀切。大评委不应轻易否定学院的意见。我们现在要求教授都要有海外访学、合作研究的经历,到海外深造,开阔教师的国际视野,具有国际经验,政策方向肯定是对的,但到了具体的人,不能僵化,具体情况要具体研究。例如,材料学院提到的填补国家精铝和高纯铝冶炼技术空白的教师,机动学院提到的指导学生连续三年获得全国大学生"挑战杯"优异成绩的教师,如果僵化地执行政策,他们就非得放下手头的重要工作到国外去镀个金,才能在职称上更上一层楼,那就不尽合理了。学生创新能力的培养,人才的多元评价,如果学院能够拿出令人信服的评价标准,机关部处就要认真研究,给予分类指导的政策。统一的基本要求不变,但是操作过程和方式可以调整,这些方面在今年余下的时间里以及明年的工作中要得到切实的加强,真正使"院办校"在学校里逐渐显示出成效。另外,还有关键的两点:一是要界定校院责权利关系,推动院系综合预算改革,逐步实现校院二级全成本核算的财务运行模式,落实学院在资源配置、经费预算和管理方面的主体地位,力争使学院成为自主办学的实体,在学校宏观调控下具有自主发展权、自主用人权、自主财权、自主资产支配权。二是要完善院系负责人问责机制,真正实现学院责权利相统一,增强学院的办学积极性和主动性。

第二,努力完善现代大学制度体系。

制度建设具有全局性、根本性、稳定性和长期性。我们还是要努力使我们的治理体系能够建立在科学合理的制度基础之上。现在我们有了很好的基础,大学章程已经得到了教育部的核准,其中凝聚了党委行政以及全校上下的努力。新的学期,我们要重点在全校范围内组织学习宣传新的章程,着力形成学习章程、尊重章程,依法依章办学的良好氛围。要在学校章程的统领下,围绕现代大学制度建设的根本要求,构建符合高等教育规律和自身特点的自主自律的现代大学制度体系。

一是加强统筹协调。要梳理已有规章制度中与章程不相符合或有抵触的情况,抓紧废改立工作,在学校党委领导下,加强不同部门的协调配合,提高决策的科学化、民主化水平,减少制度之间的摩擦。二是加快机制建设。大胆探索与综合改革配套的工作机制、协调机制、激励机制和监督问责机制,建立专项管理委员会制度,规范领导小组设置,形成规范的专项工作决策体系与议事程序,明确各职能部门在推进综合改革中的责任分工;完善各级各类学术委员会的设置,依照章程规定进行人员调整、结构优化和功能增进,理顺机制,着力使学术委员会在校院两级学术治理中充分发挥作用。三是加大激励引导。要加大对改革试点的政策支持力度,发挥改革试点的示范引领作用,保护和激发试点单位的改革积极性。把改革成效作为资源配置的重要依据。四是强化检查监督。着重强调责权利的平衡,建立改革目标责任制,确保改革可衡量、可检查。要减少事前的审批,但是事中和事后的评估要适量增加,要保持对运行情况的监督,发现隐患随时沟通,如果发现有明显的失误就要及时加以干预,以免问题扩大化。事中和事后的评估、检查要加强,但要切实有效,不要流于形式,如我们现在填表填得太多,表里的内容过于复杂,仔仔细细填完了以后部处又不认真看,部门自己都不会认真看的表格和材料要废除,减轻院系和教师的负担。五是营造良好氛围。我们要加强信息的披露来凝聚改革的共识,争取各方面的理解。全面深入宣传综合改革,及时发布改革信息,加强各个层面的沟通,主动通报改革进展,最大限度地凝聚改革共识,争取各方的理解和支持,形成全校师生教职员工理解、关心、重视、支持综合改革的良好氛围,开创综合改革的新局面。

第三,充分发挥院系党政组织尤其是院长和书记的重要作用。

在座的院长和书记是学校综合改革的推动者、实践者,是打好综合改革这场攻坚战的关键所在。一些涉及全局性制度设计的改革,主要由学校主导、自上而下。但同时应看到,院系是改革的一线、前沿,各院系都蕴藏着强大的改革力量和智慧,是改革的主要推动力量。综合改革如何推进,各院系是第一实践者;改革效果如何,广大教师和学生最有发言权。在我们各个学院具有自己特点的一些改革方面,学校将主要尊重院系所提出的改革意见,激发和依靠各院系的改革积极性,建立改革激励机制，实现"自上而下"与"自下而上"的有机结合。

在当前改革的大背景下，各位院长和书记要身先士卒，做好表率。一是要进一步加强理论学习，提高自身的政治素养，增强战略思维和改革精神，切实将思想和行动统一到中央和学校的重大决策部署上来，深刻认识学校综合改革的重大意义，最大限度地凝聚改革共识。二是要进一步加强工作研究，聚焦本单位改革发展中的热点和难点问题。各院系都要认真研究自身所处的发展阶段和师生的发展需求，找到本单位改革发展的瓶颈问题，有的放矢。三要细化工作部署，根据学校综合改革方案的精神，形成符合自身实际的改革方案和思路，绘制清晰的时间表和路线图，确保高质量地完成综合改革各项任务。

另外，各院系要十分重视基本制度的制定和执行。各学院要落实党政联席会议制度，明确"三重一大"事项的议事规则，规范决策机制，把党政联席会议作为院系的最高决策机构。要健全院系党政共同负责、教授治学、民主管理的制度。我在这里特别要强调书记和院长的精诚合作。作为书记，一定要有宽阔的胸怀，要积极支持院长所提出的决策意见；作为院长，也要有高姿态和新境界，在提出决策之前一定要多与书记商量，不可独断专行。商量很重要，关键在会前，要加强沟通，提高决策效率，真正使党政联席会议发挥好院系最高决策机构的作用。此外，在资源分配上，希望院长把握好两点：一是切实做到公平、公正。这个公平一般应通过集体决策来解决。二是院长都有自己的专业，部分书记也有自己的专业，希望院长和书记在资源分配上自觉做到不向自己的团队倾斜，相反地，要让自己的团队吃一点亏，提倡"吃亏"精神。如果处理这类问题的时候能够这样把握，相信学院班子很容易团结，凝聚力肯定会提升，你们所带领的学科也不会受到太大影响。同时，要进一步加强党的建设。以服务型党组织建设为契机，以改革创新精神全面加强院系基层党组织建设，努力打造一支高素质干部人才队伍,为深入推进院系的综合改革提供坚强的政治和组织保障。

　　老师们、同志们,全面深化综合改革是当前和今后一个时期学校工作的主线。让我们以本期院长书记培训班为新起点,认真学习,深刻领会,相互启迪,进一步凝聚共识,抢抓机遇,创新发展,为实现建设世界一流大学的"交大梦"、为实现中华民族伟大复兴的"中国梦"而努力奋斗!

深化综合改革　探索中国特色世界一流大学之路 [*]

（2015 年 10 月 3 日）

　　扎根中国大地创建世界一流大学，是中央的战略部署，也是我国高等教育的历史使命。从现在起到 2020 年，是我国实现第一个百年目标的攻坚阶段，也是国家继续推进世界一流大学建设的关键时期。高水平大学作为国家核心竞争力的标志性力量，要通过深化改革逐步形成符合中国国情的现代大学治理框架和发展道路，为建设高等教育强国和中华民族伟大复兴做出更加卓越的贡献。因此，全面深化综合改革既是国家大势所趋，也是高校内在发展需要。

一、坚持内生驱动的改革导向

　　跨越三个世纪的上海交通大学，因图强而生，因改革而兴，因人才而盛。学校诞生于甲午战败硝烟之中，始终牢记民族复兴的历史责任，坚持把改革作为学校发展的根本动力和活力之源，尤其重视内生驱动的自我变革。改革开放 30 多年来，学校始终站在改革的潮头，率先组织教授代表团访美，率先成立校务委员会，率先邀请外籍教师来校讲课，率先接受大额海外捐赠，率先实行内部管理体制改革，率先建设新校区。特别是随着"985 工程"的实施，学校继续坚持以改革为动力，不断攻克发展中的难点问题，抓住了历史机遇，实现了跨越式发展。在人

＊　本文发表于 2015 年第 19 期《中国高等教育》。

事制度改革方面,学校用了近十年的时间,推行全员合同聘任制,启动延揽海归优秀师资的人才金字塔计划,实施对现有师资的分类发展改革,推出新老师资"双轨制"的逐步融合方案,以及建设学术荣誉体系和长聘教职体系等。结合回答"钱学森之问",实施"知识探究、能力建设、人格养成"三位一体的人才培养模式改革,推出了致远荣誉计划。以激发内部创新活力为目标,实施"好奇心驱动与使命驱动"的科研体制改革,协同创新中心建设取得重大进展,承接的国家自然科学基金项目连续数年名列全国高校第一,研究型大学创新体系初步形成。在现代大学治理体系建设方面,学校积极探索务实管用的学术委员会体系建设,在部分院(系)尝试以激发内部活力为目标的院(系)综合预算改革等。学校的综合改革体现了"使命引领、内生驱动、问题导向、协同突破"等特征。步入新的历史方位,我们深切体会到,随着国家综合国力的增强,高等教育得到前所未有的支持,大学办学条件得到根本改善,办学水平快速提升,贡献更加显著。然而,大学蕴藏、聚集的巨大创新潜能,因学科设置、人事制度、科研体制、合作办学和经费投入等体制机制障碍,难以被充分激发和释放,急需进一步深化高等教育改革,将创新潜能转化为服务国家、造福人类的核心竞争力。特别是对于高水平大学而言,所面临的制度性制约比资源性制约更深刻地影响未来发展。党的十八届三中全会之后,上海交大深刻领会"中国特色、世界一流"大学的本质特征,深入思考高水平大学引领创新的时代命题,积极探索面向社会自主办学的发展模式,在既往成功改革实践的基础上,提出了加快创建世界一流大学的综合改革方案。

在改革方案制定的过程中,学校凝练出当前和今后发展中亟待解决的瓶颈问题,作为综合改革的突破口。比如,人才培养的中心地位还缺乏有力的制度支撑和政策保障;学科交叉集成的体制机制还没有实质性突破;催生具有重大原创能力、引领行业和社会发展的标志性成果的有效机制还没有建立起来；评价体系存在重科研、轻教学，重个人、轻团队，重论文发表、轻社会贡献的倾向，充分激发各类人才创新活力的保障机制还不够健全；适应学校办学重心下移的治理结构还不够完善，教师参与学术决策的机制和渠道还不多；等等。我们认为，最终检验综合改革成效的关键，还是要看改革举措能否有效破解瓶颈问题。

二、立足中国国情的改革路径

始终与国家发展和民族振兴同向同行，是大学发展的规律，也是世界一流大学崛起的经验。当前，新一轮科技革命和产业革命正孕育兴起，我国已进入全面深化改革、创新驱动发展的新阶段，这必将催生大学发展方式的改变。学校要求综合改革遵循"坚持道路自信、注重制度激励、强化自律保障"的指导思想。坚持道路自信的内涵是建设路径要立足中国国情，核心功能要服务中国需求，发展模式要体现中国智慧，可比指标要达到世界一流。注重制度激励是指将改革的着力点由"资源激励"转向"制度激励"，通过调整生产关系，深化院为实体改革，更加注重发挥学术权力的作用，更加注重激发院系的办学活力，更加注重以人为本的文化建设，最大限度地激发基层学术细胞的创新活力。强化自律保障是指通过"协议授权"形成边界清晰的外部政策约束机制，通过"绩效问责"完善规范有序的内部管理约束机制，通过"信息公开"建立公开透明的社会监督机制，形成具有社会公信力的自律办学机制。

深化高等教育综合改革的一项重要任务就是要通过转变发展方式，着力解决高等教育的规模、结构、质量、效益不够协调的问题，促进高等教育更好地适应经济社会发展的需要。对于致力于创建世界一流大学的高水平大学而言，更应当率先加快发展模式的转变。在学术评价体系上，要从论文、项目导向向贡献导向转变，着力增强高校服务经济社会发展的能力;在人才培养模式上,要从教学口和学生口单打独斗向全校上下合力育人转变,着力增强学生的社会责任感、创新精神、实践能力;在内部治理体系上,要从学校顶层设计为主向院为实体转变,着力激发学校办学活力等。对于上海交大而言,就是要通过综合改革搭建起迈向世界一流大学的桥梁。根据国家对于学校发展的目标定位,结合自身发展实际,学校提出,到 2020 年将上海交大建成"卓越的创新人才成长体系、科学技术创新体系、社会服务支撑体系、文化传承创新体系",在若干权威世界大学排名中跻身百强。初步建成英才辈出、贡献卓著、制度规范、文化先进的"综合性、研究型、国际化"世界一流大学。为此,我们凝练了两大改革目标:"建立以制度激励为核心的现代大学治理体系,探索以部市协同为支撑的部属高校自主发展道路。"一方面,通过发展方式、管理模式和激励机制的转变,着力构建自主自律、充满活力、富有效率、更加开放的现代大学治理体系。另一方面,保持部市共建、校地合作的良好势头,努力形成并强化一流大学与世界城市共生互动的理念。地处上海是上海交大的重要比较优势,抓住上海建设世界城市的战略机遇,主动适应城市进步发展需要,与进步中的城市产生共生效应,必将能够走出中国特色世界一流大学的新路。服务经济社会发展既是高校的重要职能,也是深化综合改革的重要导向。推进综合改革的一个基本要求,就是要促进高校面向需求、开放式办学,与经济社会发展深度融合。

三、聚焦内涵发展的改革重点

高等教育综合改革的根本目的是提升办学水平。《国家中长期教育改革和发展规划纲要(2010—2020 年)》明确提出"把提高质量作为教育改革发展的核心任务",通过改革培育高等教育新的竞争优势。按照探索"中国特色、世界一流"交大之路的目标要求,我们将改革内容概括为:完善一项根本制度(现代大学制度),深化三项关键领域改革(人才培养模式、人事制度和科研体制),拓展国际化办学优势,推进资源配置模式改革。在改革的推进过程中,我们强调准确把握各个领域之间的逻辑关系,注重改革的协调推进,做到成果可期、风险可控。

立德树人是学校办学的根本任务,在改革措施中,涉及人才培养的条目数量最多。首要的是要坚持人才培养的正确方向,引导学生培育和践行社会主义核心价值观,积极构建"人人育人、处处育人、事事育人"的协同育人格局,积极推进思想政治理论课教学模式改革,切实提高思想政治教育的针对性、感召力、实效性。同时,坚持以学生为本,把激发学生的学术志趣和激励教师投入教育教学作为主要着力点,深化拔尖创新人才培养模式改革,进一步牢固确立人才培养的中心地位,以"学在交大"为目标,不断提高人才培养质量。

在现代大学制度构建方面,学校以激发办学活力为导向,以大学章程为依据,逐步实现学校治理体系和治理能力的现代化。坚持和完善党委领导下的校长负责制,建立健全党委统一领导、党政分工合作、协调运行的工作机制。学校发展的重心在基层,办学的活力来自院系。积极推进办学重心下移,落实院为实体的校院管理体制,完善院系党政联席会议制度,建立规范有序的学院治理结构。推进院为实体的综合预算改革,落实学院在资源配置、经费预算和人员管理方面的主体地位,积极推进财权与事权同步下移,提高学院的办学积极性和责任心,真正实现学院责权利相统一。完善科学的学术决策与学术评议体系,拓宽教师参与学术事务决策的机制和渠道。理顺行政管理和学术管理的关系,使二者相互协调、相互支撑、相互促进。加强学术委员会体系建设,明确学术委员会议事内容和议事规则,统筹学术事务的审议、评定、决策和咨询等职权,使其在学科建设、学术评价和学风建设等事项中发挥更加务实管用的作用。人事制度改革是综合改革的牛鼻子。我们的原则是分类指导、统筹兼顾、激发活力,目标是加快建设具有中国特色的现代大学人事制度体系,打造一支与世界一流大学相适应的高水平师资队伍。坚持以用为本,完善高层次人才培育和引进机制,使其在学科建设等方面充分发挥引领作用。以能力、水平和实际贡献作为衡量人才的最重要标准,加快建立"同台竞技、同轨运行"的师资队伍建设新机制。完善学术荣誉体系建设,按照"两步走"的原则推进长聘体系师资队伍建设,慎重对待每一位教师的进退留转;更加注重优秀青年人才的引进和培育工作,为青年人才拓宽视野、提升能力提供良好的发展阶梯和平台。

在科研体制改革方面,顺应国家科技体制改革的大趋势,聚焦学术评价问题,希望通过改革,逐步建立起兼顾短期和长远、前沿与应用、学校发展与个人价值实现的分类评价体系,充分激发学校创新活力。在科研体制改革中,我们注重成果转化与技术转移,努力构建以"人才团队、科研项目、基地平台、重大成果"正反馈环为目标的科研发展模式,积极服务国家创新驱动战略。目前,上海正在积极推进具有全球影响力的科技创新中心建设,是前所未有的发展契机,如何借势发力,在服务上海经济社会发展中提升学校的创新能力和社会影响,需要在体制机制上有更大突破。

人民网访谈：
怎么建设世界一流大学和一流学科 *

（2015 年 11 月 5 日）

11 月 5 日上午,国务院正式公布了《统筹推进世界一流大学和一流学科建设总体方案》(以下简称《方案》)。该方案提出,要以中国特色、世界一流为核心,以立德树人为根本,以支撑创新驱动发展战略、服务经济社会发展为导向,推动一批高水平大学和学科进入世界一流行列或前列。那么,什么是世界一流大学和一流学科？怎么建设世界一流大学和一流学科？今天 16: 00,上海市人大常委会副主任、上海交通大学党委书记姜斯宪应邀做客人民网,就上述问题与大家进行了交流。

主持人： 欢迎姜书记,也欢迎各位网友参与访谈。

姜斯宪： 谢谢！

主持人： 在您看来,什么样的大学和学科堪称“世界一流”？

姜斯宪： 世界一流大学具有共同的特征,如拥有一批学术领军人物；培养出一大批为人类文明、社会进步和国家富强做出过重要贡献的学生；在人类认识自然、探索自身规律的进程中有重大原创性成果；长期积淀,形成了优秀的精神和文化；享有卓越的社会声誉；等等。这些已经成为基本共识。基于此,人们从不同的角度,制定了一些定量的指标作为观测基准,其中之一就是从学科发展的角度进行评价。

---

* 本文是 2015 年 11 月 5 日应邀做客人民网的访谈。

主持人： 您如何看待现在流行的各类大学排行榜？

姜斯宪： 世界性的大学排名是近十几年来出现的新事物。随着互联网的快速发展，信息采集和传播变得非常便捷，大学排名成为一种全球性现象。世界上高等教育规模较大的国家几乎都有非官方或者半官方的本国大学排名，同时也出现了若干有影响力的"世界大学排行榜"。

我们对大学排行榜的态度应当平和理性。一方面，世界大学排行榜为我们提供了比较直观的参照系，有利于我们看到中国高等教育的显著进步以及存在的不足和差距，有利于我们实现对标赶超。另一方面，大学排名毕竟只是排名机构定量评价大学的结论，不同的大学排名，由于其指标体系不同，所反映的大学卓越表现的方面也是不同的，都存在一定的局限性。比如，对于人才培养的质量以及一所大学为本国经济和社会发展所做的贡献等，很难在排行榜中客观地体现。

大学发展有其内在逻辑，一流大学是建出来的，而不是排出来的。用流行的话说，世界一流大学，你排或不排，它都在那里。但在众多大学排行榜中都名列前茅的学校，大体上都是一流大学。

主持人： 我国争创世界一流大学和学科已经有段时间了，您觉得《统筹推进世界一流大学和一流学科建设总体方案》有哪些新意？

姜斯宪：《方案》有很多新的理念和举措，从国家战略层面回应了一些重要问题，指导性很强，这些导向也非常及时，很有针对性，主要体现在几个方面。

第一，坚定了一流大学建设的道路自信。《方案》明确了以中国特色、世界一流为核心的内涵。提出一批大学和学科要进入世界一流大学行列或前列，要努力成为世界高等教育改革发展的参与者和推动者。在基础研究领域，争做国际学术前沿并行者乃至领跑者的目标，以及建立中国气派、中国风格的哲学社会科学学术评价和学术标准体系等，体现了国家建设世界一流大学的自信心。我们认为，中国特色世界一流大学的建设路径要立足中国国情，核心功能要服务中国需求，发展模式要体现中国智慧，可比指标要达到世界一流。

第二，突出以支撑创新驱动发展战略、服务经济社会为导向。把服务国家重大需求摆在了重要位置，明确提出要着力提高高校对产业转型升级的贡献率，努力成为催化产业技术变革、加速创新驱动的策源地等目标，要增强高校创新资源对经济社会发展的驱动力，这些要求都非常有必要。

第三，强调以绩效为杠杆。构建完善中国特色世界一流大学和一流学科评价体系，创新财政支持方式，突出绩效导向，形成激励约束机制。即采用第三方评价，将评价结果与资金支持挂钩，突出了重点建设的有效性。

第四，突出以改革为动力。将世界一流大学和一流学科建设方案与改革紧密结合，既是时代的要求，也是大学发展的内在需要。当前，大学特别是对于高水平大学而言，所面临的制度性制约比资源性制约更深刻地影响大学的未来发展。

主持人： 当前我国高水平大学和学科建设现状如何？差距主要在哪里？

姜斯宪： 我们深切体会到，高等教育发展始终与国家发展同向同行，取得了历史性的、举世瞩目的成就，高等教育毛入学率从 1998 年的 9.8%，提高到了 2015 年的 37.5%。尤其是经过"211 工程""985 工程"建设，我国高水平大学的创新能力和对国家的贡献实现了跨越式发展，与世界一流大学的差距快速缩小，国际影响力显著增强。若干所高水平大学具备了向世界一流冲击的实力，在国家创新体系中发挥了不可替代的核心作用。比如，我国国际科技论文总数稳居世界第二位，高校占比超过 80%；"十二五"期间，我国学科进入世界前 1% 的高校数从 104 所增加到 164 所，进入世界前 1% 的学科数从 335 个增加到了 616

个;进入世界大学学术排名 500 强的高校从 22 所增加到 32 所。这些进步都是过去无法想象的。

与世界一流大学相比,我们还有较大差距,主要体现在三个方面:一是具有世界影响的领军人才还不多,整体师资水平还有待进一步提升;二是以学生为中心的育人理念还没有很好地落实;三是创新文化和创新生态亟待进一步培育。

主持人:《方案》提出要坚持以改革为动力,加快中国特色现代大学制度建设。您如何理解"中国特色现代大学制度"?

姜斯宪: 随着国家综合国力的增强,高等教育得到前所未有的支持,大学办学条件得到根本改善,办学水平快速提升,贡献更加显著。然而,大学蕴藏、聚集的巨大创新潜能,因学科设置、人事制度、科研体制、合作办学和经费投入等体制机制障碍,尚未被充分激发和释放。所以新一轮的改革体现了"使命引领、内生驱动、问题导向、协同突破"等特征。从改革开放初期到今天的三十几年里,上海交大始终站在改革的潮头,抓住了历史机遇,实现了跨越式发展。当前,上海交大正以"坚持道路自信、注重制度激励、强化自律保障"为指导思想,积极稳妥推进学校综合改革,加快构建中国特色现代大学制度。坚持党对高校的领导是中国特色现代大学制度的比较优势,党委领导下的校长负责制符合我国国情和高等教育发展的规律,应当长期坚持并不断完善。在校院治理体系方面,要以党政联席会议制度为保障,积极推进学校办学重心下移,充分激发学院办学活力。另外,还要以务实管用的态度抓好学术委员会制度运行,有效发挥教代会作用,积极拓宽教职工参与民主管理和监督的渠道。

主持人:"十三五"规划提出,要扩大高校和科研院所自主权,赋予创新领军人才更大的人财物支配权、技术路线决策权,您觉得这对于建设一流大学和一流学科有哪些意义?

姜斯宪：扩大高校办学自主权是当前高等教育领域综合改革的一个重要方面，因为创新的主体是基层学术组织，活力之源在制度激励。所以我们的综合改革方案，调整外部关系的一个重点就是要争取更多的办学自主权，包括投入方式、人事编制以及人才培养和基本建设等。从国家层面看，制度安排越来越遵循大学的办学规律。调整大学内部治理体系的重点，就是推动"院为实体"改革，将办学重心进一步下移到学院，学院将科技创新的自主权进一步下放到一线的系、研究所、中心、创新平台，下放到科技领军人才，激发其创新热情、动力和活力。创新领军人才活跃在科研工作第一线，对制定技术路线，对人、财、物资源如何配置、向哪里配置最有发言权。同时，这对于大学发挥领军人才的作用，开展有组织的科研活动，凝练大团队开展重大原创性研究具有重要的意义。在下放办学自主权的同时，我们还通过"一门式"服务体系建设，为院系和教师提供快速、便捷、贴心的服务，保障教师一门心思从事教学、科研工作，学生一门心思完成学业。

学校也将进一步强化自律保障，可通过"协议授权"形成边界清晰的外部政策约束机制，通过"绩效问责"完善规范有序的内部管理约束机制，通过"信息公开"建立公开透明的社会监督机制，形成具有社会公信力的自律办学机制。

主持人：您觉得在"双一流"建设中，如何办出我们高校和学科的特色？

姜斯宪：首先应该进一步明确大学特色和学科特色的内涵，特色首先是高水平，是核心竞争力。有些特色是绝对性优势、压倒性优势，整体很强。有的特色体现在若干方向领域，别人难以企及，不可替代，但不一定所有方面都很强。这两者都很重要。在全球化时代开放的国际创新网络里，"人无我有"几乎难以做到了，发展别人没有发展的学科很难，做别人没有做的领域也很难。在创新的前沿，大家都你追我赶,"人有我优"是必然选择。在这样的背景下,一流大学和一流学科建设,一定要"有所为,有所不为",或坚持做自己擅长的,最有基础和潜力的领域,久久为功;或抓住重大战略机遇,凝练学科方向,有效整合内外部资源,异军突起,形成高峰。

主持人: 上海交大有决心冲击世界一流大学的目标吗?交大现在有哪些优势,将采取哪些措施争创一流?

姜斯宪: 近年来,在国家和上海市的大力支持下,交大抢抓发展机遇,持续深化教育改革,总体实力和水平处于国内一流大学前列,各项国际可比指标快速接近世界一流大学,我们从未在时空上如此接近世界一流大学的梦想。我们认为国家综合国力的增强是建设世界一流大学最大的优势,服务创新驱动发展战略,支撑上海建设有全球影响力的科技创新中心为我们提供了前所未有的机遇。今年3月份,上海交大成功召开了第十次党代会,形成了中国特色世界一流交大之路的整体构想。我们提出再经过五年的发展,学校综合实力和办学质量显著提升,在若干权威世界大学排名中跻身百强,形成卓越的创新人才成长体系、科学技术创新体系、社会服务支撑体系、文化传承创新体系。到2020年,初步建成英才辈出、贡献卓著、制度规范、文化先进的"综合性、研究型、国际化"世界一流大学。为此,交大将大力实施人才强校主战略、协同发展战略和文化引领战略,积极探索"中国特色、世界水平、交大模式"的发展道路。

坚定中国特色世界一流大学建设的道路自信*

（2016 年 5 月 17 日）

习近平总书记指出，"办好中国的世界一流大学，必须有中国特色"，"我们要认真吸收世界上先进的办学治学经验，更要遵循教育规律，扎根中国大地办大学"。习近平总书记的重要论述，深刻阐述了在中国这样一个发展中大国建设世界一流大学的原则和路径，是对中国特色高等教育发展内涵的极大丰富和对中国特色高等教育理论的有力深化，为我国高水平大学建设指明了前进方向。我们要深刻领会习近平总书记重要讲话精神，坚定中国特色世界一流大学建设的道路自信，努力提升我国高等教育发展水平、增强国家核心竞争力，实现从高等教育大国到高等教育强国的历史性跨越。

一、我们要建设的是具有中国特色的世界一流大学

建设世界一流大学是党中央做出的重大战略决策。从现在起到 2020 年，是我国实现第一个百年目标的攻坚阶段，也是全面推进世界一流大学建设的关键时期。探索中国特色世界一流大学的建设之路，一定要立足中国国情、扎根中国大地、服务中国需求，发展模式要体现中国智慧，可比指标要达到世界一流。

世界一流大学不仅有共性特征，更具有个性化的发展道路。研究

＊ 本文 2016 年 5 月 17 日发表于《求是》。

当今世界一流大学,可以发现他们都具有一些共同的特征。比如,都拥有一流的师资、一流的学科,都培养了大批一流的人才,涌现出大批一流的成果等。与此同时,它们的发展模式又是千差万别的,没有哪所一流大学是亦步亦趋、靠生搬硬套模仿他人而建成的。可以说,每一所一流大学都拥有自己独特的发展道路。

中国的世界一流大学必须坚持中国特色。在建设世界一流大学过程中,我们要做的,不是照搬哪一所世界一流大学的发展模式,而是充分借鉴世界一流大学的有益经验,准确把握世界一流大学的本质特征,抓住历史机遇,走出自己的路。

首先,世界一流不等于西方标准。世界的目光正聚焦到世界的东方,人们期待的不是在中国重建起一所牛津大学或者哈佛大学。我们要看西方标准,但不唯西方标准,要破除符合西方标准就行、不符合西方标准就是陈旧落后的错误认识,正本清源而不亦步亦趋。要自信而又坚定地面向世界科技前沿、面向国家和区域重大战略需求,在数量上提高、在质量上提升,为西方标准注入中国元素,丰富世界高等教育内涵。

其次,中国特色不代表另起炉灶。建设中国特色世界一流大学,是党和政府在总结新中国成立以来尤其是改革开放30多年来我国高等教育发展规律基础上提出的高等教育发展方略。中国特色不是去国际化,更不是抛开行业标准另搞一套标准。得不到国际认可的一流大学不能叫作世界一流大学。所谓中国特色,是在坚持世界一流水平的前提下,更加符合中国现实发展需要,是扎根中国大地的探索和实践。中国特色世界一流大学建设之路,是将中国经济社会发展需要同世界高等教育发展规律深度融合在一起的独特道路。

我国高等教育的快速发展为建设世界一流大学奠定了基础。改革开放以来,随着综合国力的显著增强,我国高等教育也进入了前所未有的快速发展时期。高等教育资金投入不断增加,发展环境持续优化,一批高校在学科建设、人才队伍建设、创新人才培养等方面突飞猛进，一些可比指标快速增长，与世界一流大学的差距大大缩小，若干学科已跻身世界前列。随着全面深化改革的持续推进，我国高校必将在国际上更有作为。今天，我们走中国特色世界一流大学建设之路正逢其时，要毫不动摇地坚定道路自信，在人才培养、科学研究和文化进步上为世界做出自己应有的贡献。

二、我们要培养的是服务社会主义建设的一流人才

中国特色世界一流大学必须坚持立德树人，突出人才培养的核心地位，着力培养具有历史使命感和社会责任心，富有创新精神和实践能力的创新型、应用型、复合型优秀人才。

要着力培养具有"中国心"的合格建设者和可靠接班人。坚持党的教育方针，坚持社会主义办学方向，是中国大学与其他国家大学的本质区别。这就要求我们在教育教学中必须紧紧聚焦"培养什么人、怎样培养人、为谁培养人"这一重大问题。在价值多元化的今天，我们所坚持的主流意识形态，是中国社会发展与时俱进的思想精华。放眼世界，每个国家都精心维护和强化本国的核心价值观，以获得支持国家发展的持久动力。中国特色世界一流大学要坚持把大学生思想政治教育放在首位，不断坚定当代大学生对社会主义核心价值观的政治认同、理论认同和情感认同，培养青年学生的健全人格和社会责任感，使他们自觉承担起国家的命运和民族的未来。

要着力培养拔尖创新人才。人类发展史，其实就是一部创新创业史。中国特色世界一流大学要培养新时代的精英人才，就必须加强创新创业教育，引导大学生增强创新意识，提升创业能力。要通过多种形式，激发学生的学习兴趣和好奇心，培养学生敢于做前人没有做过的

事、敢于怀着积极批判的眼光和精神去突破传统,适应社会和时代不断发展的需求。唯有如此,我们培养的人才才有可能在今后的人生中走在时代前列。

要着力培养具有全球视野和国际竞争力的人才。无论是硬实力的比拼、软实力的较量,还是国际话语权的争夺,从根本上看都是人才的竞争。在国际竞争与合作日益深化的大背景下,只有具有国际视野和跨文化交流能力的人,才能有更好的发展、为社会做出更大的贡献。因此,中国特色世界一流大学必须提升自身的国际化水平和能力,开放办学,为学生的成长营造多元文化氛围,努力培养具有国际视野、通晓国际规则、能够参与国际事务和国际竞争的人才。同时,还要面向世界,积极吸引优质生源,为全球人才培养做出中国贡献。当我们的高水平大学成为世界各国优秀学子的求学目的地之日,必定是中国特色世界一流大学建成之时。

三、我们要关注的是立足中国,推动人类进步

中国特色世界一流大学,是既自觉置身于国家发展的大舞台、又做出推动人类文明进步的重大原创性成果的大学,是知识发现和科技创新的重要力量。

世界一流大学无不成就于所在国家崛起的进程,无不与所在国家的强盛同步。从人类文明进程的大视角来考察,我们可以发现,自13世纪以来,世界科技与经济中心经历了从意大利向英国、再到德国、最后到美国的转移,世界一流大学的产生也几乎伴随着这个时间和路线。特定的社会环境、历史阶段、发展机遇和办学理念共同决定了这些大学的走向和命运,名校与强国之间有着不可分割的共生互动。国强催生名校,名校服务强国。一流大学为所在国家的繁荣进步提供了强大的智力支撑和力量

源泉，而国家和民族的强盛为一流大学的发展创造了条件。

中国特色世界一流大学必须立足中国实际，研究中国问题。今天，中国正以世界上最大的人口规模和第二大规模的经济总量，开创人类历史上最为宏大、影响最为深远的现代化进程，一个东方文明古国复兴的伟大历史进程和史无前例的改革创新浪潮，为中国大学提供了充足的问题来源。这些问题，有些是中国特定经济社会发展阶段的问题，也有世界发展的共同难题。研究和解决这些问题的过程，既是推动社会文明进步的过程，也必将是一所大学跻身世界一流大学的过程。

中国特色世界一流大学必须面向国际前沿，推动人类进步。从现代高等教育的发展规律和世界一流大学成长的历史来看，世界一流大学无不是在国际学术前沿领域实现突破，创造了一流成果，赢得一流声誉，方才成为世界一流。中国特色世界一流大学，必须面向国际学术前沿，站在科学技术的前端，在人类共同面对重大挑战的基础研究和应用研究领域，开展高水平的研究，做出中国贡献。

四、我们要坚持文化自信，贡献中国智慧

建设中国特色世界一流大学，要加强大学文化建设，弘扬中华优秀传统文化，增强文化自觉和制度自信，形成推动社会进步、引领文明进程的大学精神和大学文化。

要有自己独特的"精气神"。世界高等教育发展史表明，与国家崛起同步成长起来的世界一流大学，都有自身独特的大学文化和精神气质。建设中国特色世界一流大学，也必须从自己的历史传统、文化积淀和基本国情出发，形成特色和优势。要以培育和践行社会主义核心价值观为根本，夯实文化自信。要结合中国大学的历史和实际，找准定位，既不妄自尊大，也不妄自菲薄，形成自己独特的大学文化，凝聚师生

共识。中国特色世界一流大学有责任承担起促进社会主义文化大发展大繁荣的使命,理应在中国特色现代大学制度的建设上有所作为,理应以中国特色的办学模式丰富世界高等教育文明。

要有海纳百川的宽广胸怀。习近平总书记指出,"中华民族是一个兼容并蓄、海纳百川的民族,在漫长历史进程中,不断学习他人的好东西,把他人的好东西化成我们自己的东西,这才形成我们的民族特色"。在经济全球化不断深化的今天,中国特色世界一流大学不仅不能脱离世界高等教育发展的潮流关起门来搞建设,恰恰相反,必须坚定地融入全球竞争与合作,坚持走出去、请进来,以更加宽广的胸怀、更加开阔的视野、更加敏锐的眼光,不断吸收一切优秀文明成果。同时,必须坚持以我为主、为我所用的原则,自信而不自负,谦虚而不自卑,不断深化国际交流,蹚出一条具有中国特色的发展壮大之路。

要为世界贡献中国智慧。大学是思想的策源地。一方面,当今世界面临着诸多发展困境和问题,有的要靠科学技术的进一步发展来解决,但所有困境和问题在本质上都涉及发展理念和思想文化。中国特色世界一流大学理应对此做出积极的回应,提出解决问题的中国思路,建构引领发展的中国理论,为人类社会做出应有的贡献。另一方面,当前国际文化竞争日趋激烈,文化软实力已成为国家力量的重要组成部分,发挥着越来越重要的作用。国际竞争不仅表现在经济和军事力量的竞争上,更表现在文化竞争、话语优势上;一个国家的综合实力与水平,不仅表现在物质层面上的发展程度,更表现在精神文化层面上的国际影响力。在事关人类福祉和国家利益的重大问题上,中国特色世界一流大学决不能盲目追捧西方思潮,而是必须与中华民族伟大复兴的事业同向同行,平和理性地发出中国声音、展现中国思想、提出中国主张、传播中国理念,构建自己的话语体系,争取国际话语权,为人类文明进步贡献中国智慧。

把握高等教育的变与不变
落实立德树人的根本任务 *

（2017 年 5 月 25 日）

习近平总书记在全国高校思想政治工作会议上的重要讲话，从全局和战略高度，深刻回答了事关高等教育事业发展和高校思想政治工作的一系列重大问题。坚持立德树人，落实"四个服务"，推进高校思政工作再上新水平，是贯彻落实习近平总书记讲话精神及党中央治国理政新战略的必然要求，是实现中华民族伟大复兴的必经之路，是创建中国特色、世界一流大学的必须作为。

一、回望历史：高校思政工作关乎社会稳定和国家命运

今年是高考制度恢复 40 周年。40 年前，再次复出工作的邓小平同志以无产阶级革命家的巨大勇气领导和推动了思想解放和拨乱反正。在教育领域，他带头推翻了"两个估计"的错误判断，提出了"知识分子是工人阶级的一部分"等著名论断，做出了恢复高考等重大政治决策。广大知识分子获得莫大的精神激励，高校师生以忘我的热情投身于工作和学习中，成为改革开放的坚定支持者。

然而，随着改革开放的渐次展开，知识分子群体的思想和心态出现

＊ 本文是 2017 年 5 月 25 日在教育部直属机关"践行新理念新思想新战略"大讲堂上的报告。

了一些波动。究其原因,一方面,20 世纪 80 年代的改革开放主要集中在经济领域,它极大地解放了社会生产力,壮大了国家的综合实力,改善了人们的物质和精神生活。但比较来看,改革所惠及的主要群体是率先在商品经济领域中奋力搏击的人,而知识分子尤其是教师、医生、科学家等群体的经济收入增长幅度偏低。于是就有了"拿手术刀的不如拿剃头刀的,搞原子弹的不如卖茶叶蛋的"抱怨,也有了像"穷得像个教授""傻得像个博士"之类的调侃。另一方面,所谓"春江水暖鸭先知",国门打开后,知识分子最早了解到我们国家经济、科技、文化各个方面与世界先进国家的巨大差距,最先接触到西方的意识形态和社会思潮,一些知识分子由此而产生了对西方的经济制度乃至政治制度的憧憬甚至崇拜。这种情况也直接影响到青年学生的价值判断和社会认同。

1989 年春夏之交的政治风波,使我们党深刻认识到,思想政治工作不仅关乎高校的稳定和发展,更关乎社会的稳定和国家的命运。党中央据此做出了重要决断,那就是必须坚定不移地坚持"一个中心、两个基本点"不动摇。党中央决定,对高等学校实行党委领导下的校长负责制,从制度上把人才培养的前沿阵地抓在党的手上。与此同时,在国家财政尚不宽裕的情况下,党中央下决心启动了"211 工程",面向 21 世纪建设 100 所重点大学。1993 年,中共中央、国务院发布《中国教育改革和发展纲要》,提出了国家财政性教育经费支出占 GDP 的比例要逐步达到 4%。可以说,我国的高等教育是从那时起步入了健康发展的康庄大道。

二、从容自信:深刻把握高校思政工作面临的变与不变

改革开放 40 年来,我国高等教育发展取得了举世瞩目的成就,高校思政工作也面临着新形势、新问题和新挑战,我们要从容自信,深刻

把握高校思政工作面临的变与不变，增强问题意识，遵循教育规律。

（一）高等教育的规模和质量取得巨大提升

我国高等教育毛入学率从 20 世纪 70 年代末的不足 2% 上升到 2016 年的 42.7%。不敢肯定"后无来者"，但绝对是"前无古人"。

与此同时，我国高等教育质量显著提高。上海软科发布的世界大学学术排名显示，中国内地知名大学在过去 13 年间的国际学术排名普遍上升了 200 位以上。英国 QS（Quacquarelli Symonds）"2016 年世界大学学科排名"中，已有 4 所中国内地大学进入世界百强。《美国新闻与世界报道》发布的"2016 年全球顶尖大学排行榜"中，中国内地 29 所大学跻身全球 500 强，超越日本（15 所）成为亚洲龙头。这类排行未见得十分科学准确，也不应成为我们建设中国特色世界一流大学的指挥棒。但它所反映的发展趋势则是不争的事实。我们应当对中国高等教育今天的成就和未来发展充满自信！

（二）师资队伍的水平和结构发生深刻变化

以上海交大为例，截至目前，在 3 000 名专任教师中，有近 2 000 人具有海外一年以上学习或工作经历，其中约 800 人具有海外知名大学博士学位，每年还有数百位外籍教师到校内来长期或短期授课或合作研究。总体上看，我们的老师通过发表学术论文、参加学术会议、开展科研合作及联合培养研究生等多种方式，开展了广泛的国际交流合作，走在了国内高校前列。这是值得欣喜的，也是我们必须坚持的，我们一定要善于从总体上分析判断国际交流合作的得失。要以海纳百川的胸怀、求贤若渴的诚意，聚天下英才而用之。绝不能因少数不成功的引进人才或合作项目就止步不前，更不能因为我们在国际化方面取得了成就而故步自封。

当然，我们也必须清醒地看到，在高度对外开放条件下对教师进行思想教育和引领的重要性和艰巨性。这也是这次全国高校思想政治工作会议传递的一个重要思想。我们既要高度信任、紧紧依靠高层次人才,又要切实加强对他们的思想引领。绝大多数海归教师在国外学习或工作期间,是在大学、科研机构等象牙塔里面度过的,切身感受到的大多是比较亲切和正面的东西。回国工作以后,一般有个适应期,也会发表一些"以彼之长比己之短"的意见乃至抱怨。对此,我们应以虚怀若谷的态度倾听,积极吸收广大教师包括海归教师的合理化建议。同时,也要主动开展思想引导,及时疏导他们的负面情绪,最大限度地激发广大教师教书育人的积极性。

(三)学生的国际化程度空前提高

2016年,我校本科生毕业前有赴海外游学经历的比例达到40%以上,本科毕业后赴海外知名大学深造的比例接近1/3。与此同时,有6 000多人次海外学生在交大校园攻读学位或非学位课程。在高歌猛进的国际合作交流中,也有新的挑战和考验。例如,如何有效引导我们的学生在几乎没有防火墙的西方思想文化氛围中坚定理想、热爱祖国、学会分辨、懂得取舍,是我们必须认真研究的问题。又如,如何让外国留学生在得到高水平学术培养的同时,更多地了解中国的发展历程和制度选择,成为知华友华力量,也需要我们去突破。

当然,还可以举出许多重大变化,比如研究型大学发展对教书育人的正面和负面影响,信息化的高度发展对大学生思想意识、知识结构和学习方式的深刻影响,以及全球化和我国国际影响力大幅提升背景下的高校办学使命的变化,等等。

虽然有这么多变化,但也有许多是不变的。与20世纪80年代比较,虽然我国高等教育发展的阶段变了,但是坚持社会主义的办学方向没有变。虽然高校的功能拓展了,但是"立德树人、教书育人"的中心地位没有变。虽然高校的办学自主权扩大了,但坚持党委领导、校长负责、教授治学、民主管理的基本要求没有变。虽然高校师生更加多元化、更加国际化了,但是党对广大知识分子的信任和厚望没有变。

在坚守底线、保持定力的同时，我们又要与时俱进、主动求变，在思想政治工作的手段、范畴、载体乃至观念上不断创新，切实提升思想政治工作的实效性。

三、砥砺奋进：提升高校思政水平落实"四个服务"

2016 年 12 月，中央召开全国高校思想政治工作会议。习近平总书记发表重要讲话，深刻回答了事关高等教育事业长远发展的一系列重大问题，指明了我国高校所处的历史方位和承担的职责使命。其中，总书记特别强调，"高校立身之本在于立德树人"，"尽管经济社会发展赋予高校不少使命和功能，但高校的根本还是培养人才"。上海交大党委深入学习领会，贯彻落实习近平总书记重要讲话精神和全国高校思想政治工作会议的要求，在全校形成了"立德树人谋发展，扎根中国创一流"的高度共识和行动方案。

（一）牢牢把握"四个服务"这个办学治校的根本落脚点

建设世界一流大学，既是为实现"两个一百年"奋斗目标和中华民族伟大复兴的中国梦提供有力支撑，又是几代交大人为之不懈奋斗的交大梦想。今天，我们比历史上任何时期都更接近世界一流大学的宏伟目标，也完全有信心和能力实现这个目标。但是必须清醒认识到，追求世界一流的办学指标不是学校发展的根本目的，更不是办学的指挥棒。上海交通大学"因图强而生"，从诞生之日起就努力在国家、民族乃至人类进步中定位自身。在改革开放的新时代，我们要更加自觉地践行习近平总书记提出的"四个服务"明确要求，为人民服务，为中国共产党治国理政服务，为巩固和发展中国特色社会主义制度服务，为改革开放和社会主义现代化建设服务。这不仅是我们扎根中国大地建设世界一流大学的实践性路径，更是办学治校的根本落脚点。

（二）进一步贯彻落实好党委领导下的校长负责制

党委领导下的校长负责制是中国特色现代大学制度的核心内容，是一个必须长期坚持并不断完善的好制度。但是再好的制度，也要靠人去执行。因此，发挥我们的制度优势，必须坚持制度建设与人的教育两手抓。

党的十八大以来，尤其是全国高校思想政治工作会议之后，大家普遍认为，高校党委在管党治党、办学治校方面的责任更重了。作为党委书记，不能推卸自己的政治责任，但党委集体领导不是书记个人领导，党委决定重大事项不等于党委包揽全部行政事务。毋庸讳言，中央关于高校党委的职责要求与高等教育法中关于校长的职责要求是存在一些重叠之处的，无论是从理论上还是实践上都很难精确界定各自的职责边界，需要从不同学校的实际出发探索实践，但有若干原则应当明确。

首先，要把党委领导下的校长负责制作为中国特色现代大学治理体系的核心，并进一步落实到各个职能部门和二级学院管理运行之中。我校党政领导班子在学习讨论后形成的基本共识是，学校的所有职能部门和各院系都要对党委负责，也要对校长负责。不必过分区别哪些是党委部门，哪些是行政部门；哪些是党务干部，哪些是行政干部。2016年，我们把党委办公室与校长办公室合并为党政办公室，让规划发展处和党委改革与发展研究室合署办公，把校院领导的季度交流会由原先的党委和行政分别召开改为共同组织等，目的都是要把党委领导和校长负责有机融合起来，增强工作合力。近年来，我校形成了每年召开两次校领导班子务虚会、两次全委会、两次干部大会的学期重大工作任务酝酿、决策、部署链条。

其次，每周交替举行一次党委常委（扩大）会和校长办公会，党委常委会扩大到非中共党员的校领导，主要是对"三重一大"事项做出决策。校长办公会决定日常管理事务,同时酝酿讨论重大议题。书记和副书记作为班子成员也参加校长办公会,以便及时了解情况、参与决策。同时,作为一种制度性安排,坚持每周书记和校长交流一次,及时沟通情况,交换意见,几年下来效果较好。

（三）旗帜鲜明地推进立德树人、教书育人

这次全国高校思想政治工作会议,不仅强调要提高学生的思想政治素质,而且特别强调了要加强高校师资队伍建设和对教师的思想政治引领。

传道者自己首先要明道、信道。教师的教育教学、日常言行,对学生有重要影响。如果教师自身的师德有问题,在培养学生的过程中,就难以立德树人,甚至会误人子弟。一个时期以来,教师队伍的思想政治工作成为一个相对薄弱的领域,反映在教师的准入条件、从教规范和思想引领等方面都不尽完善甚至存在一定偏差。2017年4月,我校专门召开全校"立德树人、教书育人"部署推进会,成立了党委教师工作委员会和党委教师工作部,统筹推进教育者"明道、信道","立德、树信",强化"立德树人、教书育人"的责任担当。我们构建了学校教书育人奖励体系,加大对教书育人的奖励力度,扩大奖励覆盖面,重点奖励在教书育人工作方面表现突出的一线教师,包括思政教师、辅导员和班主任等,并将奖励与教师的职业发展、职务晋升相关联,在全校旗帜鲜明地倡导"立德树人、教书育人"是教师第一职责的导向。同时,研究制定《上海交通大学教职工违规违纪处理办法(试行)》,对有师德禁行行为的教师,实行"一票否决",并依法依规给予相应处理,力争通过导向鲜明和科学公正的评价规则,使教书育人在交大校园蔚然成风,使"学在交大"成为师生、校友和社会各界的广泛共识。

要切实把握好对教师"四个统一"的要求。习近平总书记强调,教师要以德立身、以德立学、以德施教,坚持教书和育人相统一、言传和身

教相统一、潜心问道和关注社会相统一、学术自由和学术规范相统一。这是新时期教师队伍建设的重要指导思想和根本遵循。要努力使广大教师坚定"四个自信",增强"四个意识",担负起先进思想文化传播者、党执政治国坚定支持者和学生健康成长指导者的责任和使命。

（四）凸显价值引领,构建全方位、全过程育人的大思政格局

凸显价值引领,强化"教育增值"。教育增值不仅要体现在学生的知识、能力和素质的提高上,更要体现在远大的理想志向和浓厚的专业志趣上,因此我们提出了价值引领、知识探究、能力建设、人格养成"四位一体"的人才培养总要求,并不断探索加强学生思政工作的实效性、针对性等问题。

切实把思想价值引领贯穿于教育教学全过程和各环节,形成教书育人、科研育人、实践育人、管理育人、服务育人、文化育人、组织育人的长效机制。对于课堂主渠道,每门课程都要守好一段渠、种好责任田。要俯下身子、放下架子,走进学生、亲近学生、欣赏学生,提高亲和力和针对性,找准切入点、痛点、共鸣点,把思想政治教育变成阳光和雨露,融入对学生的教学指导、关心帮助和服务保障等日常工作中去。学生在哪里,思政工作的舞台就在哪里,专业教育与思想教育相结合、课内与课外相结合、校内与校外相结合、线上与线下相结合、自教与他教相结合,让高校思想政治工作活起来、绽放魅力。

充分运用网络等新媒体、新工具、新方式开展思想政治工作。要运用新媒体、新技术使工作活起来,把深刻的道理通过鲜活的教育载体与表现形式讲得透彻、讲得生动、讲得有效,增强时代感和吸引力。2016年,在学生期末考试和放寒假之际,上海交通大学官方微信推出了"上海交大史上最难期末考题"专题策划,围绕父母与子女亲情话题,以期末考题的形式,向所有人发出了"子女对父母的爱,总共有多少公里?"的追问。该专题在文案和长图设计上,与真实考卷的形式保持一致,

"考题"答案是"最后一公里"，呼吁青年学生放假在家多陪父母。官微一经发布，立刻引发师生和社会各界的强烈共鸣，各大媒体纷纷跟进报道，并入选《意林》杂志，新华社刊发时评《教育时评："史上最难考题"难在题目之外》，取得了良好的思想政治教育效果。

"潮平两岸阔，风正一帆悬。"坚持立德树人，落实"四个服务"，办好中国特色世界一流的现代教育，是广大高等教育工作者的崇高使命和神圣职责。让我们认真贯彻落实以习近平同志为核心的党中央的部署要求，推动高校思想政治工作再上新水平，开创我国高等教育事业发展新局面，为实现"两个一百年"奋斗目标和中华民族伟大复兴的中国梦做出新的更大贡献。

纪念改革开放 40 周年　奋楫争先再创辉煌[*]

（2018 年 11 月 14 日）

对学校的发展历史,我们经常概括为"因图强而生,因改革而兴,因人才而盛"。这既是对交大悠久办学历史的凝练,也是对交大励精图治办学经验的总结。

今天的报告,我重点围绕"因改革而兴"展开,包括对学校在改革开放初期敢为人先的一些历史片段的回顾,以及学习贯彻习近平总书记关于深化改革开放、推动高等教育健康发展的重要讲话精神的体会。

一、敢为人先,改革开放不停步

1976 年 10 月,"四人帮"被粉碎。中华民族破浪前行的历史巨轮开始校正航向,这是一次义无反顾的转向,也是一次不容倾覆的转向。以邓小平同志为代表的中国共产党人以巨大的勇气和高超的智慧平稳实现了伟大的历史转折。在这一过程中,上海交大做出了独特的贡献。在中国高等教育改革开放的发展史上写下了若干个"率先"。

（一）率先质疑教育战线的"两个估计"

1977 年 8 月 4 日至 8 日,复出工作不久的邓小平同志邀请全国 30 多位著名科学家和教育工作者参加科学和教育工作座谈会,推动教育、科技领域的拨乱反正。座谈会开始时,不少老科学家发言还很有顾虑,

---

* 本文是 2018 年 11 月 14 日在上海交通大学 100 期焦点讲坛纪念改革开放 40 周年的报告。

在邓小平同志的鼓励下,代表我校参会的中年骨干教师吴健中发了言,他直接提到对教育战线 1949—1966 年的评价问题,说"教育的问题,主要还是在路线问题上界限不清"。这实质是对"四人帮"所炮制的"两个估计"的质疑。所谓"两个估计"就是认为,在新中国成立后的 17 年里,"毛主席的无产阶级教育路线基本上没有得到贯彻执行,大多数教师和高校学生的世界观基本上是资产阶级的"。吴老师的发言代表了广大知识分子心声,体现了交大人的勇气,也对其他与会者提出恢复高考等动议起到了推动作用。一个多月后,9 月 19 日,邓小平同志在与教育部原主要负责人的谈话中,鲜明地指出"'两个估计'是不符合实际的",并明确要求当年就全面恢复高考。这一重要政治判断和重大政治决策,不仅极大地调动了广大知识分子和青年的积极性,而且极大地促进了思想解放和拨乱反正。

（二）率先组成新中国高校访美代表团

1978 年 9 月 29 日,在时任中共中央副主席邓小平的坚定支持下,在中美两国尚未正式建交以及党的十一届三中全会尚未召开之际,上海交大成功地组建新中国的第一个高校访美代表团。由时任党委书记邓旭初带队,赴美国考察了整整 47 天,访问了 40 余所大学、研究机构和企业,联系接触了数百位美籍华人、校友和其他美国朋友等。此次出访不仅在美国教育界和在美华人圈内造成了轰动,而且在国内带来了极大的反响,《人民日报》等媒体都做了专题报道。

此次访美以及其后的互访,使交大人开阔了眼界,找到了差距,产生了强烈的紧迫感,也为上海交大的改革发展和国际合作奠定了坚实基础。学校率先开始了新的学科建设,如计算机、通信、图像处理等一批新兴学科与实验基地纷纷启动,也促成学校相继恢复或新建了理科和人文社科系及专业。另外,交大也成为首批利用世界银行贷款派出优秀毕业生出国深造的学校。当年的 38 位"世行生"如今大都学有所成。

（三）率先接受海外巨额捐赠

1981 年，香港船王包玉刚应时任六机部部长柴树藩之请，同意捐资 1 000 万美元在上海交通大学兴建包兆龙图书馆。能不能接受这笔捐赠，尤其是能不能命名为包兆龙图书馆，这在当时绝不是理所当然的。又是邓小平同志亲自拍板同意并由叶剑英元帅题写了馆名，等于是两位中央主要领导人同时为一笔捐款背书。这也成为新中国成立后内地高校接受的首例海外大额捐赠，产生了重大的社会影响。1985 年 10 月，包兆龙图书馆巍然矗立并创造了一系列"国内图书馆第一"，不仅成为国内高校图书馆发展史上的一座丰碑，更为调动海外华侨、华人建设国家、回馈社会的积极性做出了示范。

（四）率先开展管理体制改革

20 世纪 80 年代初，高校等行政事业单位的劳动人事和分配制度十分僵化，被俗称为"铁饭碗"和"大锅饭"。学校党委决定以此为突破口进行管理体制改革，推出了一系列"动真格"的改革措施：一是实施人才流动，在上海市人事局的支持下，短短数月就流动出去 500 余名教职工；二是严格定编，为劳动制度改革奠定基础；三是制定并实行《教师工作规范》和《机关岗位责任制》；四是根据按劳分配原则，奖勤罚懒，颁发平均每月"6 块钱"的校内奖金；五是鼓励教师带着科研成果走向企业、走向社会，扩大校内财政收入的"蓄水池"。

以内部管理为突破口的全面改革，得到了广大教职工的理解，也得到了邓小平等中央领导的肯定，交大的改革经验历史性地被写入全国人大六届二次会议的政府工作报告。

（五）率先规划建设新校区，突破创建一流大学的发展瓶颈

在快速发展的过程中，交大比国内其他高校提前遇到了发展空间的瓶颈问题。1983 年 4 月，乘着率先改革的东风，学校正式向上海市政府和教育部上报了建立闵行分部的请示。7 月，教育部下达了批复。9

月，时任上海市市长汪道涵主持召开市长办公会议，专题研究并原则同意上海交通大学在闵行建立分部。一年多以后，闵行二部一期工程全面开工，1987年8月如期竣工，并于9月接纳了首批2 600名本科新生。

创建闵行新校区是当时的校领导集体高瞻远瞩、力排众议的重大决策。同样，在世纪之交，校领导班子再次抓住机遇，推动了闵行校区二期建设和学校主体战略转移。时至今日，历经30年的辉煌创业，凝结了几代人的接续奋斗，闵行校区已成为交大建设世界一流大学的坚实支撑。

（六）率先推进中外合作办学，形成以我为主的国际合作样板学院

1992年，邓小平同志"南方谈话"之后，我国的改革开放重新进入快车道。为适应新的发展需要，欧洲联盟与中国政府决定在上海合作创办一所商学院。1994年11月，中国政府与欧洲联盟分别指定的办学单位上海交通大学和欧洲管理发展基金会签署了《中欧国际工商学院办学合同》，同日，上海交通大学中欧国际工商学院成立典礼暨新校园奠基仪式隆重举行。这也成为我国第一所中外合作办学的商学院。

而交大密西根学院的成立则是上海交大在体制内进行国际合作的成功探索。2006年4月12日，在此前十年成功合作的基础上，经教育部批准，由中美两所顶尖公立大学合作建立的"交大密西根学院"正式揭牌成立。交大密西根学院模式的最大意义是通过建设"体制内特区"，充分利用国内一流大学的优势，引进世界一流大学的优质资源，在高原上做增量，树立办学标杆，其溢出效应促进了学校其他学院的发展，办学经验也辐射到国内其他高校。

（七）率先确立建设世界一流大学的奋斗目标

20世纪90年代初，国家开始实施"211工程"计划，建设世界一流大学逐步成为国家战略。1995年12月，在交大百年校庆前夕，江泽民总书记欣然为母校题词："继往开来，勇攀高峰，把交通大学建设成世界一流大学。"两年多之后,在北京大学百年校庆时,江泽民总书记代表党中央正式提出了"985 工程",吹响了建设中国特色世界一流大学的号角。上海交大作为第一批入选"211 工程"和"985 工程"的大学之一,抓住了历史机遇,写下了振兴的华章。

通过以上回顾,我们有理由自豪地说,上海交大是中国高等教育改革开放的先行者和排头兵。除了前面讲到的几个率先,我校还率先实践了部市共建一流大学和一流医学院的新模式,率先实施人才强校主战略,率先开展学科布局动态调整等。由于时间关系,这里就不展开讲了。

二、继往开来,深化改革创一流

党的十八大以来,以习近平同志为核心的党中央励精图治、革故鼎新、开拓进取,以巨大的政治勇气和强烈的责任担当,团结带领全国人民推动党和国家事业发生历史性变革、取得历史性成就,中国特色社会主义进入新时代。在习近平新时代中国特色社会主义思想中,深化改革、扩大开放占有十分重要的位置。

2012 年底,习近平同志新当选党中央总书记之后,首次出京考察就选择了具有改革开放象征意义的广东深圳,表达新一届领导集体坚定改革开放的意志和决心。

2013 年 11 月,中央召开了十八届三次全会,专门研究全面深化改革重大问题,颁布了《中共中央关于全面深化改革若干重大问题的决定》,吹响了向全面深化改革进军的号角。全面深化改革,与全面建成小康社会、全面推进依法治国、全面从严治党共同构成"四个全面"战略布局。

2013 年 12 月,中央全面深化改革领导小组成立(2018 年 3 月,改名为中央全面深化改革委员会），习近平总书记亲自挂帅。十八届中央深改小组先后召开38次会议，出台1 500多项改革举措。各领域标志性、支柱性改革任务基本上已经推出，重要领域和关键环节改革取得突破性进展，全面深化改革、全面推进依法治国的主体框架已基本确立。

党的十八大以来，以习近平同志为核心的党中央总揽战略全局，推进对外开放重大理论和重大实践创新，取得新的重大成就。2013年，习近平总书记提出了共建"一带一路"倡议。"一带一路"倡议实施五年来的成效证明，这不仅是经济合作，而且是完善全球发展模式和全球治理、推进全球化健康发展的重要途径，得到国际社会广泛认同，写进了联合国安理会决议。习近平总书记提出的人类命运共同体思想，是当代中国外交的重大创新成果，受到国际社会的高度评价和热烈响应，已经成为中国引领时代潮流和人类文明进步方向的鲜明旗帜，也写进了党的十九大报告和修改通过的《中国共产党章程》。

2018年3月底，习近平总书记再次考察广东并发表重要讲话，指出"我们就是要在这里向世界宣示：中国改革不停顿，开放不止步，中国一定会有让世界刮目相看的新的更大奇迹"。2018年4月，在博鳌亚洲论坛上，习近平总书记明确指出"中国开放的大门不会关闭，只会越开越大"。

2018年11月5日，习近平总书记出席在上海举办的首届中国国际进口博览会开幕式，并发表了《共建创新包容的开放型世界经济》的主旨演讲，指出开放已经成为当代中国的鲜明标志，强调中国推动更高水平开放的脚步不会停滞，中国推动建设开放型世界经济的脚步不会停滞，中国推动构建人类命运共同体的脚步不会停滞。在主旨演讲中，习近平总书记还向全世界宣布了三项即将在上海推进的改革开放重要举措：将增设中国（上海）自由贸易试验区的新片区，在上海证券交易所设立科创板并试点注册制，将支持长江三角洲区域一体化发展并上升为国家战略。这三项举措,每一项都具有全局意义,都事关改革开放整体的节奏步伐。

从习近平总书记在进博会开幕式上的主旨演讲和视察上海时重要讲话的字里行间,我们可以深切感受到总书记对上海饱含着深厚的感情。在11月4日的欢迎晚宴上,他说上海商通四海、人聚万邦,文明交融、多姿多彩。在11月5日的主旨演讲中,他再次动情地说:"我曾经在上海工作过,切身感受到开放之于上海、上海开放之于中国的重要性。"11月7日,在听取了上海市委和市政府的工作汇报后,习近平总书记充分肯定了上海市的工作,他讲了对上海的三个印象:一是战略定位准确;二是谋划落实比较有力;三是硬件软件一起抓。他列举了大量有关上海的事例、中央对上海提出的要求和上海的改革试点,如数家珍,娓娓道来。总书记对上海提出了殷切希望,强调要坚定改革开放再出发的信心和决心,要更好地发挥上海等地区在对外开放中的重要作用,对上海提出了5个方面的工作要求:一是更好为全国改革发展大局服务;二是推动经济高质量发展;三是推动改革开放向纵深发展;四是深化社会治理创新;五是提高党的建设质量和水平。

上海,是全国的上海。城市与大学共生互动。总书记对上海提出这样的要求,包含了对上海的信任、期许和嘱托,作为地处上海的"双一流"高校,我们必须义不容辞、义无反顾地把这样的使命和责任扛起来,牢固树立大局意识、全局观念,在服务全国、服务上海中推进"双一流"建设。比如,聚焦张江综合性国家科学中心建设,聚焦科技创新的尖端和前沿,聚焦突破"卡脖子"的瓶颈制约,聚焦超大城市治理问题,这些都非常需要交大这样的高校在其中做出独特的贡献。

党的十八大以来,以习近平同志为核心的党中央高度重视教育事业,对高等教育极为关心,投入了巨大心血。习近平总书记多次到学校考察并同师生们座谈,给师生回信,主持中央重要会议通过一系列涉及教育改革发展的方案，提出了一系列重大方针政策；召开全国高校思想政治工作会议，推出"双一流"建设计划，推动教育综合改革，确定清华北大和上海作为"两校一市"综合改革试验区。2018年教师节之际，中央经过长期的准备召开了高规格的全国教育大会，这是一次能够写入历史、进入人心、改变生活、开启未来的大会，习近平总书记系统总结了推进我国教育改革发展的"九个坚持"，为加快推进教育现代化、建设教育强国、办好人民满意的教育指明了前进方向。

改革开放是坚持和发展中国特色社会主义、实现中华民族伟大复兴的必由之路，也是高等教育发展的必由之路。2015年11月，国务院印发《统筹推进世界一流大学和一流学科建设总体方案》，启动实施统筹推进"双一流"建设战略，这是我国高等教育发展史上一个具有里程碑意义的重大战略举措。该方案要求以中国特色、世界一流为核心，以改革为动力，加快建成一批世界一流大学和一流学科。9月29日，在上海（交大）召开的"双一流"建设现场推进会上，陈宝生部长也特别强调"改革"和"开放"，要求在深化改革、服务需求、开放合作中加快高质量建设。正如习近平总书记强调的，扎根中国大地办高等教育同建设世界一流大学是统一的，我们要扎根中国、融通中外、立足时代、面向未来。我们推进"双一流"建设，强调政治要求与强调改革创新也是统一的，既要把握好坚持社会主义办学方向、加强党的全面领导这一根本要求，也要把握好坚持深化教育领域改革开放这一根本动力，敢于担当干事创业。

同志们，习近平总书记指出，"40年来，我们党靠什么来振奋民心、统一思想、凝聚力量？靠什么来激发全体人民的创造精神和创造活力？靠什么来实现我国经济社会快速发展、在与资本主义竞争中赢得比较优势？靠的就是改革开放这场新的伟大革命！"

改革开放也是上海交大快速发展的重要法宝。在实践中总结凝练出的交大精神，"求真务实，努力拼搏，敢为人先，与日俱进"，也是交大人勇于改革创新、坚持开放办学的集中展现和生动诠释。近年来，学校紧紧抓住"双一流"建设机遇，把握发展大势，深化综合改革，注重内涵发展，加强国际合作，国际竞争力稳步提升。

同志们，百年未遇的大变局、"四个伟大"的历史进程、复杂的大国博弈形势，以及我国高等教育正处于爬坡过坎迈向世界领先的关键阶段，决定了我们必须以习近平新时代中国特色社会主义思想为指导，以只争朝夕、时不我待的精神状态，加快"双一流"建设，提升建设水平。这是时代赋予我们的使命，是民族复兴赋予我们的重任。

当前是"双一流"建设转入新阶段后的关键期，我们要把学习贯彻习近平总书记重要讲话和全国教育大会精神作为当前和今后一个时期的重要任务，弘扬交大优良精神传统，继续做高等教育改革开放的践行者和拥护者，继续争当排头兵和先行者。

一是要登高望远，在改革开放的大局中谋划长远发展。

改革开放是顺时应势、击水行舟的时代潮流，我们完全可以期待改革开放创造新的更大奇迹，对中国乃至全世界都将带来深刻的变化。无论是对于学校还是个人，都是难得的际遇和机缘。我们要登高望远，准确把握我们所处的历史方位，在全国改革开放的大局及上海改革开放的版图中来谋划未来、不断前进。

习近平总书记在上海考察期间，多次表示希望上海继续探索，走在前列，走出新路子，为全国改革发展作出更大贡献。这次又赋予上海三项重大改革开放使命，今后还会有更多的中央改革试点放在上海，这既是对上海的肯定，也是期许。地处上海的交大，要让"敢为人先，与日俱进"的精神再次焕发，以时不我待的紧迫感，抓住重大历史机遇，对接国家和区域发展战略，在服务国家、服务上海中勇立潮头，实现新的发展。

二是要求真务实，以担当作为的精神做实干家、建设者。

交大人"求真务实，努力拼搏"的精神品格，既体现在实事求是的作风上，也体现在脚踏实地的干劲上。

新时期，"求真务实，努力拼搏"就是要认清我们所处的方位、保持清醒的头脑。我们已经取得了一些成绩，但是要看到，我们跟世界顶尖大学还有很大的差距，跟清华、北大也有不小的距离。行百里者半九十，越往前进，提升的难度就越大。上海交大在国际高等教育界还不是那么知名，在国内的声誉也还明显落后于清华、北大，我们没有骄傲自满的理由。在国际交流竞争中，我们要再上一层楼，必须继续虚心学习和研究世界一流大学的办学经验。尤其是在中层干部和办学骨干中要形成对标一流、寻找差距的强烈意识，务必保持谦虚谨慎的态度，绝不能妄自尊大，自以为是。

新时期，"求真务实，努力拼搏"就是要强化问题意识、勇于担当，虚心学习，但不是亦步亦趋，而是要有创造性的思路和举措，这就需要勇于和善于提出问题，更要注重解决问题。要有强烈的建设意识。"交通"重在交叉融合，通达四方，遇到困难和问题，要少一些抱怨和推诿，多一些思考和担当，要有精诚团结的氛围和务期必成的决心。要进一步激发师生的积极性和创造性，调动二级单位的主动性和进取心。

三是要开放包容，以海纳百川的胸怀引育天下英才。

开放、创新、包容是上海最鲜明的品格，地处上海的交大也有这样与生俱来的特质，并且已经深深融入了历代交大人的血脉中，具体展现在各个时期交大的人才培养和师资队伍建设过程中。贯彻和落实总书记重要讲话精神，必须以习近平新时代中国特色社会主义思想为指导，自觉对照开放、创新、包容的要求，以海纳百川的胸怀去"交通天下"、汇聚英才。

我们要进一步提升国际化水平，包括稳步提升国际学生的数量和质量，提升国际化教学、科研水平，提升国际化管理能力和环境氛围，保持国际化办学特区的优势。要继续精准引进高水平师资、充分发挥引进人才的作用,既要帮助他们了解国情校情,适应规则要求,又要发挥作用,发挥好他们国际视野开阔、国际联系广泛的优势,帮助学校更新办学理念和办学实践。

我们要有这样的意愿,让海外归来的教师 20 年后,不仅以自己为祖国贡献了力量而自豪,更为自己的学术水平不逊色于在海外名校工作的同行而欣慰。我们要有这样的雄心,让我校培养的博士 20 年后,不仅成为支撑国家经济社会发展的栋梁之材,而且成为世界一流学术机构竞相争取的对象。校院两级领导和各办学骨干都要有这样的胸怀和雅量,求贤若渴,礼贤下士,潜心育人,提携后辈,为创建世界一流大学做出无愧于时代的贡献!

坚定不移推进改革开放
保持定力建设一流大学 *

（2018 年 12 月 25 日）

今天我们在这里召开庆祝改革开放 40 周年的座谈会，学习领会习近平总书记在庆祝改革开放 40 周年大会上的重要讲话精神，同时深情地回顾祖国、学校以及个人 40 年来难忘的成长经历，会议开得非常好。刚才王宗光书记等 8 位同志的发言，讲得很精彩。大家都从他们的发言中受到了启发，也由此深切地感受到改革开放所带来的巨大变化。

一周之前，也就是 12 月 18 日，中央在北京隆重举行了庆祝改革开放 40 周年大会，我们今天在场的同志，应该都通过不同的方式收听收看了这一次大会的情况。确实如刚才有同志发言中讲到的，这个大会真的令我们很感动。特别是对 100 位改革先锋和 10 位中国改革友谊奖章获得者所进行的庄严热烈、独具匠心的表彰，我们在菁菁堂集体收看实况转播时自发地多次热烈鼓掌，表达我们发自内心的敬意。而在这 100 位改革开放的先锋身上，我们也深切地感受到改革开放是中国共产党领导下亿万人民自己的事业。

在这次大会上，习近平总书记发表了气势恢宏、直抵人心的重要讲话。这一重要讲话，毫无疑问是当代中国马克思主义的重要文献，在党内外、国内外都引起了巨大的反响。借此机会，我想与大家交流三点印

---

* 本文是 2018 年 12 月 25 日在上海交通大学庆祝改革开放 40 周年座谈会上的讲话。

象最为深刻的感受。

第一点感受是，这个讲话对于党的十一届三中全会的召开做了非常深刻的历史评价，深得党心、民心。

总书记讲话中的第一句话就深深打动了大家。他说1978年12月18日，注定是在我们党的历史上，在我们国家的历史上，在中华民族的历史上，会被永远铭记的重要日子。习近平总书记明确指出，改革开放是我们党的一次伟大觉醒。我觉得这个表述非常准确、非常重要。它对于廓清我们思想上的困惑，消除社会上存在的一些杂音，进一步统一全党的思想，坚持改革开放不动摇具有重大意义。

习近平总书记讲了五四运动以来的三个里程碑事件，建党、建国以及以党的十一届三中全会召开为起点的改革开放，这三个历史事件被并列在一起，由此可见党的十一届三中全会为什么这么重要。因为十年的"文化大革命"不仅将我们国家带到了国民经济崩溃的边缘，而且"左"的思想严重地禁锢了社会进步和国家发展。因此，我觉得由习近平总书记代表党中央用"伟大觉醒"来评价改革开放，非常准确、传神，深得党心、民心。

当然，我们交大人对于"觉醒"二字可能还有特别的感受，因为我们常常讲，交通大学是诞生于甲午战败的硝烟和觉醒之中，正是因为觉醒到"自强首在储才，储才必先兴学"，所以才有了我们这所中国近代大学，才有了交通大学的历史地位。这是我今天和大家做的第一个分享。

第二点，我觉得总书记的讲话总结了40年改革开放的伟大成就和宝贵经验，发出了实现中华民族伟大复兴中国梦的最强音，令全党全国人民备受鼓舞。

总书记用"改革开放已经走过千山万水，但仍需跋山涉水"这样一个精辟的概括，鲜明地描述改革开放的伟大历程。通篇讲话中，对于改革开放的伟大成就和宝贵经验，总书记也做了非常精辟的总结和提炼。

包括在讲历史成就的时候讲的"十个坚持"；讲改革开放经验的时候，讲了"九个坚持"，彼此之间在逻辑上是一脉相承的。每一个坚持都是我们走过的路。大家很容易理解，因为我们是改革开放的亲历者。我们应当认真地汲取和传承这些宝贵的历史经验。

第三点，我感受到习近平总书记的这篇讲话与党的十九大的报告、与习近平总书记系列重要讲话精神是一脉相承的。这反映了我们党在理论、路线、方针和政策上都已经高度成熟，使我们能够充满信心地迎接各种困难和挑战，走向更加光明的未来。我们知道我们党在过去的40年中始终是坚持改革开放不动摇的。这一点大家在总书记讲话时就能很明确地感受到，从邓小平同志到江泽民同志，到胡锦涛同志，到党的十八大以后在以习近平同志为核心的党中央坚强领导之下我们所取得的成就，在报告里都非常清晰地表达了出来，而且有很好的总结。这种一以贯之的发展，使得我们有强烈的确定性。当前，其实大家最为担忧的是不确定性，尤其是美国的不确定性增强了全世界的不确定性。我们当前还是要以"确定"应对"不确定"。这一过程毫无疑问会遇到不少的挑战。像习近平总书记讲的，我们跨过了"千山万水"，但是还是要准备"跋山涉水"。我们现在已经攀登到中间，但是继续攀登可能面临的困难和矛盾会更多，我觉得总书记这个提示和告诫，非常重要。

这里我再展开说一点，12月18日召开庆祝改革开放40周年大会，19日就召开中央经济工作会议，习近平总书记在19日的上午又做了一次重要讲话，分析了国内国际的形势。总体上稳中有变，变中有忧。我们要认识到形势的艰巨性，要有应对困难和考验的思想准备。因为现在看来，至少在过去这二三十年里面，对于高等教育的支持，我们国家的政府是十分慷慨的，也是极有战略眼光的。如刚才王宗光书记所讲，当年交大要解决的是薪酬能否按时足额发放的问题，而现在学校和学院要解决的是给大家发的薪酬是不是公平合理，能否调动大家积极性的问题。刚才那位海归老师说,现在选择学成回国,期待的是有成就自己事业的更好机会和平台,这和前辈回来的时候思想境界不完全一样。我觉得这是因为时代不同了,现在很多人出去留学,都会首先想好什么时候回来,回来干什么。这和我毕业的时候确实不一样,我们那个时候出去留学,通常较少考虑以后回来干什么。我记得我出去当访问学者的时候,王书记是党委书记,她反复关照我要按时回来。因为在我之前,我校向那所学校派去了三十几位访问学者,尚没有一个按期回来的,我当时是学校的党委副书记、副校长,我要是去了不回来,那就变成笑话了。但也不是不可能,因为在当访问学者期间,如果我申请转为攻读博士,几乎没有任何障碍。当时就是这样一种情况,比如我研究生时就读的机械工程系8206班,总共只有20位同学,后来有15位同学到海外去发展了,都在海外取得了博士学位,并且成家立业、结婚生子了。他们当时选择留在国外无非是期待更好的生活和发展。但今非昔比,中国的一流高校这些年进步非常大,对人才的吸引力也越来越强。人才回归的势头不可阻挡。当然,面对近期的国内外形势,我们也要有充分的思想准备。学校有可能从突飞猛进的增长阶段逐步进入平缓增长期。

第二句话我想要说的是我们一定要充满自信。中华民族伟大复兴是历史之必然。这次中央经济工作会议,习近平总书记讲话中强调我们仍然处于并将长期处于重要战略机遇期,要有充分的信心。他也做了一个非常具有说服力的论证,大家可以学习一下《人民日报》近期的几篇社论和评论员文章。我们有自己的制度优势,也有很大的发展潜力。

以上是我学习习近平总书记讲话的几点体会,和大家简单做一点分享。下面,结合我们学校的工作,我再简单地谈三点意见。

第一,要坚定早日建成世界一流大学的雄心壮志,增强应对复杂局面的定力和准备。

早日建成世界一流大学是我们的奋斗目标，我们通过定性和定量相结合的方法做了一些研究，感觉到我们现在确实离世界一流大学越来越近了。我们有一批老师，包括今天发言的教授，已经到了世界一流学者的层次和水平上，虽然他们的平均薪酬比国外还是少一点的，但都能够体面地生活。我们的教学科研支撑条件，也是在国际一流大学的水平上。另外，我们生源质量达到了世界一流。因此，我们对早日建成世界一流大学有信心。当然，我们也要看到差距，与世界顶尖大学比较我们还有多方面的差距。我们目前的国际排名大步向前有的还是靠量取胜，在"质"上还有所不足。这一点学校领导班子还是有比较清醒的认识，不管是务虚会上的讨论，还是平常班子内部讨论的时候，同志们都是要讲问题，我觉得这个风格是中央倡导的，就是要给大家一定的压力，进而激发出大家的奋斗精神。总之，我们要有雄心壮志，早日稳定地进入世界百强的行列里。这个世界百强只是笼统地讲我们的综合实力，对每个学科，我们培养的学生，其质量是不是达到了世界一流大学的水平？我们还得要从每个单位的实际情况出发做一些分析和判断。要紧紧围绕着培养一流人才这一办学根本，来做好我们的一流大学建设。当然，我们不仅要有一流的学生，还要有一流的科学研究、一流的社会服务，以及一流的国际交流与合作，这方面我们都要继续努力。

第二，就是要发扬敢为人先的改革精神，推进学校的综合改革走向深入。

2018年是改革开放40周年，我们学校是领改革开放风气之先的学校。率先组团访美其实还是在党的十一届三中全会召开之前，当时就是在邓小平同志的亲自关心之下，我们作为第一个高校代表团访问美国并在美国考察了整整47天，现在看来可能是空前绝后的。这生动地体现了交大人敢为人先的精神品格。刚才王书记特别提到坚持改革开放还是要提倡解放思想、实事求是。当年的同志有当时的思想包袱,今天的同志可能也有今天的思想包袱。大家在推动改革创新方面,还是有一点谨小慎微,这可能会使得我们错失良机。最近习近平总书记反复强调要鼓励大家勇于承担责任,积极作为,推进改革。这一点我们大家要深刻领会。

这里特别要强调的是怎样把改革落到实处的问题。四年前,2014年12月29日,教育部批准了上海交通大学综合改革的方案。这四年来,我们的综合改革还是取得了一些进展,其中包括我们凝练了"学在交大""院为实体""多元评价"三大改革抓手,但是距离我们的期待还是有一些距离。学校党委初步考虑,在这个学期末的务虚会上,我们要围绕着深化改革再做一些研究工作。下学期的全委会,我们也想重点针对交大的深化改革,进行思想动员,部署重点任务,用改革作为动力,使得学校能够继续奋勇向前。

现在的高等教育改革,强调的是综合改革,需要统筹,需要有总体的谋划。但并不能因为说是一个综合改革,最后就把自己困住了。各种事物确实是普遍联系的,但是不能因为连到一起以后,就觉得改不下去了,这一点是我们要破除的思想障碍,一定要努力地争取通过改革激发出更大的活力。我看这些年来,李克强总理在主持召开国务院常务会议时,经常强调要抓好"放管服",要通过激发活力来促进发展。我们学校在这方面也做了工作,但是还要进一步做。

第三,就是要以开放包容的心态和胸怀,凝聚更多的人才,发挥人才的优势。我们学校的三句话大家都耳熟能详,"因图强而生,因改革而兴,因人才而盛"。交大现在3 000多位专任教师中,有近2 000位有一年以上的海外学习或工作经历,海归是多数,非海归的是少数。我们师资国际化的比例不低,绝对数则与大多数世界一流大学相差不多。国际化程度提升了,是我们的优势。怎么样把人才资源利用好?我们要多管齐下做工作，一方面还要继续精准地引进高水平的人才。我们觉得现在学校里优秀的中青年师资还是偏少，尽管总量和结构还可以，但是对标兄弟高校，工作不能放松，更重要的是要培养好，引进以后能够让大家把力量发挥好。我曾经在几次会议上讲过，这里我想再强调一遍。我们要有这样的意愿，让海外归来的教师20年后，不仅以自己为祖国贡献了力量而自豪，更为自己的学术水平不逊色于在海外名校工作的同行而欣慰。我们要有这样的雄心，让我校培养的博士20年后，不仅成为支撑国家经济社会发展的栋梁之材，而且成为世界一流学术机构竞相争取的对象。事实上，过去十年左右的时间里，很多回来的老师，还保持着和国外同行大体相当的研究水平，这是我们比较欣慰的。我相信随着时间的推移，我们这方面的机会会更好。要做到这一点，当然除了中青年老师自身的努力以外，我们学校的方方面面要为人才发挥力量和才能开辟舞台。校院两级领导和各办学骨干都要有这样的胸怀和雅量，求贤若渴，礼贤下士，潜心育人，提携后辈。

坚定自信保持发展态势
改革创新完善治理体系[*]

（2020 年 3 月 5 日）

2020 年是中国实现"两个一百年"奋斗目标的重要历史时点，也是学校实施"双一流"建设、进入世界一流大学行列的关键节点。面对突如其来的新冠肺炎疫情，我们要坚定信念、迎难而上，更加旗帜鲜明地坚持中国特色社会主义教育发展道路，更加坚定不移地贯彻改革开放的方针政策。

一、增强"四个自信"，既防控风险又坚持发展

2020 年初，新冠肺炎疫情不期而至，并快速成为影响全国的黑天鹅事件。以习近平同志为核心的党中央高度重视、果断应对，做出一系列重要部署和指示，全国上下打响了一场疫情防控的人民战争、总体战、阻击战。学校党委第一时间启动防控工作，成立防控工作领导小组及其办公室和工作组，强化工作统筹，细化工作方案，多措并举做好疫情防控工作。严格校园管理，掌握师生状况，加强宣传引导，准备在线教学，开展专项科研，提供资政建言的平台，做了大量富有成效的工作，涌现出诸多感人至深的"最美逆行者"和"战地故事"。许多同志始终坚

＊　本文是 2020 年 3 月 5 日在中共上海交通大学第十届委员会第十次全体会议上的报告节选。

守岗位，度过了一个没有假期的春节。尤其是学校各附属医院的相关医务员工，以"国有战，召必应，战必胜"的英雄气概，积极投入抗击疫情的最前线。自除夕夜以来，先后有数批共计 500 余位医务人员驰援武汉。各级党组织和广大党员冲锋在前，发挥了战斗堡垒和先锋模范作用。这次抗击疫情的过程，充分彰显出中国特色社会主义的制度优势，我们有理由坚信，在以习近平同志为核心的党中央坚强领导下，全国人民万众一心抗击疫情必将取得最终胜利，这也极大地增强了我们的"四个自信"。

下一步，在继续做好疫情防控工作、夺取战"疫"全面胜利的同时，我们要加快建设中国特色世界一流大学的步伐，主动服务国家发展、高等教育发展"两个大局"，把疫情造成的时间损失夺回来，在担当教育强国、教育报国的时代使命中继续走在前列。我们既要有责任担当之勇，又要有科学防控之智；既要有统筹兼顾之谋，又要有组织实施之能。我们要以此为契机，强化底线思维、系统思维，提升应对重大风险挑战的能力和水平；加强师生教育引导，提升思想政治工作的针对性、实效性；积极利用信息化手段，开创线上、线下混合式教学的"学在交大"新模式。尤其是在外部形势风云变幻、高等教育百舸争流的"双重压力"之下，要强化战略思维、工作部署。我们需更加清醒地认识到，要成为名副其实的世界一流大学，不能只关注排名和量化指标，必须要在内涵和质量上不断取得实质性进步，要有战略定力，把准前进方向。无论面临什么样的压力和挑战，都必须坚持中国特色与世界一流有机统一，坚持"量质并进、以质为先"的发展主线和基调，并将之贯穿于各项工作之中。

二、聚焦重点和难点，既深谋远虑又善作善成

人才培养始终是大学的根本，一流大学必须有一流的人才培养成

效。在新的历史时期，我们围绕培养优秀的社会主义建设者和接班人的总目标，强化价值引领、提升教育增值，人才培养的战略地位和实际效果都显著提升。但是，对照培养担当民族复兴大任的时代新人的更高要求，我们还有不小的差距。"十年树木，百年树人。"人才培养的规律决定了其功成不在当下，不能急功近利；但必须从当下做起，不能迟缓松懈。在培育家国情怀、涵养学术志趣、强基础提质量等方面都要累土不辍、久久为功。创新是研究型大学的显著特征，也是中国大学落实"四个服务"的动力之源，在科研创新上没有一流水平也不能称为一流大学。近年来，全校师生对接国家战略需求和挑战科学技术前沿的追求更加自觉高远，创新活力被充分激发，重大成果不断涌现。但是，如何提升创新策源能力，在科学新发现、技术新发明、产业新方向、发展新理念等方面做出更大贡献；如何将创新优势转化为育人优势等，仍然任重道远。面对新形势新使命，通过一段时间以来的深入调研和征求意见，我们凝聚了深化学校科研工作改革的广泛共识，形成了总体思路和方案。

下一阶段，一方面要进一步完善制度设计，既谋长远也谋全局。要从学校深化综合改革的总体布局上来推动科研体制改革创新，让使命与好奇心"双力驱动"的鲜明导向深入人心、成为行动，与"学在交大"人才培养改革、"多元评价"人事制度改革、"院为实体"现代大学制度改革以及国际化办学、资源配置模式改革协同推进、相互支撑。另一方面要紧抓机遇乘势而上，干一件事成一件事。对于"大海洋""大健康"学科高峰的具体布局，人工智能等交叉学科平台的实质运行，"大零号湾"科创示范区的有效推进，不仅要有清晰的思路，更要有得力举措；对于提升科研内涵品质、科研成果质量，强化重大科研项目、基地的策划与组织，加强领军人才、青年人才培育及团队建设，充分发挥各类人才育人作用、科研创新育人功能等，都要校院协同、持续发力、务求实效。

要加快制定若干行动计划，把科研体制机制的改革创新落到实处，在"把事干实、把事干成"上下更大的功夫，有更大的作为。

三、完善治理体系，既加强统筹又重心下移

一流大学要有一流治理。党的十九届四中全会指明了国家治理现代化的方向，也为推进教育治理体系和治理能力现代化提供了科学指导和基本遵循。习近平总书记强调，这次疫情是对我国治理体系和能力的一次大考。对于学校而言，也是一次考验。完善大学治理最根本的是坚持和完善党委领导下的校长负责制。近年来，我们围绕贯彻落实这一根本制度，进行了积极有益的探索，党委领导有力，党政团结和谐，各项事业蓬勃发展。但是，将党的领导制度优势进一步体现在院系、支部基层组织，还需不断加强；结合学校实际建立不忘初心、牢记使命的制度，也需深入研究。完善大学治理必须坚持统筹推动。大学治理是系统工程，改革越深入越要将大学作为一个"完整生命体"，不能"头痛医头、脚痛医脚"，而要"系统科学诊治"。要充分考虑治理的整体性、关联性、协同性，既要在各工作领域深化改革、落实攻坚，也要加强顶层设计、统筹推进，以及针对重大突发事件的应急管理、联动机制。完善大学治理必须坚持重心下移。院系、学科等基层单位是组成学校"生命体"的细胞单元，也是活力之源。只有充分激发基层活力，才能凝聚起更大的发展动力。要不断深化"院为实体"改革实效，既下移管理重心，让院系必须依靠机关才能办成的事越来越少，并且鼓励和支持一批先行先试的"特区学院"；也提升服务效能，让基层反映的问题及时得到回应和处理，并且下大力气解决信息化建设系统性、集成性不够等难题。完善大学治理最终要落实到"人"。只有落实到人的治理才是有生命的治理。大学的发展归根到底是依靠人，

也是为了人。因此,各项改革必须围绕人、服务人,各项工作也必须更加尊重人、信任人。无论是思想引领还是评价考核、服务保障,都要充分考虑人的发展需要和成长规律,切实为人减负,激发个体活力和潜力,提升个体的获得感、成就感。

学在交大篇

让报国和奉献成为交大人永恒的品质[*]

（2014 年 6 月 20 日）

    在大家即将告别母校、踏入社会之际，我们相聚在这里，隆重举行2014 届毕业生党员远航教育大会。刚才，我们一起观看了 2006 届毕业生黄亮同学的先进事迹视频，聆听了黄亮生前的老师、同学和战友对他的事迹介绍，在座每一个人都深受感动。2014 年，我们将黄亮校友的先进事迹报告会作为远航教育的重要内容，希望以此激励每一位毕业生党员，以自身行动来阐释和呈现交大人践行社会主义核心价值观的誓言。

    黄亮的一生，非常纯粹！在短短 30 年的人生历程中，他的付出和努力，集中体现了爱党报国的坚定信念、勤奋敬业的忘我精神、勇斗病魔的顽强意志和回报社会的崇高品格。黄亮，不仅是交大国防生的优秀代表，也是交大新一代毕业生的突出代表。他身上凝聚着我们新一代交大人所追求的精神品质和集体人格，是社会主义核心价值观的生动展示。也正因如此，黄亮的先进事迹才能让我们产生共鸣。

    黄亮在交大同学中，是普通的一员；但他在人生关键阶段的每次选择，却让我们敬佩，让我们感动。

    黄亮出生于湖南乡村的一个普通家庭，他始终将"成为社会的有用之才"这个朴素的想法作为人生目标。在校期间，他自觉自愿，毅然选择报名成为一名国防生，献身祖国的国防事业；工作期间，他发起成立

---

* 本文是 2014 年 6 月 20 日在 2014 届毕业生党员远航教育大会上的讲话。

了国防生发展基金，帮助在校有困难的学弟学妹完成学业。"成为社会的有用之才"，他短暂的一生都在兑现这个承诺。

他是我们交大热门的计算机专业的学生，他毅然放弃了毕业后可能获得高薪工作的机会。在他心中，将"穿上绿军装"看作报国最直接的体现。他说："只要能有所作为，我愿意。"这次人生选择令我发自内心的敬佩。

他所有的作为，无愧于他的选择。临近毕业时，黄亮主动要求到条件相对艰苦的地方工作，当组织上决定安排他到江阴基地工作时，他也愉快地服从，他说："任何巨大的成功都来自踏实的第一步。"在总装的测量船上，他不断学习技术充实自己，迅速成长为业务骨干，创下多个"第一"。

他是坚强的，即便病魔正在吞噬他的健康，他仍然以一名战士的姿态，冲锋在路上。工作时即便腰痛得直不起身，也要坚持把工作做完。他总是想着别人需要什么，念着能为别人做些什么。临终前，还请求"把所有器官捐献给社会"，发挥自己的热量，给另一个生命带去光明。

黄亮说，"我不能选择生命的长度，但可以决定生命的厚度"。当我们回顾他 30 年的生命历程，能够深切地感受到，在每次面临人生的重大选择时，他始终把祖国、社会和他人放在优先考虑的位置。这对我们生活在社会主义市场经济大环境下天资聪慧、学业有成的同学来说，是极其难能可贵的，也正是我们国家和社会最需要的。

同学们，每一代交大人都有自己的使命，每一代人都有属于自己不同的报国奉献方式。我们大家尊敬的钱学森学长报效祖国的方式，是突破重重障碍回到祖国，用自己的毕生所学为我国的火箭、导弹和航天事业的发展做出贡献。前不久，我校 1949 届校友黄旭华学长当选"感动中国"2013 年度人物，黄学长从事核潜艇研制工作 30 多年，埋头苦干，甘心做沉默的砥柱，为新中国的核潜艇事业奉献一生，被誉为"中国核潜艇之父"。这就是他们那一代交大人报效祖国的生动体现。

　　近年来,学校一批又一批80后、90后毕业生走出校门,走向社会。生活在社会主义市场经济条件下,如何把国家的需求、社会的需要与个人人生价值实现紧密结合,是我们每个人需要多次做出选择的重要命题,也是我们怎样定位自己人生坐标的不可回避的难题。

　　同学们,人的一生是漫长而又短暂的,报效祖国对一个人来说,既体现在其一生中始终坚守着爱国、报国之品质;又体现在重要人生阶段里所做出的"国家为重"之选择;同时也体现在面对关键时刻所表现出来的果断勇敢、不畏艰险之行动。这三点拷问着我们的灵魂和思想——能否始终如一地践行使命责任,如何自觉自发地用顽强的意志和毅力去秉承中华民族的优良传统,为国家的强盛和民族的复兴尽自己最大的努力?

　　在座的各位毕业生党员即将离开学校,你们已经做出了一次人生中的重大选择,今后可能还要面临一次又一次重要转折。当大家正处在学校和社会的交叉点上时,作为你们的老师和学长,我希望每一位交大的同学不论将来处在什么岗位、在什么地方,都能够始终坚守交大人的优良品质:报国、敬业、奉献。

　　第一,希望大家坚守矢志报国的信念。报国,距离我们其实并不遥远。走上社会,对于在企业工作的同学来说,面对重大技术难题,勇于攻坚克难,突破瓶颈,努力提升企业的竞争力,就是你们报国的体现;对于自主创业的同学来说,发挥交大学子的独特优势,提升我国的市场经济活力和形成自己的品牌,是你们报国的方式;对于从事科研事业的同学来说,希望你们以科教兴国为己任,努力在所从事的科研领域取得重大突破,填补国内空白;对于出国留学深造的同学来说,希望你们在外求学也不忘回国效力的誓言,始终抱有一颗中国心;对于继续在国内攻读研究生的同学来说,希望你们在求学期间跟随导师刻苦钻研,面向世界科学前沿和国家重大需求,做出"顶天立地"的创新贡献;还有的同学可能奔赴部队、中西部、农村、基层单位,我敬佩你们的选择,希望你们始终牢记自己的党员身份,做践行群众路线的典范,把百姓的冷暖放在心中,你们多一份微笑服务,百姓的生活就多一抹亮丽春色。

第二,希望大家秉持勤学敬业的精神。敬业,是一种内心的责任,是一种人生态度,更是在社会上安身立命、打造个人标志的重要体现。希望大家勤学慎思,唯有不断学习,才能适应工作和时代的要求,才能不负国家和社会对交大学子的期待;希望大家保持锐意进取的心态,不管承担何种工作,都要有务期必成的决心和勇气,把工作当作事业来干,由此激发强大的内生动力,享受事业成功带来的快乐;希望大家始终坚持追求卓越,对每项工作都精益求精,以更高的标准来要求自己,这是我们交大人在各行各业发挥引领作用的底气。希望我们的毕业生党员,都能以交大党员的杰出表现引领一代青年,共同成长和提升。

第三,希望大家锤炼无私奉献的品格。我们每个人都是社会人,在工作岗位上,都要与他人打交道,大家要努力克服以自我为中心的意识,凡事多为他人考虑,让乐于助人成为一种习惯,相信周围的人会更加乐意与你交往,而自己也可以更好地融入所在的部门和团队中,从而获得更广阔的成长空间;在本职工作以外,希望大家主动参加社会公益和志愿服务,许多同学在校期间都参与过志愿服务活动,相信你们已从中体会到快乐的源泉,"生命之美,不在于索取,而在于付出;不在于接受,而在于奉献",让奉献来丰盈我们的人生,你多一分温暖,世界便少一分冷漠。

毕业生同学们,再过9天,你们就将离开生活了4年的大学校园。真实的社会机遇和挑战共生,召唤着年轻一代投身其中。希望全校2014届3 800多名毕业生,都能成为传承交大文化传统的细胞;更希望2014届1 000多名毕业生党员,都能成为播撒交大精神的一枚种子、引领社会前进的一面旗帜!让报国、敬业、奉献成为交大人永恒的品质,母校对你们充满期待!

人生就像一本书　书中有家国才精彩 *

（2014 年 12 月 8 日）

主持人： 真人图书馆是一种以人为书的全新图书馆借阅服务模式，读者直接从被当作为书的人的大脑中获取"鲜活"的知识，在愉悦的环境中完成阅读式知识传播，在互动的过程中享受"悦读"的快乐，并得到提升。"鲜悦"（living library）以"以人为书，分享智慧；众人薪火，传承你我"为活动理念，每期邀请校园内外各有建树的特色人物作为"真人图书"，与读者面对面进行深入交流。今天我们非常荣幸能够邀请到上海交通大学党委书记姜斯宪老师做客第 40 期"鲜悦"讲坛。下面有请姜书记为同学们分享，欢迎姜书记！

姜斯宪： 很高兴应邀参加图书馆所支持的"鲜悦"讲坛的活动。如果把人生当一本书来看，一年写一页，我已经写了 60 页。这 60 页可粗略地分为几个章节。

第一章是童年时代，我有一个比较快乐的童年，但在上小学时经历了国家三年自然灾害时期，切身感受过饥饿的味道。

第二章是"文化大革命"时期。1966 年春夏之交，"文化大革命"爆发不久，我父亲在他所供职的大学中受到冲击，并被隔离审查了将近两年，这使我感受到政治上的屈辱和生活上的窘迫。我支离破碎地读了三年中学，毕业后进了工厂当工人。值得庆幸的是，在这段艰难岁月中我没有完全虚度，始终坚持认真工作和自学读书。其后，"四人帮"被粉

＊　本文摘编于 2014 年 12 月 8 日在上海交通大学图书馆第 40 期"鲜悦"讲坛上的问答。

碎了，我有幸成为恢复高考后的第一届学生，进入了交大的校园。

第三章是交大岁月，我在交大连续待了17年，前7年是读书，后面10年在不同岗位上工作。做过业务教师，也做过团委书记、党委宣传部部长、校党委副书记兼副校长等。这期间还去加拿大不列颠哥伦比亚大学（UBC）做了半年访问学者。

第四章是从政上海。我于1994年底调到市里去，在那之后的十几年中做了各种各样的工作，当过组织部副部长、徐汇区区长，后来还当过市政府秘书长、副市长、浦东新区区委书记兼区长，以及市委组织部部长等。

第五章融入海南。我于2006年岁末调往海南工作，当过副省长，也当过省委常委、三亚市委书记，在祖国最南边工作的经历给我留下了美好的回忆。

第六章回归母校。我离开学校19年之后再次回到母校，担任交大党委书记。开始书写人生新篇章。

各位同学想要阅读我这本人生书的哪个部分，欢迎提问。

问： 在您17年的交大生活中，您认为母校带给您的烙印是什么？您现在作为我们的大家长，希望交大人走出交大之后，身上要带有怎样的印记？

姜斯宪： 在交大的学习、工作经历对我来说确实是非常难忘的。四年本科，我们当时就是拼命读书，而且心无旁骛，当时把所有时间都用在学习上，学习本身就非常快乐。到了研究生阶段相对从容一点，国家的开放程度也进一步提高了，这个时候多了一点对社会的关注。我们刚进交大的时候讲"基础厚、要求严、门槛高"，我还记得咱们学校83周年校庆的时候，钱学森学长的堂弟讲了一段话，当时他说，"走出交大，天下考试都不怕"。当时"大考三六九、小考天天有"，那时候是非常严格的历练。现在随着培养理念的不断完善,不能把老传统简单地拿过来照搬、照抄,但是老传统中的核心因素还是需要借鉴的。我们学校还是比较严格的,交大人相对来讲还是比较踏实肯干,交大培养学生的质量也是比较好的。不管走到哪个岗位,你们在交大的这段学习经历会让你们受益无穷。

问：您的履历那么丰富、经历那么多,您希望我们交大的学子怎样对未来的人生道路进行规划?

姜斯宪：我感觉能够进入交大学习的同学应该说是很不容易的。但我们不要因此自满,我们要有自我期许,激发自己的潜能,更好地把握住交大所能够提供的机会,从这个角度上来说,我还是愿意说这句话：志存高远,脚踏实地。

作为交大人,首先我们要有这样一种自我意识,要意识到你是一个有强大潜力的人。另外,我们在发展的过程中未必要把我们的未来过早地规划得特别明晰。我们要以积极进取的精神状态不断地积累自己的精神力量和才能,不断贡献这种精神力量和才能,在这个过程中慢慢就会取得一些成果。

问：现在很多同学会选择毕业之后出国深造,或者出国工作,有这样一种热潮,您怎么看待这个问题?

姜斯宪：我在读本科的时候根本就没想过我能出国,那个时候我们本科四年中除了有一个同学退学到国外读书以外,我印象里没有一个人到海外游学什么的,没有这个概念。现在交大本科生中有30%以上的同学有海外游学的经历,这个机会是非常宝贵的,大家的视野会有不同。我个人觉得在人生中有一段时间到国外去学习可能还是很有意义的。

现在很多同学毕业了想选择出国,出国是为了进一步开阔自己的视野。他可能在出去的时候就在想我回来要干什么? 出去是为什么?

这个是不一样的，从这个角度上说，我不反对各位有出国的打算。但出国不是华山一条路，在国内照样可以有很多的机会来拓宽你自己的视野，提升你自己的能力。

问： 我是一名金融专业应届毕业研究生，蛮早就拿了金融界投行的 offer，但我更愿意去基层锻炼。交大这些年去基层的学子越来越多，您对于毕业生去基层这个选择是怎样看待的？

姜斯宪： 在金融专业读研，取得了投行的 offer，在这样诱人的条件下，你能考虑到基层去，反映出你有远大的理想，从这点上来讲我很敬佩你。现在有这样远大抱负的年轻人越来越多了。我认为，天生我材必有用，如果你对自己有这样的心理准备，愿意到基层去拼搏的话，这个选择是完全可以的，因为我们国家需要更多的人才，如果你能够很接地气，能够在那里被当地的干部群众所接受，一定会有一个发挥力量的机会和舞台等着你。毫无疑问，你要做好吃苦的准备，现在做公务员是不会有投行的收入高，因为我们想要当一个清官，我们不希望自己给母校带来污点，给自己的家人带来伤害，所以你要做好这样的思想准备，对于物质生活的追求不要高。但是我们都希望用自己的力量回馈这个社会，实现人生的一些理想，如果是这样的话，你要跨出的这一步是非常值得祝贺的。

母校能够为大家做什么？现在母校在所有省都有校友会，而且现在我们越来越重视校友会。校友们成长得好，母校的声誉会越来越高，反过来校友们的相互帮助也会给大家的发展带来更多的力量，到国内很多地方去都有校友会的帮助，甚至是在海外，都能得到师兄师姐的指教，得到更好的发展。现在条件越来越好了，我们不仅是在这个地方可以得到师兄师姐的帮忙，而且通过网络可以得到世界上任何一个地方校友的支持，我们母校就是一个家。

问： 现在互联网创业很火，我们交大学子也有一些创业成功的品牌,像"饿了么",您对于学生创业有什么样的看法和建议?

姜斯宪: 关于创业,现在国家是很鼓励大学生创业的。几个月前,交大原党委书记何友声院士跟我说,现在国外一流大学的毕业生毕业后选择创业的比例已经到了两位数,将来要关注这个趋势。现在我们在这方面也很重视,创业学院的目的就是想给大家创业方面做一些准备。

创业也不要太盲目,也不是每一个同学都适合一毕业就马上创业,实际上有一些创业方面的积累是比较重要的。年轻人最大的优势是有一个年龄的优势,我可以去尝试。尝试不要盲目,先做一点锻炼还是好的。不管干什么工作,就要努力地争取从所从事的事业中找到一些乐趣,学习一些东西,这样就会干一行爱一行,干一行钻一行,比较容易做出成绩。

问: 实习经历对于我们研究生来说不仅是为我们未来积累工作经验,更重要的是为我们未来找工作提供一个工作的定位。但是我们经常面临怎样处理做好科研和做好实习工作的困惑,可否请您谈一下您的意见?

姜斯宪: 在本科四年中如果多一点实习对于你积累各种各样的经验、开阔视野有帮助。研究生阶段情况则有所不同,导师是希望你能够在他/她交给你工作的领域中发挥你的作用,因为进入到研究生阶段了,一定程度上就对自己的学术发展规划更加强烈了。所以可能在研究生阶段不一定每个老师都很鼓励我们的同学去实习。

我觉得在学术上我们一定要有追求,但是追求学术不等于就是追求成绩,成绩和学术之间一定是有相关性的,但并不是完全等同的。实际上,你的综合能力培养需要从多方面努力,除了争取在单位时间内学得更多、更好之外,也要分出一点时间历练一下自己。你考虑要做一些实习,也是从增强自己个人能力方面来考虑的,这个考虑本身是没有错的。

今天在座的大多数同学都是学生精英，你们除了为同学们服务外，我觉得可能对于你们自己也是一个很好的成长经历，这个和学术追求不矛盾。你要成为一个学术上成功的人，我觉得不能是书呆子，应该是比较全面发展的综合人才，尤其在当今信息爆炸的背景之下，更需要有多方面的能力。

问： 我是励志讲坛的志愿者，交大正在走向世界一流大学，在学校当中您觉得讲座对于广大交大同学来说能够起到怎样的作用？

姜斯宪： 讲座对于同学有多大作用，主要看讲得好不好，如果讲得好，一定会有深刻的影响，甚至让同学们终身受益。我觉得在求学期间听一些讲座，开阔一下自己的视野，听一下大师的教导，这个是非常宝贵的。特别是进入咱们这个学校，如果说大家在哪方面有一些优势的话，就是在这里，转眼就能够遇到大师，转身就能够遇到大师，能够有很多的机会听取大师的指点，这个是非常好的。

问： 我们这些大学生在如今的时代背景下该成为什么样的人，做什么样的事？

姜斯宪： 我觉得我们国家现在进入一个发展的新常态，这个新常态可能不像过去的十几年中保持两位数的增长，但是我们还是能够保持比较快速的增长，国家成长保持着巨大的潜力。从这个角度上来说，同学们在发挥你们的力量和才能的时段里，正是我们实现中国梦的最重要时期，各位可大有作为。

我在博鳌亚洲论坛担任理事，这是一个兼具亚洲特色和全球影响的国际交流平台，这个论坛已经举办了12年，每年中国的主要领导人都会出席论坛，其他国家的领导人也会去，去得更多的是一些企业家、专家、学者，大家在那里交换一些意见。在这些交换意见的过程中，我一年比一年更真切地感受到了世界各国对中国的重视程度是在显著提升的,在很多国际场合,中国的声音很有影响力。

　　各位同学,你们在未来的国际竞争中会有更多展现自己力量的机会,从另外一方面来说,你们也会面临更多的挑战。我们对国家要有信心,对自己要有信心。再过二三十年,再有机会和同学们欢聚的时候,到那时候你们都已经是国家的栋梁了,那时候如果身体可以的话我希望还可以跟大家再对话,到那时候想听一听你们所取得的成就,与你们一起分享你们为国家、为民族所做的贡献。

求学生涯追忆 *

（2015 年 9 月 18 日）

一、跌宕起伏的青少年时代

我出生在一个知识分子家庭里。父亲曾留学英美四年多，在新中国成立前夕，冲破国民党的阻挠回到已经解放的北平。几个月后，他应聘到了现在的大连理工大学，当了副教授，所以，我自幼家庭条件相对优越。不过即便如此，在 1960—1962 年的三年自然灾害时期，我也切身感受到什么叫"饿了吗"。我六岁时就知道了 1/4 比 1/8 要大，因为当时家里吃饭需要分着吃。

小学期间，我一直算是全面发展的好学生，不仅各门功课全优，而且在体育方面表现不俗。我曾经拿到过大连市学龄前儿童乒乓球赛冠军。读小学一年级时，在大连市春节晚会上，我上台给当时的国家主席刘少奇表演过打乒乓球，随后还坐在他身边看了一场我似懂非懂的电影。

虽然我在乒乓球方面入门很早，但父母亲对于我能否成为乒坛健将似乎没有太多的兴趣。所以，我的童子功很快就荒废了。到了小学五年级的时候，"文化大革命"开始了，父母亲都受到了冲击和审查。当时家庭收入锐减，头上光环顿失，感触还是比较深的。学校也就停课了，有两年时间无学可上，到了 1968 年秋季，我就进了中学。

中学前期，由于父亲还在审查当中，我成了"可以教育好"的子女，

---

* 本文根据 2015 年 9 月接受党史校史研究室专访记录整理。

这是当时一个特有的统称。这类子女一般不能入团,不能评优,甚至不能当班干部,我心中难免有一些屈辱感。比较幸运的是,对我父亲的隔离审查持续时间不到两年,加上我在学校各方面表现良好,所以等到中学即将毕业的时候,我就入了团,而且成为班干部。

算起来,中学总共读了三年三个月左右。在"文化大革命"期间,"红卫兵串联""复课闹革命"等一拨拨的运动不断,又要搞"开门办学",就是学生走出校门进行学工、学农、学军劳动,还要"批判资产阶级"。所以,真正花在文化课方面的学习时间很少,知识程度自然也很有限。我个人觉得最多学到初中二年级的程度。比如,数学还没有学到因式分解,化学只学过元素周期表,物理也只学过杠杆原理与串联、并联电路。当时,工业基础知识、农业基础知识是我们的两门主课,这是跟当时学工、学农相匹配的。到了后期,课程门类稍微多了一些,但总体来说,学的内容很不系统。

二、"遭遇战":1977 年高考

1972 年 1 月,我被分配到大连电机厂当工人。工作以后,我一直努力进取,加上有一定的知识素养,所以提前完成学徒任务。四年以后,当了生产组组长,领导 40 个人,并且入了党。入党后没多久,又被厂里提拔为基建工程队的党支部书记,成了厂里最年轻的工人编制的中层干部。其间,我做了一件"大事",就是带领百余号人为全厂职工修建家属宿舍,建成了两幢六层楼,共计 8 000 平方米。因条件所限,每平方米的建造成本是 95 元,房屋的质量也就可想而知了。六年的工厂历练,对我的人生成长有一定的正面意义。尽管缺失了完整的文化教育,但起码我学会了怎么样面对逆境,同时也积累了一些领导能力与经验。

1977 年秋天,传来一个消息,说是要恢复高考。我当时几乎没有犹豫，就投入了高考复习准备。不过，对我们所有 77 级的大学生来说，这场高考无疑是一场"遭遇战"。从得知消息，到正式参加考试，大概只有 2 个月的时间。在这么短的时间内，能够做的高考准备工作当然很有限。再加上废除高考已十几年了，要在两三个月的时间里重新开锣，确实很仓促，所以那一年在考场、考题、录取等方面的管理都没入正轨。当时也没有什么备考复习班，大家都是"临时抱佛脚"。我平均每两天看完一本教材，再做一些习题，就上考场了。77 级高考是分省命题、分省录取的，应该说在当时还不够完善的录取制度下，能不能金榜题名，录取到哪所学校，都带有一些偶然性。我当时报考上海交大，也是仰慕它的名声，因为"北有清华，南有交大"的说法由来已久，再加上我父母亲都是南方人，所以我就报了上海交大。

不过，那一年在辽宁省，如果报考上海交大，只能报学校，不能报专业，考上后录取在哪个系哪个专业，全凭学校分配。理由是当时的上海交大属于国防科工委管辖，属于军工类院校。我由于没有特别的学术专长或学术兴趣，也就听其自然了。最终，我被录取在"六系"（机械制造系）的"630 专业"（液压传动与气动专业），还算比较幸运的。

三、惜时奋起的交大岁月

1978 年春天，我进入交大求学。1982 年本科毕业后，继续在母校攻读硕士，所以在交大的学生时代总共有 7 年。这 7 年对我来说是刻骨铭心的。说刻骨铭心，是对我们 77 级学生入校后惜时如金、奋起直追的"疯狂"学习状态记忆尤深。当时，我们的学业基础总体上是比较薄弱的，至少是参差不齐，虽然也不乏一些高人，但大部分人的基础还是比较薄弱的。

以我为例，我进大学的时候已 24 岁，26 个英文字母还认不全，当时还不会解一元二次方程，就是在这样的一个起点上开启了高等教育学习生涯，不仅仅是交大，可能其他的地方也是如此。现在说起来许多人都难以置信，当时我们每周用在学习上的时间大约是 90 小时，而这么多的时间其实是靠千方百计"挤"出来的。我们先挤掉周末与节假日，把这些时间放在学习上，再挤掉娱乐和社交活动，下面只能是吃饭和睡觉，"学霸"就是这样练成的。我有一位同学，他家住在离学校三四公里的地方，有一个学期他只回了 3 次家，与家人待在一起不到一整天，就是要把所有的时间都用在学习上。那时候学校里面有一道"风景"，就是同学们不管是在餐厅，还是外出坐车，甚至是课间休息都会拿出一叠英语单词卡片，默记一番。当时学习条件没有现在好，找不到太多学习资料，只能用笨办法来提升自己的弱项，即便如此，大家似乎也都是乐此不疲。

之所以这样近乎疯狂地学习，一个主要原因是我们这届学生已有若干年，长的有十几年没有机会有一个安静的学习氛围，对于来之不易的学习机会特别珍惜，处于一个"知识饥饿期"。另外，"文化大革命"结束后的拨乱反正与改革开放，也是激励我们勤奋学习的重要原因。尤其是 1978 年，全国科学大会的召开，迎来了"科学的春天"。记得当时有一个非常著名的文学家徐迟写了一篇报告文学《哥德巴赫猜想》，介绍的是数学家陈景润一生都在探求哥德巴赫猜想这个命题。题材虽然很枯燥，但徐迟的文笔很优美，所以迅速普及，深入人心，相当程度上形成了一股强大的"科教兴国"的舆论，激发了广大 77 级同学攀登科技高峰、亲手实现国家现代化的使命感和紧迫感。

求学时期，另一个让我刻骨铭心的是同学和老师。当时，77 级同学年龄相差悬殊，我们班里面最小的是 16 岁，最大的是 30 岁，后者上初中时前者还没出生，生活阅历自然相差很多，但是大家在同一集体当中勤奋学习，具有强烈的认同感，这种认同感甚至超越学校和家乡，所以不管来自哪里，大家讲自己是 77 级时都有十分亲切的感觉。讲到印象深刻的老师，自然也有很多清晰而美好的回忆。其中一位是教我们材料力学的老师，叫徐本安。本来，材料力学是一门有些乏味的课程，但因为徐老师的课上得极为出色，我们也学得特别投入。当时，许多大学的材料力学课通常都用国内的习题集，但徐老师让我们做的是美国力学大师铁摩辛柯的材料力学习题，难度远超国内，所以后来我考研究生时，材料力学考得特别好。

又比如数学，当时我们使用的教材是同济大学教授樊映川编写的《高等数学讲义》，另外也做了一些难度更高的习题集。后来，在准备研究生考试时，我参加了学校组织的复习班。授课老师是我校著名教授程极泰，听了他的辅导课以后，我突然觉得高等数学原来这么精彩，内在逻辑这么清晰，大大升华了我此前靠题海战术拼出好成绩的认知。所以，我始终认为，好的大学老师应该是既学识渊博，又深明教学之道的。这两方面对学生的塑造，对学校的内涵发展是同等重要的。

除了对同学与老师印象深刻之外，我对班集体乐于奉献的班风也记忆犹新。这里举一个例子，是我所在的 77 级 63071 班报名献血的事。时间大约是大三下半学期，学校组织学生献血，我们班也分到了任务。当时，同学们的功课相当紧张，营养条件也都不太好，参加献血其实是有困难的。但大家都明白献血的必要性，自愿完成上级交办的献血任务。当时，我是班支部书记，当然应该带头。我对同学们说，我们报名献血是表明一种态度，并不是非去献血不可，但若组织上定了要你去，那就义无反顾了；反之，就别报名了。我印象中班里的献血名额是 5个，但同学们态度踊跃，实际报名人数远远超过 5 个。

最后确定的献血者有 3 位，我是其中之一。对于这种要奉献、要挺身而出的关键时刻，我一贯的主张是，不要抱着投机和侥幸心理。既然报名了，就要准备豁出去了。而作为集体负责人，应当身先士卒，做出表率。

但献血前先要体检，结果一体检，出问题了，可能是因为学习紧张，营养不良,我的谷丙转氨酶偏高,60 左右,标准是 40,高得也不是太多。于是,先被安排到校医院隔离观察一段时间,然后再准备复查。如果恢复正常,献血虽然献不了了,但继续完成学业肯定没问题。就这样,全校包括我在内的六七位自愿献血者,在校医院卫生科的隔离病房休息。过了两个星期再复查,令人意料不到的是,大家都比原来的指标更高了。

这样一来,就没法继续升学了,不得不进入休学状态。我后来想想,可能跟精神压力大有关系。自从体检出转氨酶偏高后,我脑中总免不了想着这件事,而且这种意识会被周围的人强化。比如在医院留观期间,大家都不敢坐在一起,说话时也隔着很远的距离。后来,经过 3 个月左右,我的身体状况才大体恢复,这样就没法跟 77 级一齐毕业了,只好转到 78 级,好在这两级只差半年。不过这也算"因祸得福",我原本是 77 级,却与 78 级一同毕业,然后继续读研究生,总共有三届同学,比其他人多一些校友交集,每逢校友聚会时,总被推为代表发言。

四、"我们达到了进入世界一流大学深造的水平"

值得骄傲的是,尽管我们 77 级、78 级进入交大时基础薄弱,但当我们毕业的时候终于可以比较骄傲地说"我们已经达到了一个大学毕业生应有的水准";再到研究生毕业的时候,我们可以比较自信地说"我们已经达到了进入世界一流大学深造的水平"。

就我来说,本科期间,成绩还算不错,77 级班里有一位优异生,5 位优秀生,我算是优秀生之一。到了 78 级,我的成绩也名列前茅,所以毕业后考研究生也就是自然而然的事了。当时,学校也很希望和鼓励成绩突出的学生继续攻读硕士学位,而且我们机械系液压传动专业是很受瞩目的,有两个国家下达的赴德国培养的指标。考研时,交大本校有七八个同学考机械系液压传动专业方向,有 2 位同学最终考取了,一位是我，另一位是现在英国伦敦大学国王学院的戴建生；校外考取了5位，有2位是直接去德国留学的。我当时总分数排在第三，第一、第二都是浙大来的，后来听说主要原因是我们专业课有一道20分的大题，我们几位考生都没得太高分，只有浙大的2名同学得了满分，因为这道题出自浙大教材上的习题。

说这个呢，没有鸣冤叫屈的意思，反而是想说学校方面考虑事出有因，曾打算派我出国，为本校未来发展培养人才。但我觉得浙大同学的成绩确实考得比我好，对读书人来说，公平正义是我们最渴望和信服的社会良心。学校最后还是决定让2名浙大考生出国。

研究生期间，我们整个机械系20个同学构成一个班级。同学们继续保持了本科时惜时如金、奋起直追的学习态度，到了毕业的时候，大家都顺利取得了硕士学位，若干年后，有15位同学到海外名校进一步求学深造，都在那里取得了博士学位，在学业、工作上都功成名就。当然，留在国内的同学发展得也很不错，也都有短期留学经历。比如我，工作以后也在海外做过访问学者，第一次是去加拿大不列颠哥伦比亚大学（UBC）半年，第二次是去哈佛大学参加一个为期四周的项目。虽然比较辛苦，但也收获颇丰。

从我们77级、78级同学的学习经历来看，勤奋在人生当中是多么有意义，即使在很低的起点上开始接受培养，但经过各自的努力奋斗，我们还是达到了比较理想的人生高度。而这跟我们在交大求学7年"基础厚、要求严、门槛高、重实践"是密不可分的。我清楚地记得在母校83周年校庆会上，钱学森学长的堂弟钱学榘回忆了自己的学习生涯，讲了一句话"走出交大，天下考试都不怕"。当时"大考三六九、小考天天有"，的确是非常严格的历练。现在随着培养理念、学习方式乃至教育思想的深刻变化，显然已不能简单照搬老传统，但优良传统还是要发扬，比如勤奋向学的传统，我们现在提出"学在交大"，就包含了这层意思。

建设世界一流大学关键在培养人才 *

（2016 年 3 月 28 日）

中国的高等教育抓住了改革开放的历史机遇，实现了从规模到质量的全面提升，也为国家的繁荣富强作出了重要贡献。一批高水平研究型大学在"211 工程""985 工程"等国家重点建设的支持下，各类可比的办学指标迅速达到或接近世界一流大学水平，有的已经进入世界前列。在日趋激烈的世界高等教育竞争中，这十分不易。同时，我们也需要反思，与论文、项目、经费等科研指标快速增长相比，我们在创新人才培养上如何成为真正的一流？从根本上来讲，培养一流人才，是大学永恒的核心使命，人才培养质量是世界一流大学的"本真"。看一所大学办得怎么样，关键还是要看它培养出什么样的人才，从这一核心使命出发，我们还任重道远。

一、教育增值，从一流生源到一流人才

经济合作与发展组织（OECD）在 2009 年和 2013 年先后两次对几十个国家和地区的 15 周岁在校学生的阅读、数学和科学等领域的"素养"进行了测评，也就是大家所知道的国际学生评估项目 PISA（Program for International Student Assessment）测试。结果作为中国观测样本的上海中学生两度名列榜首，新加坡、韩国、日本以及中国香港、中国台湾的学

* 本文 2016 年 3 月 28 日发表于《解放日报》。

生名次也都居前。这个结果在某种程度上说明，中国等东方国家在基础教育方面有值得继承的传统和应当发扬的特色，比如，注重基础知识的传授，注重行为规范的养成，鼓励勤奋刻苦地学习，等等。经历高中阶段的拼搏和高考制度的严格选拔，一批达到世界一流水准的优秀中学生进入国内一流大学继续求学之路。

我们有理由为中国的基础教育点赞，但也不应盲目自满，因为人才培养相当于一个中长跑，在基础教育阶段领先并不能保证高等教育也领先。世界一流大学应当是教育增值最大的大学。大学生的"教育增值"，是毕业生与新生之间的复杂函数，既体现在学科专业领域基本知识和创新技能的提升，也融合于科学精神、学习素养、社会情怀的培育和养成之中。其中还包含着诸多变量，比如学生的学习热情、教师的教学质量、交流研讨的环境设施、以人为本的制度文化以及生均的教育经费投入等。学校的任务就是要努力调节各种变量，营造良好的氛围环境和基础设施，激发学生的求知欲望和学习需求，完善教学科研的配套功能和支撑体系，实现最大限度的"教育增值"。归根结底，就是要让每个学生都能从学习中体会到满满的"获得感"，不再"吃不饱"或者"吃不好"。在当下，我们的人才培养质量或者说"教育增值"程度相比世界一流大学依然存在差距，这虽然与国家的经济发展水平和教育投入有关，但高校也要充分发挥主观能动性，千方百计地把世界一流的生源培养成世界一流的人才。

我们特别提出了"学在交大"的目标愿景，希望通过以学生为本、教学为先、学术为要、学风为基，把老交大的育人传统与综合改革的时代背景结合在一起，真正在人才培养的"教育增值"问题上实现突破。紧紧围绕让学生在交大的学习"增值"，让学生的学习有更好的体验，让交大的老师更加乐于教书、更加专注于育人。有学术志趣的学生在交大；潜心学术、用心教学的老师在交大；重大原创的成果在交大；崇尚学术、严格要求的学风在交大；优越的学习环境和氛围在交大；最优秀的毕业生出在交大。围绕教师和学生两个主体，深化育人体系改革，将学校一切办学优势转化为育人优势，通过改革评价制度、改革薪酬制度，形成"教书为要、育人第一"的制度激励，让越来越多的院士和教授等高层次人才、中青年骨干教师愿教乐教、带好学生育好人。成立致远学生创新中心，建立一批由讲席教授、特聘教授等领衔的"卫星实验室"，让学业拔尖的本科生一开始就可以进入最高水平的科研团队参与科研；在航空航天、机动、电信、数学等学院建立"ACM班""钱学森班"等，试点实施"本科生导师制"，让本科生也可以得到"名师、大师"的直接指导。

二、以人才培养为中心，不仅仅是一种理念

以人才培养为中心，是高等教育法的规定，也是教育领域乃至于全社会的期盼，但现实情况并不乐观，更多的时候只停留在理念层面，甚至还只是一句口号。近年来在人才培养模式改革上的努力，本质上都是为了将这一基本办学理念落到实处。

当前高等教育领域讨论比较多的"重科研、轻教学"现象，如果仅仅是以"零和游戏"思维在这两者之间做平衡选择，那不可能破解这一难题。人才培养、科学研究、社会服务和文化传承创新都是高等学校的基本职能，它们之间有着内在的逻辑关系，不是此消彼长的关系，而是相辅相成的关系。强调人才培养的中心地位，并不是要弱化其他职能。学校发展每一个方面的进步都会体现为办学水平的提升，最终也必然会转化为人才培养质量的提升。没有高水平的师资队伍，没有高水平的学术研究，高校的人才培养工作就是无根之木、无源之水。所以，我比较同意一个说法，科研是源、教学是流。对于高等学校而言，我们应

当进一步澄清对学术研究成果表现形式的认识,发表论文、转化为现实生产力是学术成果的表现形式,向学生传授知识同样也是学术研究成果的表现形式,而且应当是一流大学学术研究最为基础的成果体现形式。

要落实人才培养的中心地位,关键是找到创新人才培养机制的突破点和落脚点。育人工作,核心在人。由于种种原因,在人才培养工作上,我们过去习惯于自上而下的顶层设计,习惯于单向的知识传授,习惯于千人一面的考核要求,但作为培养对象的学生,他们的意愿难以得到有效体现,他们的主体地位没有充分发挥。怎么来检验一所学校是不是以人才培养为中心? 我认为关键是要看这所学校的制度设计是不是体现了以学生为本的理念,是不是将学生的健康发展作为学校办学的首要追求,是不是给学生成长创造了更多的机会。我们发现当今国内高校的校园环境、硬件条件应当说是跟世界一流大学相差无几,有的可能还更好。但在软环境和学校管理上,我们还有较大差距,我们的一些工作还没有真正围绕着学生转。比如我们讲鼓励学生开展科学研究,但国内高校的试验室面向学生,尤其是本科生开放还很不够。我们的教室是教室、宿舍是宿舍、食堂是食堂,功能是单一的、布局是分离的,没有整合一体化地服务于学生。落实以学生为本的理念,我们还有很多工作要做。首先,思想观念要转变,师生平等、相互尊重、服务学生、支撑学生健康发展,应当成为全体教育工作者的共识。其次,要将以学生为本的理念落实到我们的教育教学环节和学生培养的其他各方面工作中,要让学校的一切工作都围绕学生、学术来服务。

办学者心中一定要装着学生,这是办好学、育好人的前提。但只做到这点还不够,办学者心中的学生还不能是抽象化、整齐划一的学生,一定是个性鲜明、生动活泼的个体。教育不是流水线,国家关于高等教育人才培养的目标有明确的要求,那就是培养德智体全面发展的社会主义建设者和接班人，但这是一般性要求、普遍性的要求，甚至可以说是底线要求。国家"十三五"规划提出，要培养学生的社会责任感、法治意识、创新精神、实践能力，这可称为在底线基础上的发展性目标要求。在办学实践过程中，我们也有过全面发展与个性发展之辩，最后形成的共识是，要以学生的健康发展为中心。因为这两者之间并不矛盾，单说哪一方面都不科学，育人过程中必须要将这两者紧密结合起来。面对国家对于人才日益增长的多元化需求，不同类型的高校，在育人上必须要有不同的定位，即使是在同一所学校，也要坚持多样化的人才培养理念，面向不同特点的学生实施差异化的培养方案。一流的大学、杰出的教师，就在于尊重个性、挖掘潜力，通过营造鼓励独立思考、自由探索、敢于质疑、勇于创新的良好环境，激发学生的学习兴趣和好奇心，培养学生的批判性思维，使学生在校期间养成终身受用的良好习惯，并为未来发展打下坚实基础。

培养创新精神、创新能力的本质要求就是要促进学生的个性发展，根本方向是激发学生自主学习的兴趣、培养学生乐于创新的学术精神。拔尖创新人才不足，是困扰我国高等教育的突出问题。目前，我国选择了一部分学校，在物理学、数学等领域试点"基础学科拔尖学生培养试验计划"，主要是选出一批好苗子搞"一制三化"培养，即导师制和小班化、个性化、国际化，为他们提供更加体现因材施教的教学模式，着力塑造学生追求真理的卓越品质。上海交大实施注重创新、突出学科交叉和个性化的培养方案，通过构建"创意无限、灵感不竭"的交叉创新平台，营造教学相长和教学科研互长的氛围；通过营造"转身遇见大师"的国际化学术环境和"随处可见讨论"的开放式学习氛围，把极具创新思维的教师和极具创新潜力的学生聚集在一起，让他们互相激发创造力，从而产生让学生终身受益的创新能力。特殊人才需要特殊的成长路径，办学者应当有这样的胸怀和能力为各种"偏才""怪才"成长创造条件。

三、让创新创业教育激活"一池春水"

创新驱动的核心是人才驱动，人才驱动的源泉是大学。创新驱动发展战略的实施，提升了高等教育事业的价值，因为高校历来是创新的重要策源地。对于高水平研究型大学来说，要在人才培养，学科建设和科研布局等方面更加主动地把面向世界科技前沿与面向国家重大战略需求紧密结合起来。

在"大众创业、万众创新"的时代背景下，创新创业教育具有导向性和全局性作用，其重要意义不言而喻。大学要从人才培养模式变革的角度去理解创新创业教育的重要意义，积极挖掘创新创业教育的独特作用。比如，创新创业教育有助于促进人才培养模式的多样化和导向的多元化，能够引入更丰富的创新元素，是撬动人才培养模式改革的有力杠杆。实验室、实践基地、创新工场、创客空间、科技园等创新创业场所都成为老师们的"课堂"，通过丰富的"双创"活动用高水平的科研反哺高水平的人才培养，从而将科研实践优势转化为育人的优势。鼓励科技成果转化、教师和学生可以保留身份创业等支持政策为学术研究增添了更多的应用型导向，在激发师生积极性的同时，这种导向会传递到人才培养过程中，促进对学生实践能力培养的关注。

建立基地式的创新创业教育环境，培养一流人才必需的创新创业精神。创新创业教育不是传统教学模式的补充，而是一种整体布局的崭新模式，要整合综合性大学各类学科优势和资源优势，进行自上而下的战略规划和体系设计，立足把高校的学科、科技、人才优势转化为产业和经济优势。以上海交通大学为例，2010年，学校成立创业学院，采取"无形学院，有形运作"的新模式，构建"一体两翼"的创业课程教育模式。"一体"即创业学院；"两翼"中的一翼是"面上覆盖"，面向全校同学,通过开设创业教育通识课,开展大学生创新计划(PRP),持续举办创业计划大赛等,培养学生终身受用的创新精神、创造理念和创业意识;另一翼是"点上突破",面向一部分有强烈创业意愿的同学,通过提供独具特色的创业课程,以及创投导师和创业导师的指导,培养未来的企业家。这种全方位的体系设计,让"双创"教育既能助力有强烈创业意愿的"种子选手",又能在每个学生心中都种下创业精神的种子,此举也成为学校通识教育的重要组成部分。我们的育人目标是让创新成为凝结在交大学子血液中的一种精神,让创业成为交大学子生命中的一种力量,让创新意识和创业精神成为大学的文化基因,成为一流人才不可或缺的精神品质。功夫不负有心人,经过近6年的建设,上海交大的创新创业教育氛围日渐浓厚,三次夺得全国大学生"挑战杯"创新大赛冠军和首届"创青春"全国大学生创业大赛冠军,创新创业的成效为社会瞩目。

四、立足本土,培养国际化创新人才

未来需要什么样的人才?这既是我国高等教育界的重要课题,也是全球范围内的一个热门话题。讨论这样一个命题,不可忽视一个大的背景。那就是当今世界,各国相互联系、相互依存的程度空前加深,人类生活在同一个地球村里,生活在历史和现实交汇的同一个时空里,越来越成为你中有我、我中有你的命运共同体。"人类命运共同体"已成为一个内涵丰富、意义深远的哲学思想,成为应对全球化趋势和挑战的长远战略。大学作为社会领域特殊的学术共同体,是跨文化沟通交流的桥梁,有责任以穷极奥义的科学探索精神、良好的学术研究基础、科学的研究方法、以国际社会易于理解的话语体系,来破解人类的共性科技难题,阐释共同的发展主张。伴随经济全球化,以大学开放与国际交流合作为特征的教育国际化趋势越来越明显。

从培养人的角度来看，世界高等教育都面临着一个共同任务，就是要培养一大批有全球视野，具备跨文化理解、交流与合作能力的国际化创新人才。他们能够从全球的视角，对世界与祖国、现在与未来，进行战略思考与理性选择，认清世界在全球化的发展潮流中前行的方向，并担当起历史的使命。具体到我们国家，高等教育所培养的人才，不仅要在智力上、知识创新上达到一流，更主要的还要有一种立足中国、胸怀世界的情怀；既要对中国文化有强烈的认同感，也要对世界文化有着高度的包容。因此可以讲，东西方教育在终极目标上是相同的，都在为建设人类命运共同体而培育人才。

近年来，随着中国经济的快速发展，不少相对富裕的中国家庭已具备了支持子女出国留学的经济能力。在中国也出现了亚洲其他地区出现过的留学热潮。在出国的留学生中的确有不少优秀学生，但对中国大学生源质量的影响有限，尤其像清华、北大、上海交大这样的学校，仍然吸引汇聚了世界一流水准的生源。从另一个视角来看，在国际化时代，年轻人如果能够到发达国家的一流教育机构，接受教跨文化教育，开阔视野、提升能力，肯定是十分有益的，在他们未来的发展中也必然会得以体现。目前，上海交大38%的本科生在求学期间有出国游学的经历，很多学生本科毕业后也会到国外一流大学继续深造，学校也鼓励和支持研究生在求学期间参加国际学术会议和交流，因此出现留学潮是必然现象。

一方面，中国的大学要有自信，中国的大学对最优秀的生源仍然具有强大的吸引力，而且我坚信这种吸引力会越来越强。我们与世界一流大学客观上有差距，但我们在办学体制上有组织优势，可以集中力量办教育，在国家重点建设战略的支持下，高校办学水平快速提升。中国高等教育正处在从"跟跑者"向"并行者"和"领跑者"的历史性转变中。

　　另一方面,我们还要加大对外开放的力度,坚持开放办学,以世界一流大学为标杆,在交流合作中汲取办学经验、寻求变革动力、推动自身发展。近年来,上海交大坚持开放办学,相继成立了上海交大密西根学院、上海交大-巴黎高科卓越工程师学院、上海交大上海高级金融学院、上海-渥太华联合医学院等多样化的中外合作办学特区,在一个校园内实现了东西方不同教育理念的汇聚和融合,创造了一个不出国也能接受世界一流教育的环境。面向未来,中国大学特别是高水平大学,要把教育的国际化程度作为自身学术实力的重要体现,把国际影响力作为衡量办学水平的重要标志,从国家对外开放的大局出发,既大力培养国家经济社会发展急需的本土精英人才,也注重培养各国来华的杰出青年人才。我们认为,中国大学成为世界优秀学子求学目标地之日,就是我国世界一流大学真正建成之时。

旗帜鲜明　从容自信　提升新形势下
大学生思想政治教育实效 *

（2016年12月9日）

　　根据会议安排，我就加强和改进大学生思想政治教育谈一些看法。

　　1989年3月，邓小平同志在会见外宾时谈道："我们最近十年的发展是很好的。十年中最大的失误是教育，思想政治工作薄弱了……"这一论断在其后不久发生的政治风波中得到了证实，也由此引发了中国高校从领导体制到学生培养等各个方面的深刻变化和不断调整。

　　27年过去了，当年的大学生大多已成为大学生的父母。今天，当我们进行代际比较时，高兴地看到，当今的大学生群体比父母辈当年的视野更加开阔，心态更加成熟，对国家的未来更有信心，对中国共产党更有期待。这样的深刻变化并不是突然的跃升，而是改革开放持续发展的结果，也是高等教育界坚持社会主义办学方向的结果。其中，大学生思想政治教育起到了至关重要的作用。它不仅成为维护高校政治稳定、健康发展的"压舱石"，而且成为培养大学生思想政治素质的"主渠道"。

　　在日前召开的高校思想政治工作会议上，习近平总书记发表了重要讲话，我和大家一样深受教育和鼓舞。我体会到，我们既要从容自信地看待青年大学生的思想政治状况，也要实事求是地分析高校思想政

---

* 本文是2016年12月9日在教育部直属高校工作咨询委员会第26次全体会议上的发言节选。

治教育方面存在的问题，更要旗帜鲜明地长期坚守大学生思想政治教育阵地。

近年来，上海交大在大学生思想政治教育方面有以下四方面探索：

一是坚持价值引领与培育学术精神相统一。我们认为，要把增强广大师生对中国特色社会主义的"四个自信"有机地融入知识探究、能力提升和人格养成的人才培养全过程中。坚定理想信念，鼓励学术追求，拓展教育增值。我们有不输于世界一流大学的生源质量，也应当达到不输于世界一流大学的培养质量。

二是加强第一课堂和巩固第二课堂相统一。我们强调要从战略高度和长远效果上看待思想政治课的价值，并努力提升各类思政课的质量。上海交大坚持十余年由党委书记在开学当天为全体大一新生上第一堂课，张杰校长和我还都自告奋勇去上"两课"，从中既切身体会到上好"两课"之不易，也增强了支持"两课"建设的责任感。同时，努力发挥开学典礼和毕业典礼等特殊时刻以及各类讲座、报告、主题活动、社会实践和学生党团组织的作用，在潜移默化中提升学生的思想政治素质，特别是家国情怀与使命担当意识。

三是夯实线下教育和加强网络思政相统一。近年来，交大在承建中国大学生在线、提出 e－class 网络班级理念、建设网络德育工作室、发挥学生骨干在网络议题设置和提升传播效果的生力军作用等方面进行了积极探索，较好地解决了校园网络世界的"话语代沟"和良莠不齐问题。一些优质的线下教育内容通过网上传播，经常突破"10 万＋"浏览量，我校微博、微信在高校新媒体热度排行中始终位居前列。

四是强化队伍建设与推进全员育人相统一。多年来，我校逐步打造出一支专兼结合、素质过硬的辅导员队伍。其中，专职辅导员（在上海交大称为思政教师）虽然人数不多，但其核心作用显著，许多人已相继成为学校各方面管理工作的骨干。而由大量优秀研究生担任的兼职辅导员,不仅发挥了朋辈引领的榜样作用,而且对他们自身的成长也是一种历练。与此同时,我们努力营造全员育人的整体氛围,充分发挥研究生导师、班主任、任课教师教书育人的作用以及管理和保障部门服务育人的作用,努力调动全校教职员工、广大校友以及各界人士关心学生成长成才的积极性。

最后,结合贯彻高校思想政治工作会议精神,谈三点不成熟的建议:

第一,在坚定不移地推进对外开放的新进程中,高校党委书记似不必总是借用校务委员会主任之类的头衔开展国际交流活动。在相当长一段时间里,出于策略上的考虑,我们较少对外阐释中国高校所实行的党委领导下的校长负责制。但随着国际同行对我们了解的增多,这种刻意模糊已经不必要了。我在回答国际同行对此问题的询问时,通常会说书记和校长在学校工作中承担着共同但各有侧重的责任。书记是党委常委会的主持人,而常委会由包括校长在内的党员校领导组成,负责对学校的重大事项进行决策。校长是学校的法人代表,负责组织实施学校日常工作。这或许不是一个很准确的解释,但总比讳莫如深好一些。

第二,要切实做好党内外知识分子包括越来越多的海归和外籍教师的思想引导工作。我们需要意识到,许多海归教师都有比较美好的海外求学或工作经历,他们对西方社会中的负能量和阴暗面感受并不直接,比较习惯于按照西方大学的治理模式和工作方式来处理在国内高校中遇到的情况,或多或少会有些不适应,我们要善于发挥他们在建设世界一流大学中的长处和优势,同时又要引导他们了解国情,逐步增强对中国特色社会主义制度的认同和尊重。

第三,要旗帜鲜明地坚守意识形态阵地。高校党的干部要有坚定的理想信念,不能在意识形态工作中当旁观者。我们要更加旗帜鲜明地阐释我们的立场、观点和制度安排,在加强意识形态领域正面引导的同时,要避免"运动式""示众式"地处理一些并非心存敌意的教师在思想上甚至言论上的偏差,避免将政治倾向上的"中间派"变成政治冷漠群体。此外,我们也要意识到,存在着超越意识形态发展国家关系包括校际关系的空间。我们要高扬建设人类命运共同体的旗帜,争取尽可能多的同路人。

　　各位同仁,我们有理由相信,全国高校思想政治工作会议将会成为推动中国高等教育事业健康发展的又一个里程碑。早日建成若干所中国特色世界一流大学的奋斗目标一定能实现。

坚持立德树人　培育新时期交大名师[*]

（2017 年 9 月 10 日）

新学期伊始，适逢第三十三个教师节，我们隆重举行首届上海交通大学教书育人、科技创新表彰大会，既是以一种恰当的方式向广大教师致敬，也是将学校"立德树人、教书育人"的鲜明导向昭告天下。

回顾交通大学 121 年奋斗历程，我们激情满怀、感慨万千，尤其不可忘记历史上那些为树人育才奉献一生的"大先生"们。名师是名校的鲜亮标志。交通大学创立之初，即延揽了唐文治、蔡元培等一批名师大家。20 世纪二三十年代，又有被学生戏称为"三民主义""五权宪法"的多位严师名士，逐渐形成了交大"基础厚、要求严、门槛高"的声望。正是先贤们无怨无悔地躬耕于三尺讲台，才培养出奋斗在各行各业的灿若群星、卓有建树的一代又一代交大人。

2016 年岁末，全国高校思想政治工作会议召开，高校"立德树人、教书育人"的核心使命更加凸显，这既是党中央对我国高等教育的普遍要求，也是对上海交大这样的高水平研究型大学的突出要求。

2017 年 3 月，学校成立党委教师工作委员会和教师工作部。4 月，召开全校"立德树人、教书育人"部署推进会。5 月，党委研究决定规范全校教师奖励制度，形成以教书育人奖、科研成果奖、管理服务奖为主体的校级教师奖励体系，决定每年评选并奖励一批"立德树人、教书育人"的先进集体和个人。评选结果还将作为教师专业技术职务晋升、长

* 本文是 2017 年 9 月 10 日在上海交通大学教书育人、科技创新表彰大会上的讲话。

聘体系与荣誉体系评聘以及教职工职业发展等方面的重要条件和依据。刚才,我们隆重颁发了首届教书育人奖、科研成果奖,奖项分量重、含金量高,荣誉感和仪式感很强,大家都深受感动。

借此机会,我想向全校教师提三点希望:

第一,传道者首先要明道信道。高校教师不仅要传授专业学识,而且要做好思想引领,育人者先受教育是新时期党和国家对高等教育工作者的明确要求和殷切期待,希望老师们自觉践行习近平总书记的嘱托,努力做到有理想信念、有道德情操、有扎实学识、有仁爱之心。要主动向时代楷模黄大年老师学习,心有大我、至诚报国,教书育人、敢为人先,淡泊名利、甘于奉献。

第二,以潜心育英才为崇高追求。"努力培养能够超越自己的学生"是人民教师的天职和教书育人的目标。我们要追求"令公桃李满天下,何用堂前更种花"的境界。在平凡的教书育人实践中彰显伟大。两周之前,我在交大就读研究生时的导师陆元章教授去世了,享年96岁。当此信息传到我班同学的微信群之后,引来了诸多真情回忆。有同学说自己求学期间,曾因生病住院,陆先生亲自去医院看望并带去了营养品;有同学说在校期间唯一的一门英文专业课是陆先生讲授的;更有同学说,我们班每一位出国留学的学生都得到过陆先生亲笔写的推荐信。我想,被学生铭记终生是对一位老师的最高褒奖。在今天的获奖老师中,包括了潜心教学的一线教师、甘当人梯的研究生导师、敬业奉献的思政教师、悉心指导学生科创实践活动的指导教师以及用心呵护学生成长的班主任等各类育人群体,极大地丰富了"立德树人、教书育人"的内涵。

第三,准确把握"教学"与"科研"的关系。作为高水平研究型大学,我们不仅在探索人类科学前沿、服务国家重大战略和推动经济社会发展中,承担着不容推卸的历史责任,而且承担着培养具有科学探索精神和科研实践能力的合格毕业生的使命。科研与教学是应当且可以相辅相成的,2017年获得表彰的科研团队都在取得重要科研成果的过程中培育了人才。在知识创新的新时代里,我们要更加注重科研与教学的深度融合和有效结合,使更多的科学研究成果和研究方法成为课堂教学、实践教学的源头活水,有力提升人才培养质量。

最后,我还想再说明一下,今天获奖的老师仅仅是全校优秀教师的一部分。从2017年开始,学校每年都会在教师节隆重表彰优秀教师,大力宣传我们身边优秀教师的先进事迹,努力形成以教书育人为崇高追求的价值共识。相信通过我们的不懈努力,一定会让"学在交大"成为新时期上海交大的亮丽名片。

育人为本　迈向一流[*]

（2018 年 5 月 14 日）

　　5 月 2 日,习近平总书记在北京大学师生座谈会上指出,"高校要牢牢抓住培养社会主义建设者和接班人这个根本任务,坚持办学正确政治方向,建设高素质教师队伍,形成高水平人才培养体系,努力建设中国特色世界一流大学"。我们要深刻领会、认真贯彻习近平总书记重要讲话精神,坚持育人为本,迈向世界一流。

一、人才培养质量是一流大学的"本真"

　　改革开放以来,中国高等教育实现了从规模到质量的全面提升,一批高水平大学在可比指标上迅速接近世界一流大学。然而,世界一流大学不是简单用指标可以衡量的。"只有培养出一流人才的高校,才能够成为世界一流大学。"只有在本国乃至世界的经济和社会发展中发挥了不可替代的重要作用,才能成为世界一流大学。世界一流大学应当是"教育增值"最大的大学,这个增值是毕业生与新生之间的复杂函数,既体现在学科专业领域基本知识和创新技能的提升,也融合于科学精神、学习素养、社会情怀的培育和养成之中。

＊　本文 2018 年 5 月 14 日发表于《人民日报》。

二、培养一流人才必须坚持正确政治方向

人无德不立，育人的根本在于立德。交通大学老校长唐文治强调"须知吾人欲成学问，当为第一等学问；欲成事业，当为第一等事业；欲成人才，当为第一等人才。而欲成第一等学问、事业、人才，必先砥砺第一等品行"。今天来说，砥砺第一等品行就必须"明大德、守公德、严私德"。其中，爱国是首要的。一流大学都是在服务自己国家发展中成长起来的，爱国情怀是一流人才的首要品质和鲜亮底色。我们办的世界一流大学，就是要培养中国特色社会主义事业的建设者和接班人，而不是旁观者和反对派。我们的"双一流"建设，只有在培养社会主义建设者和接班人上有作为、有成效，才能在世界上有地位、有话语权。近年来，上海交通大学不断强化"四位一体"育人理念，凸显"价值引领"的核心作用，推进"价值引领、知识探究、能力建设、人格养成"有机统一。激励学子牢固树立家国情怀，将"选择交大，就选择了责任"内化于心、外化于行，向黄旭华院士"常思奋不顾身，以徇国家之急"那样的人生坐标看齐。

三、培养一流人才必须弘扬高尚师德师风

"师者，人之模范也。"在学生眼里，往往是"亲其师，信其道"，教师的一言一行都给学生以极大影响。大学教师要担当起学生健康成长指导者和引路人的责任，就必须坚持教育者先受教育。习近平总书记将高校教师称为传道者，要求传道必须首先明道、信道，只有这样才能更好地立德树人。为贯彻全国高校思政工作会议精神，2017年我们召开了全校"立德树人、教书育人"部署推进会，设立"教书育人奖"，并在每

年教师节进行隆重表彰,重奖潜心教学的一线教师、甘当人梯的研究生导师、敬业奉献的思政教师、悉心指导学生科创实践活动的指导教师、用心呵护学生成长的班主任等优秀育人群体。应该说,"立德树人、教书育人"的鲜明导向已经树立。

当前,上海交大正在开展以"立德树人,学在交大"为主题的教育思想大讨论,深入贯彻习近平总书记关于高等教育改革发展的重要讲话精神,全面推进"双一流"建设。推动广大学子树立更高的人生志向,获得更多教育增值,拥有更好的学习体验。我们认为,实现这个愿景的关键还是在教师。我们需要采取切实的措施,让走上讲台成为高校教师的荣耀,让最前沿的学术成果进课堂、进教材,让最优秀的导师培养出超越自己的学生。

教育兴则国家兴,教育强则国家强。具有 122 年办学历史的上海交通大学因图强而生,因改革而兴,因人才而盛。学校将以早日建成世界一流大学为己任,把人才培养作为第一使命,努力造就一批批担当复兴大任的时代新人!

四十春秋再回首　饮水思源展芳华*

（2018 年 6 月 9 日）

　　久别重逢，不亦乐乎。当年吟唱过的《年轻的朋友来相会》，仿佛又在耳畔响起。那时的约定是"再过 20 年，我们来相会"，转眼之间，两个 20 年都过去了。看到一些不同班、不同系的同学"问姓惊初见，称名忆旧容"的场景，感慨和欣慰之情油然而生。老同学们，欢迎你们回家。

　　刚才，忠钦校长深情回顾了当年的求学故事，简要介绍了母校 40 年的发展历程和创建世界一流大学的万丈雄心。我感同身受。冯大淦和徐青两位同学分享了他们各自的成长经历，展示了我们两届同学为国家繁荣富强和人类科技进步所贡献的力量和智慧，也道出了我们共同的心声。翁史烈院士作为我们求学时的校领导和师长代表，再次给大家上了一堂简洁而生动的人生课，令我们回忆起老交大优良的教风和学风。我提议，让我们以热烈的掌声向今天到会的各位老领导和培养教育我们的各位师长致以最崇高的敬意！另外，出席今天纪念活动的还有严隽琪学长、谢绳武校长、马德秀书记等 20 余位 1978 级研究生，代表了当年 150 名攻读硕士的学生，让我们也向他们表示诚挚的祝福！严隽琪学长还以《四十年前开启的变迁》为题，情真意切地表达了对母校的感念与深情。

　　各位同学、各位师长、同志们，2018 年是中央做出改革开放历史性决策 40 周年。如果把 1978 年称为中国改革开放元年，那么始于 1977

* 本文是 2018 年 6 月 9 日在上海交通大学 77、78 级校友入校 40 周年纪念大会上的讲话。

年岁末的高考制度恢复就是最嘹亮的改革前奏,而我们就是这场改革最早的两批受益者,是时代洪流中的幸运儿。2018 年初,原副校长张世民等一批校友提议组织 77 级、78 级校友入校 40 周年纪念活动,得到了同学们的响应和学校的支持。我们希望通过本次活动表达我们两届同学对改革开放伟大事业的强烈支持,同时也表达母校对 77 级、78 级校友的敬意和问候。半年来,在同学们的微信圈中不断涌现出温馨的内容,或是失联的校友归队,或是珍贵的照片相传,或是精彩的文章、诗歌,或是真诚的建议、评论。大家相约从天南海北汇聚母校,追忆青春岁月,分享同窗之谊。而母校的各个相关部门和相关院系,也以饱满的热情迎接学长们的归来。昨天和今天上午,相信大家在徐汇校园中已经能够感受到他们的精心准备,而今天下午,许多校友还会去闵行校区参观访问,合影留念,欢聚一堂。希望大家度过一段美好的时光。

"饮水思源,爱国荣校"是母校的校训。我把它选为今天致辞的题目,主要是想与大家一起分享作为 77 级、78 级学子不应忘记和值得铭记的一些人和事。

我们永远不应忘记邓小平同志,是他以无私无畏的勇气、实事求是的精神和尊重知识的态度,力排众议恢复了高考制度。这不仅改变了我们这一代人的人生轨迹,而且改变了中华民族的前途命运。而令我们特别难忘的是,在我们求学期间,邓小平同志对上海交大的发展给予了特殊的关怀和支持。1978 年 6 月,在中美尚未正式建交,党的十一届三中全会尚未召开之际,时任中共中央副主席的邓小平同志就明确指示:"交大应与美国交大校友会取得联系,到美访问。"3 个多月之后,新中国诞生后的第一个高等教育访美代表团——"上海交大赴美访问团"启程出访,历时 52 天,翻开了中美高等教育交流的新篇章。1981 年,邓小平同志欣然接受香港实业家包玉刚先生向上海交大赠款建设图书馆的信函,使我校率先获得了 1 000 万美元的巨额捐款,建成了"包兆龙图书馆"。1984 年初，邓小平同志在上海亲切接见我校党政领导和教授及师生代表 50 余人，对学校在 80 年代初期开展的管理体制改革工作给予肯定。应当说，没有邓小平同志以及叶剑英、万里、王震等党和国家老一代领导人的亲切关怀和有力支持，就没有上海交大的快速崛起和今天的成就地位。

作为 77 级、78 级的交大学子，我们不会忘记邓旭初、朱物华、范绪箕的名字。邓书记是一位具有改革精神、开放意识和战略眼光的政治家和教育家。我们都在这个礼堂中听过他的报告，包括率团访美归来的报告，也都知晓他带领校领导班子推进管理体制改革以及学校发展壮大的魄力和实绩。他用具体实践为我们诠释了抓住机遇、锐意进取的改革精神。朱物华校长执掌校印时间不长，但他作为学贯中西的学术泰斗对我校的发展贡献良多，想必大家都有深刻印象。范绪箕校长是钱学森学长在加州理工学院求学时的同窗，他重视人才培养，推动教学改革，他还亲自挑选并指导 38 位"世行生"赴海外深造，在各位毕业证书上都有范校长的签名。1984 年初，他将校长的接力棒交给翁史烈校长后，又继续从事学术研究 30 余年，健康生活到 102 岁。

毫无疑问，还有很多师长，包括今天与会的多位老领导，都在我们的求学岁月中倾注了许多心血。在这次返校活动中，各相关院系会安排一些师生见面、合影及参观和联欢活动，欢迎大家参加。

我们这两级学生是在祖国以及母校百业待兴之际跨入校门的，由于时代的局限，我们当时对学校的历史知之甚少。借今天这个场合，我重点介绍两位交大先贤，以示崇敬之情。

我们的母校创办于甲午战败的硝烟与觉醒之中。创始人盛宣怀上奏朝廷，提出"自强首在储才，储才必先兴学"的主张。奏准后，盛公多方筹款，广纳贤才，破旧立新，排除万难，始创南洋公学，奠定了交通大学的百年基业，母校与同样由盛公创办的北洋大学堂以及两年之后创立的京师大学堂并列为中国近代高等教育的三大发祥地。1986 年，母校 90 周年校庆之际，盛公宣怀的铜像安放在徐汇校区新上院的底楼大厅中。其后，在闵行校区东大门的照壁处，又矗立起他的全身像和《请设学堂片》的奏折，以资纪念。

我们今天集会的场所，是当年大家出入次数最多的"大礼堂"，而它在建成之初的名称是"文治堂"。它得名于我们的老校长唐文治先生。唐老校长于 1907 年至 1920 年执掌校务达 14 年，他是一位国学大师，也是一位"工科先驱"，他开创了中国近代高等工程教育的先河，并在文理结合、工管兼教方面多有建树，为母校赢得巨大声誉。唐校长有一段名言："欲成第一等学问、事业、人才，必先砥砺第一等品行。"这一育人观念，时至今日依然是至理名言。大家所熟悉的老图书馆，就是由唐校长带头捐资兴建的，而这座文治堂，则是在唐老校长离任 20 余年后，由交大的师生为感念他对母校的功绩而捐资建设并命名的。所谓声名留人后，由此可见一斑。

今天，当我们漫步在历经 120 年沧桑巨变的徐汇校园时，依然会有美好的记忆涌上心头。

从古朴庄重的交通大学校门走进，老图书馆历经春秋，朱颜未改。再造访，只多了百廿交大的历史画卷徐徐展开，将交大的过去和现在娓娓道来。红太阳广场前碧草青青，我们曾在这里架起黑板，组织小组学习讨论，也曾在这里合影留念，留下毕业时最珍贵的纪念。一别数十载，人行道上的梧桐树已经参天蔽日，百年交大里程碑拔地而起，铭刻着江泽民学长对母校建成世界一流大学的深情寄语。草坪北面的中院重现出"南洋公学中院"的楼铭，也是母校百廿春秋的历史原点。一楼的实验室有过大家研究探索付出的汗水，二楼的工程制图大教室里凝结着三角板、丁字尺创造的智慧。岁月沧桑，几经更迭。新上院、工程馆曾是我们学海泛舟的场所，如今它们仍旧是晚辈交大学子上课、自修、考试，聆听大师论道、切磋学术思想的重要场所。

我们珍惜这片承载着百年交大厚重历史的土地，以修旧如旧的姿态，对徐汇校区的一景一物精心维护。如今的总办公厅雄浑依旧，体育馆和大操场则焕然一新。盛宅得以修缮，作为校友之家开门迎客，欢迎大家常去坐坐。体育场下面新建了两层地下停车库，实施人车分流管理，让校园更加精致祥和。在这个校园中，道路是适合漫步的，建筑是可以阅读的，历史是不断传承的。

除了这些老建筑之外，学校还开辟了一些新地标，例如离我们不远的凯原法学院、与其遥相呼应的安泰经管学院，以及整修一新的国际与公共事务学院。此外，徐汇校区还有一幢人气颇高的特色建筑——钱学森图书馆，它已成为彰显大师情怀、激励青年后辈的著名爱国主义教育基地。

纸短情长，言不尽意，今天短短一聚还无法道尽母校这几十年来的发展与变化。但我们有一个全面深入了解母校历史的渠道，那就是学校于120周年校庆之际出版的《上海交通大学史》，八卷本，全书共200余万字，可谓皇皇巨著。大家有空可以找来细细品读，定然回味无穷。其中凝结着王宗光书记领衔的校史编撰团队多年的汗水。

同学们、校友们，这些难忘的人和事，一景一物都是改革开放风云激荡的历史见证，都是我们这代人无悔奋斗的人生印迹。光阴虽然消磨了青春的容颜，却抹不去青春的激情；岁月虽然改变了你我的距离，却剪不断你我的情缘！"白首重相聚，仍带芳华归"，母校永远是我们共同的牵挂，同学仍是我们一生的情缘。

放眼当下，展望未来，中华民族伟大复兴势不可挡。我们有理由坚信，在习近平新时代中国特色社会主义思想指引下，把上海交大建成世界一流大学的奋斗目标一定会在我们可以看到的未来得以实现。让我们秉承"饮水思源，爱国荣校"之校训，同心协力，共创母校发展的新篇章。

让"学在交大"成为鲜亮名片 *

（2018 年 7 月 18 日）

为期 3 个月的教育思想大讨论,在全校上下的协同努力下,取得了预期的效果。刚才林校长做了系统深入的总结,并对下一阶段的工作做了具体部署,我都同意。几位交流发言的代表,分别从不同视角做了分享,很有启发性。借此机会,我代表学校党委再强调三点意见。

一、紧密结合我校实际,牢牢把握高等教育的新要求、新使命

这次教育思想大讨论的核心要义就是要把中央对人才培养的最新要求贯彻落实到办学治校中来。

首先,要深刻认识党对高校的根本性和普遍性要求。

党的十八大以来,以习近平同志为核心的党中央对教育工作十分重视,做出了一系列重大决策部署,开启了建设高等教育强国的新征程。我们要切实增强办好中国特色社会主义大学的思想共识,紧密围绕"培养什么人、怎样培养人、为谁培养人"这个根本问题开展工作。

"为谁培养人",就是要落实好高等教育的"四个服务",即"为人民服务,为中国共产党治国理政服务,为巩固和发展中国特色社会主义制度服务,为改革开放和社会主义现代化建设服务"。近年来,我们旗帜鲜明地坚持这一根本立场,把握办学的正确政治方向,使广大师生的思

---

* 本文是 2018 年 7 月 18 日在上海交通大学教育思想大讨论总结大会上的讲话。

想认同明显提高。"培养什么人"，就是要培养德智体美全面发展的社会主义事业建设者和接班人，而不是旁观者和反对派。这是习近平总书记提出的鲜明要求，也是各级各类学校的共同使命。在此基础上，每个学校又应有自己的特色和追求。这次教育思想大讨论的聚焦点之一就是进一步明确交大在新时期人才培养的理念、目标和定位。"怎样培养人"，就是要坚持把立德树人作为中心环节，对师生的思想政治教育必须要一以贯之、入脑入心，融汇于学生培养和教职工自身成长的全过程。近年来，我们推动"学在交大"，落实"四位一体"的育人理念，树立"立德树人、教书育人"鲜明导向，都是回应这一要求的交大实践。

此外，习近平总书记关于全面从严治党、人才工作、知识分子、科技创新、青年成长等方面的重要论述也需要我们深入学习体会，以此指导办学治校、育人育才。

其次，要深刻领会党对高水平大学的更高要求和期待。

习近平总书记强调，"世界一流大学都是在服务自己国家发展中成长起来的"。"双一流"建设作为国家战略，被写入了党的十九大报告，其核心要义是让中国在顶尖人才和顶尖创新成果方面拥有世界比较优势，我们的顶尖大学也要成为支撑"两个一百年"奋斗目标实现的重要力量。

对于上海交大而言，要把培养世界一流人才作为建设一流大学、一流学科的根本和基础，不仅要在立德树人上做出表率，还要致力于培养有全球视野，具备跨文化理解、交流与合作能力的国际化创新人才，培养能够引领未来、担当民族复兴大任的时代新人。这就要求我们要充分发挥在办学上的制度优势、组织优势，在国家重点建设战略支持下，实现人才培养能力和水平的快速提升。要实现这一目标，必须坚持教育综合改革，"深化教育改革"最终增写到党的十九大报告中，充分说明了中央对教育综合改革的重视和决心。与此同时，还要坚持开放办学,提升对外开放的力度和水平,广聚天下英才而用之,在与世界一流大学的对标、交流、合作中,提升高等教育的国际影响力、感召力、塑造力。

当然,我们也要清醒地认识到,行百里者半九十。保持快速上升发展势头的难度将越来越大。建成世界一流大学的奋斗历程可能会有不少曲折和险阻,我们一定要多做少说,要咬定青山不放松。

二、在不断深化认识和实践之中,全面推进落实"学在交大"

2015 年,学校召开的第十次党代会中提出"以学在交大为目标,全面提升人才培养质量"的发展理念和工作要求。三年来,"学在交大"已逐步深入人心并见诸实践。这次教育思想大讨论更是把"学在交大"的理念推上一个新高度,也做了一次很好的阶段性总结。

首先,"学在交大"主要在以下几个方面取得共识。

一是"四位一体"的人才培养理念逐步深入人心。学校的十届三次全会上提出了"以学生健康发展为中心"的理念,强调对学生要有正确的教育引导,使他们把人生的扣子从一开始就扣好。全国高校思政工作会议召开以来,学校党委进一步明确提出价值引领、知识探究、能力建设、人格养成"四位一体"的人才培养理念。通过这次全校教育思想大讨论,"四位一体"理念更加深入人心,并正在转化为育人实践。

二是实现"教育增值"的人才培养思路越来越清晰。在推进综合改革、制定"双一流"建设方案的过程中,我们认识到,具有世界一流的本科生源是我国顶尖大学的重要优势之一。而如何让一流生源得到最大的"教育增值"是我们必须面对的考验。"教育增值"是毕业生与新生之间的复杂函数,包含着诸多变量,如学生的学习热情、教师的教学质量、学习研讨的环境设施、以人为本的制度文化、持续的教育投入,等等。通过这次教育思想大讨论，我们进一步认识到，实现"教育增值"最大化必须努力调节好各种变量。要对教师进一步明确"立德树人、教书育人"的导向和职责。要让学生更加充分利用在校时间，获得最好的学习效果。

三是"学在交大"作为系统工程需要整体谋划，协力推进。学校的十届二次全委会上，党委把"学在交大"的基本内涵概括为以学生为本、以教学为先、以学术为要、以学风为基，并位列"学在交大、院为实体、多元评价"三大改革之首。在推进学校综合改革的过程中，党委始终将"学在交大"列为重要改革抓手之一，不断深化落实。"学在交大"既是办学理念，也是改革举措；既要有长远目标，也要有阶段任务；既体现在环境氛围的营造，也内化为文化底蕴的积淀。总而言之，这绝不是教学口、学生口几家的事情，而是全体交大人的共同愿景和责任。前两天，在广州召开的上海交大全球校友组织会长、秘书长联席会议上，与会的校友代表进行了热烈讨论，并向学校提交了教育思想大讨论建言书，体现了广大校友对母校的深情，也反映出"学在交大"愿景的普遍性与广泛性。

其次，"学在交大"主要在以下几个方面深化实施。

一是在"立德"方面，既注重社会主义核心价值观对学生的熏陶和教育，也强化交大优良传统对学生的启迪和影响。要加强和改进师生思想政治工作，用习近平新时代中国特色社会主义思想武装师生头脑，同时要注重挖掘交大办学历史中积淀的文化精髓，作为学生价值引领的鲜活"配方"。"选择交大，就选择了责任"应当成为新时期交大人耳熟能详的使命担当。

二是在"好学"方面，既要加强整体建设，也要突出示范效应。学校及各院系应在课程建设、软硬件支持条件改善等方面加大力度，整体提升，让学生有更多的优质课程可以选择，有更好的学习研究环境可以享用。同时,要促进"特区学院"取得的办学成效进一步发挥溢出效应和辐射效应,如"致远荣誉计划"正向更多的学科覆盖,通过让更多优秀学生脱颖而出,带动整体学风提升。

三是在"乐教"方面,既强调对教师教书育人职责的要求,也为教师安心乐教提供支撑保障。一方面,校院两级建立和完善相关制度,让更多的优秀教师包括高层次人才,真正参与"立德树人、教书育人"的实践中来。在院为实体的背景下,院系要主动作为,调整完善相关制度,为教师教书育人提供政策和资源保障。另一方面,学校也为教师队伍的成长与发展考虑,通过设立教书育人奖等三大奖励体系,让潜心教书育人的教师得到更充分的肯定和更优厚的待遇。

几年来,"学在交大"的改革从形成共识到付诸实践,从总结提炼再到深化认识,不断推进,持续开展。通过此次教育思想大讨论,我们要进一步坚定方向,凝聚共识,明晰路径,推动形成更具实效性和延续性的政策措施。

三、建设高水平人才培养体系,让共识进一步转化为合力

要把教育思想大讨论的举措落到实处,关键还是要形成合力。在这里,我再简要提几点要求:

第一,合力抓好思想政治工作,将立德树人融入日常工作。习近平总书记指出,人才培养体系涉及学科体系、教学体系、教材体系、管理体系等,而贯通其中的是思想政治工作体系。无论是教学、科研、社会服务、国际合作交流、文化建设等工作,都有其育人的要求,都要把立德树人作为其工作的出发点和落脚点,让立德树人成为全校心往一处想、劲往一处使的日常工作。

第二,合力提升教学质量,将办学成果转化为育人优势。学校推进

人才强校主战略十多年,优秀师资汇聚,创新硕果累累,国际化程度显
著提升,综合实力明显增强。但这些办学成效尚未充分转化为育人优
势。要让各类人才,特别是高层次人才成为教书育人的骨干力量。要
让高水平的学术研究成果成为学生教育增值的源头活水。2018 年的
校领导班子暑期务虚会将重点围绕办学优势转化问题进行思考分析、
研讨谋划。

第三,合力深化综合改革,将改革动力转化为育人能力。"学在交
大"作为综合改革的重要抓手,取得了阶段性成效。但仍需要以更大的
智慧和勇气来合力攻坚克难。刚才,林校长在报告中提出了十大改革
举措。这些任务的顶层设计、谋划部署在学校,推进落实要紧紧依靠各
学院和部门创造性的探索和实践,要在全校方方面面的协同配合下交
出满意的答卷。希望大家切实肩负起责任,真正让学生的成长与学校
的发展同向而行。

培养担当民族复兴大任的时代新人[*]

（2019 年 3 月 15 日）

教育是国之大计、党之大计。培养什么人、怎样培养人、为谁培养人是教育的根本问题。习近平总书记明确要求，我们办的是社会主义教育，要培养社会发展、知识积累、文化传承、国家存续、制度运行所要求的人。这是我们思考、谋划和推进"双一流"建设的逻辑起点，也是必须牢牢把握须臾不可动摇的正确政治方向。高校只有抓住培养能担当民族复兴大任的社会主义建设者和接班人这个根本任务才能真正办出中国特色世界一流大学。在"双一流"建设中，上海交通大学始终将立德树人作为检验学校一切工作的根本标准，推动办学优势转化为育人优势，精心打造高水平人才培养体系，积极培育新时代具有深厚家国情怀的栋梁之材。

一、用"四个自信"强基，树牢"四位一体"育人理念

高等教育是一种社会存在，我们建设中国特色世界一流大学必须要同我国发展的现实目标和未来方向紧密地联系在一起。在建设世界一流大学的路径上，要坚持中国特色社会主义道路自信、理论自信、制度自信、文化自信；在培养什么人上也要用"四个自信"强基。我国独特的文化传统、独特的历史命运、独特的基本国情、独特的制

---

*　本文 2019 年 3 月 15 日发表于《光明日报》。

度优势,是保持民族精神独立性的重要支撑,也是我们建设世界一流大学的优势所在。上海交通大学高度重视学生理想信念教育和价值观塑造,坚持价值引领、知识探究、能力建设、人格养成"四位一体"育人理念,把价值引领作为育人的灵魂和主线贯穿于人才培养全过程、全场域。

每年新生入学,学校党委书记讲授入学第一课,校长在开学典礼上致辞,各院系的党政主要领导也认真讲授好本院的"开学第一课",从扣好入学后的第一粒扣子抓起。而每年的毕业季,党委书记、校长和学院主要领导还要为毕业生上好"最后一课",推动在广大师生中形成培养未来学术大师、治国英才、业界领袖、文化精英的鲜明导向;在广大教师、院系、职能部门中,强化人才培养引导、助力学生成才发展。广大师生成就栋梁之材的意识更加强烈,行动更加自觉;毕业生"选择交大,就选择了责任"的价值导向已经内化于心、外化于行,在各自的岗位上与祖国同向同行,不断追梦圆梦。

注重以文化人、以文育人,将显性教育和隐性教育有机结合并相得益彰,充分发挥文化浸润、感染、熏陶效应。上海交通大学在精神文明建设上下足了功夫,深入开展文明校园创建,提升校园文明程度,努力打造良好的育人环境。2011 年,钱学森图书馆在上海交大徐汇校区建成开馆,成为我国第一座建在高校的全国爱国主义教育示范基地。2012 年,全国高校博物馆育人联盟在上海成立,上海交通大学被推选为全国高校博物馆育人联盟会长单位。2014 年,李政道图书馆在上海交通大学闵行校区落成,成为倡导科学精神和艺术修养完美结合的重要课堂。近年来,上海交通大学连续五届荣获高校校园文化建设优秀成果特等奖;入选首届全国文明校园;获得全国高校"礼敬中华优秀传统文化"示范项目奖两项;学生交响乐团蝉联五届教育部主办的大学生艺术展演全国一等奖,话剧《钱学森》荣获中国校园戏剧节最高奖。

二、促进学生"全面发展",构建高水平人才培养体系

习近平总书记强调,办出世界一流大学,必须牢牢抓住全面提高人才培养能力这个核心点。上海交通大学围绕这个核心点聚焦发力,推动把组织、人才、学科、科研、资源等办学优势转化为育人优势,从而不断提高人才培养能力、提升"教育增值"。紧紧围绕党中央对高校人才培养的新要求和新使命,开展了以"立德树人,学在交大"为主题的全校教育思想大讨论,推进人才培养十大举措的实施并取得阶段性成效。2018 年,交大高质量完成了教育部本科教学工作审核评估,以评促建、以评促改、评建结合,人才培养的战略地位更加突出,"以本为本""四个回归"更加自觉,教师和教学资源对人才培养的保障力度进一步加强,教学和质量保障体系运行效率进一步提高。

教师是立教之本、兴教之源,培养担当民族复兴大任的时代新人,师资队伍建设是关键所在。教师既要当好业务精湛、本领过硬的"高人",更要当好潜心教书、善于育人的"高手"。2017 年开始,我们设立了"教书育人奖",奖项分量重、含金量高。在每年的教师节,对潜心教学的一线教师、甘当人梯的研究生导师、敬业奉献的思政教师、悉心指导学生科创实践活动的指导教师以及用心呵护学生成长的班主任等优秀育人群体,进行隆重表彰。"教书育人奖"与"科研成果奖""管理服务奖"共同构成了学校三大奖励体系,推动在全校形成教书育人、创新攻关、爱岗敬业、奋发向上的良好氛围。学校出台了《教师考核评价指导意见》《教职工奖励办法(试行)》等一系列文件,通过采取切实可行的举措,在广大教师中旗帜鲜明地树立正确的价值导向,把学校"立德树人、教书育人"工作推上新台阶。高层次人才从事教书育人工作的数量和质量大幅提升。

习近平总书记在全国教育大会上强调，培养德智体美劳全面发展的社会主义建设者和接班人，要在增强综合素质上下功夫。现在，越来越多的高校把促进人的全面发展摆在更突出位置上来，努力把学生培养成德才兼备、全面发展的人才。上海交通大学素来就有"重实践、求创新"的优良办学传统，也一直非常重视培养学生的综合能力，注重激发学生的好奇心、想象力，培养学生的创新思维。近年来，我们把创新教育贯穿于人才培养全过程，打造"大零号湾——全球创新创业集聚区"，为学生创新创业提供培育平台，建设"学生创新中心"推出创新能力平台和创新孵化平台。交大在全国大学生课外学术科技作品竞赛上五次问鼎"挑战杯"，创赛事历史上首个"四连冠"，在 ACM 国际大学生程序设计世界总决赛中六次夺金。交大先后入选首批国家"双创示范基地"、教育部首批"创新创业典型经验高校"。

三、培养学生全球视野，在构建人类命运共同体上下功夫

习近平总书记深刻指出，新时代社会主义建设者和接班人，不仅要有中国情怀，而且要有世界眼光和国际视野。上海交通大学在"综合性、研究型、国际化"发展道路上阔步前进，国际化已成为学校的重要办学优势。国际化，过去是现在也是高等教育发展不可逆转的大趋势。培养一大批有全球视野，具备跨文化理解、交流与合作能力的国际化创新人才，是上海交通大学的光荣使命。

我们培育担当民族复兴大任的时代新人，就要教育学生关注世界形势及其发展变化，成为具有中国情怀、全球视野的人才，不仅能肩负起建设祖国的使命，而且能够在构建人类命运共同体中发挥应有的作用。上海交通大学非常支持和鼓励学生广泛参与国际合作与交流，不断完善国际组织人才培养推送机制，鼓励支持学生赴国际组织实习或

任职,鼓励学生和各国青年互学互鉴、增进友谊。2017 年,交大入选教育部首批挂牌中美青年创客交流中心单位。目前,交大与 150 余所著名大学签订了校际合作协议,每个学院也都有高水平的国际合作项目。近 50% 的学子在本科期间就有海外游学经历,研究生赴海外接受联合培养、出席国际会议或参加合作研究已经成为常态。

学校先后布局成立海洋装备战略研究院、城市治理研究院、质量发展研究院、战争审判与世界和平研究院、日本研究中心、保加利亚中心等一批新型高端智库和校级交叉开放平台,在政策制定、公共外交等方面取得了一系列建设成果,为解决海洋、环境、城市治理等人类共同面临的问题贡献中国智慧和中国方案。2017 年 8 月,上海交通大学极地与深海发展战略研究中心正式成为国际海底管理局观察员,实现了我国在国际海底管理局观察员席位"零"的突破。

致天下之治者在人才,成天下之才者在教化。培育一流人才是实现民族振兴、建设社会主义现代化强国的战略工程。上海交通大学诞生于国家危难之时,成长于民族振兴之际,振兴于祖国富强之日。未来,交大将继续围绕"修一等品行,求一等学问,创一等事业,成一等人才"加强人才培养,努力为民族复兴、社会发展、人类进步培育一批又一批的栋梁之材!

大力推进思想政治理论课改革创新 *

（2019 年 3 月 20 日）

  刚才三位出席习近平总书记主持召开的"学校思想政治理论课教师座谈会"的优秀教师和我们大家做了很好的分享。我和各位一样从中获益良多。尽管在会前也看了关于会议的报道，包括关于座谈会召开之后各界的反响，但还是觉得刚刚三位老师所做的分享有许多新意，对于我们认真领会习近平总书记主持召开这次座谈会的意义、习近平总书记重要讲话精神有很大的帮助。

  刚才三位老师都说到了，这样专门针对思想理论课教师的座谈会，在我党历史上前所未有，它释放的一个重要信号，就是我们坚持社会主义的办学方向毫不动摇，坚持把思想政治理论课作为中国特色社会主义大学的必修课绝不会动摇。而且我们还要不断努力，争取把这门课上得越来越好。

  习近平总书记要求全党上下要增强学习的自觉性，要有"以一物不知为耻"的进取心。我觉得这个要求对从事思想政治理论课教育的老师也十分适用。我很赞成陈锡喜老师刚才说的，当思想政治理论课老师太不容易了。我们现在的思想政治理论，不要讲回溯到马克思等人作为创始人的理论贡献，哪怕是中国特色社会主义理论也够大家学习体会的了。习近平新时代中国特色社会主义思想博大精深，涉及的知识领域很多，在座的恐怕没有一个人有把握说自己全懂。但我们可以

---

 * 本文是 2019 年 3 月 20 日在上海交通大学思想政治理论课教师座谈会精神学习交流会上的讲话节选。

勤奋刻苦地学习。要像习总书记那样，从青年时代起就一直坚持勤奋学习，长期积累，终有大用。

此外，习近平总书记旗帜鲜明、勇于亮剑，为全党同志做出了榜样。大家回想一下，曾几何时网络空间的负能量较多，网络舆论环境不是十分清朗，不少领导同志也觉得自己要做"开明绅士"，保持一下"价值中立"，不去就一些尖锐的观点进行碰撞，避免变成网上被声讨的对象。是习近平总书记身先士卒地带领全党同志使网络空间逐步清朗起来。总书记历来主张，在重大原则问题上不能含糊其词，更不应动摇立场。2017年，习近平总书记在会见清华大学经济管理学院顾问委员会海外委员的时候，明确讲到"教育就是要培养中国特色社会主义事业的建设者和接班人，而不是旁观者和反对派"。习近平总书记旗帜鲜明地阐明了教育的使命，对我们很多高校的干部和广大教师明确自我定位有重要的指导作用。

在高等教育方面，我回到学校之后，觉得十分能凝聚全校上下共识的就是早日把上海交大建成世界一流大学，而且我们也非常高兴地看到"双一流"建设进入党和国家的战略部署，而且付诸行动，总书记也在中央深改组主持讨论通过了关于"双一流"建设的意见。但是另外一个方面，总书记时时牵挂的还是高校的社会主义办学方向，这个不是仅仅从这次会议上开始强调的。

2016年底，全国高校思想政治工作会议召开，整个报告重点讲了高校"培养什么人、怎样培养人、为谁培养人"的根本问题。在那个会上，总书记特别强调把高校办好一定要把教师的工作做好。他的基本判断是：我们的教师是值得信赖的，值得托付的，教师队伍总体是好的。这和"文化大革命"的时候，把整个知识分子队伍看成资产阶级的一部分是完全不同的。与此同时，他也提出要继续把教师的工作做好。教师工作做好了，培养出好学生的把握就大很多。如果广大教师对我们党和国家的路线方针政策的认同能够提升一个台阶，我们培养人的任务落实就一定能够向前跨一大步。

我们现在非常自豪，交大 3 000 余名老师，有 2 000 余人在海外有一年以上的工作或学习经历，有的甚至有十几年或二三十年的海外经历，大家都抱有为国家贡献才智和力量的心愿，并希望在国家发展的同时个人也能得到发展，这样的想法很好。这也是学校的愿望。作为党委书记我多次说，我们现在回国的老师，再过 20 年后，要与跟他们同时毕业但留在国外的老师比一比，我们不仅要比谁对国家的贡献更大，还要比在学术发展上是否能等量齐观，或者说各有所长。学校一定要在这方面更加努力。

在 2018 年召开的全国教育大会上，习近平总书记再一次系统阐述了坚持中国特色社会主义教育发展道路的重要观点，并突出强调了培养德智体美劳全面发展的社会主义建设者和接班人的要求。我们要深刻领会习近平总书记关于高等教育的重要论述，把握好中央对我国高等教育发展的根本性要求。

党的十八大以来，学校在马克思主义理论课建设方面，做了一些努力，有了一些进步。我们凝练出了"价值引领、知识探究、能力建设、人格养成"的培养理念。在"价值引领"方面，思想政治理论课教师、思政教师、辅导员承担着特别繁重的、不可取代的任务。大家要有光荣感和责任感。

我特别高兴的是，在党的十九大以后学校召开的一个座谈会上，马克思主义学院的一个学生讲，原来人家问她在哪里读书？她总是回答在交大，不愿意跟人家说自己在交大马院。但是在党的十九大以后，她很有信心地对别人讲，"我就在交大马院做研究生"。这个同学的转变，也许是马院教师、思政教师的共同转变。习近平总书记强调，我们办中国特色社会主义教育，就是要理直气壮开好思政课。现在马院的老师、思政教师、辅导员应该会有更多的光荣感和使命感。

当然，光有光荣感还不行，还得通过学习不断提升自己，能够承担这个重任。总书记讲要让有信仰的人讲信仰，我们受过比较系统的马克思主义理论的教育，而且从事思想政治理论教学也都有一定的时间了，但是不等于说我们就能够自然而然地胜任当今思想政治理论课教学的新要求，因为理论在实践的过程中不断有了新的内涵。而且许多新的知识如果不懂，也就难讲清楚。从这个意义上说，我们思想政治理论课的老师、思政教师，在学习上要更加努力，在这样的一种自我要求下，就会越来越充实，越来越有底气，讲中国特色社会主义就会越来越有自信心。

现在学校、学院以及职能部门的领导，比较担心大家出政治上的差错，因此反复强调要集体备课，强调课堂教学有纪律，不能够信口开河。这肯定都是对的，但这是一个低要求。要是光靠这个，要想把思想政治理论课上到入脑入心，肯定是达不到的。现在总书记要求我们领导同志带头上课。我觉得像我那样经过认真准备上一次大课，讲讲上海发展的进程，讲讲自己经历过的事情，可能有一定的优势。但是真正要上好一门理论课，绝对不是那么容易的。有时教师会出于对学生负责来回答同学的提问，事实上回答得未见得完全正确，不要对这种事轻易地抓辫子、扣帽子，否则大家都不敢讲了。其实，教材编得再好，备课备得再细，总无法预见上课之前刚刚发生的热点事件。而对此如何回应只能看老师的修养和水平。至于老师的回答是否完全正确和严谨，我们不要求全责备。我们要反对的是那种借题发挥，宣泄错误观点和负面情绪的情况，而这样的思政理论课教师是很少的。我们要鼓励思想政治理论课教师积极引导学生，让学生从中受益。

我一直讲，第一，课上所讲的总归应当是自己信的，这样你才会感觉比较好，自己不信很难令他人信。第二，有些实践中碰到的问题，中央也还在研究，思想政治理论课教师也很难回答。碰到这样的问题，有可能我们就含糊一点，这也正常。归结起来说，我们要按照总书记的要求把交大的思想政治理论课真正建设成为一个培养优秀的社会主义建设者和接班人的重要途径和手段，也努力地使得我们这门课成为同学们所喜爱的一门课。

顺便说一点，我们还是要让最好的老师多给学生们上课。所谓多给学生上课，不是超课时地授课。我不主张超课时，但正常的课时报酬要增加，关键是要上得好。上得好的老师可以多上大课，上课差一点的老师授课的规模要稍微小一点。这样一来，优质的教育资源会覆盖到更多的同学。不同的老师，上课的质量还是有区别的，目前评教得分比较低的老师，多数还是有缺点的，有的是理论功底不足，有的是自信心还不够，有的是信仰还不够坚定。我觉得这样的老师要是多了，思政课的形象会受影响，反过来有些优秀的老师，上课的人虽然多了一点，但是效果还是很好的。对于这些优秀老师，也应该对应地在课酬等方面有相应的政策配套，这样我们才会有越来越多的好老师涌现出来，越来越多的老师愿意努力把自己承担的课程上出高质量。

希望通过我们共同的努力，在学校思想政治理论课建设，以及思政教师队伍建设上能够进入一个新的台阶。对于大家而言，一是要坚定政治立场，切实增强使命感和责任感，以个人的"深信"赢得学生的"真信"；二是切实加强自身的学习，增强上好思政课的能力和水平，要从"真学"到"真用"，或者说以"真学"为基础，进一步达到"真用"，使得授课的质量能够得到提高。这里包含着提升学术修养、创新方式方法等。

思源致远　天地交通 *

（2019 年 9 月 8 日）

金秋时节，月桂飘香，来自全球 100 多个国家的 1 万余名本科、硕士和博士新生成为交大校园中最亮丽的一道风景。我代表全校师生医务员工欢迎你们成为交大人！

由学校党委书记为全体新生上入学第一课，是上海交大坚持多年的传统。今天，我们这堂课的主题是"思源致远，天地交通"，我将从"历史概览""今日交大""寄语新交大人"三个方面，和同学们交流。

一、历史概览

上海交大 123 年风雨历程和辉煌业绩，可简要概括为四个关键词：源远流长、英才辈出、贡献卓著、底蕴深厚。

（一）源远流长

我们的母校诞生于甲午战败的硝烟和觉醒之中。近代著名实业家、教育家盛宣怀，秉持"自强首在储才，储才必先兴学"之宏愿，上书奏请，于 1896 年在徐家汇创办了交通大学前身——南洋公学，这是我国最早创办的新式大学之一。这是创始人盛宣怀和他奏请办学的奏折，还有当时的校门、师生合影。那时，全校学生仅几百人。

---

* 本文是 2019 年 9 月 8 日在上海交通大学新生第一课上的讲话。

这个建筑是位于徐汇校区的"中院"，建成于 1899 年，是中国大学现存的历史最悠久的建筑之一。1901 年，著名教育家蔡元培出任南洋公学特班总教习，在这里开堂授课。这是现存最早的学生课业档案，它们是南洋公学特班学生黄炎培的读书日记和李叔同的课业论文，上面还有他们的老师蔡元培先生的批语。

20 世纪初，国学大师唐文治出任校长，他执掌校务 14 年期间，首开中国高等教育史上铁路、电机、航海、管理等学科之先河，积极推进南洋公学向知名工科大学转型，也形成了"工文兼教"的传统。唐校长决心要把交大办成中国"第一等大学"，他有一段名言："须知吾人欲成学问，当为第一等学问；欲成事业，当为第一等事业；欲成人才，当为第一等人才。而欲成第一等学问、事业、人才，必先砥砺第一等品行。"希望同学们仔细品味、认真体会。

1921 年，时任交通总长叶恭绰，将交通部所属四所学校合组，以南洋为中坚，定名为"交通大学"。到 20 世纪 30 年代，交通大学已成为国内最负盛名的大学，被誉为"东方 MIT"，"北有清华、南有交大"（蔡元培称交大为"全国造就建设人才的最高学府"），反映了我校当时在中国高校中的独特地位。

交大当时的入学考试系单独命题，难度颇高，仅举一例，某年入学考试的作文题目是"仁人之安宅也义人之正路也"，这句话没有标点符号，如果没有古文基础，难免就会文不对题了。它实际上出自孟子的《离娄上》，断句处应为："仁，人之安宅也；义，人之正路也"，意思是：仁以立身，义以行事。而当年英文考试的题目之一是翻译陶渊明名作《桃花源记》的第一段。同学们若有兴趣，不妨抽空做做看。

全面抗战时期，交大被迫迁往重庆九龙坡以及上海法国租界区的震旦大学（医学院前身）两地艰难办学，经历了血与火的考验。

新中国成立后,在 1952 年前后的院系调整中,交大大批优势学科整建制地调整给了十余所兄弟院校,开枝散叶,惠泽八方。

20 世纪 50 年代中期,交大人执行中央指示,胸怀大局,无私奉献,一分为二,两地办学,并于 1959 年正式分设为两所全国重点大学:上海交通大学和西安交通大学。

我们有理由自豪地说交通大学为新中国高等教育事业的建立和发展,做出了历史性的贡献!

改革开放之后,交大人敢为人先,锐意进取,以前所未有的速度,再次腾飞!

1978 年,中美建交尚在酝酿,交大即首派教授代表团,由校党委书记邓旭初带队,访问了美国 20 个城市,考察了 27 所高等院校,打开了交大与美国大学界交流合作的大门,在中国高教界起到了对外开放的先锋作用。

1981 年,交大再次突破传统观念桎梏,率先接受来自海外的巨额捐赠,建造了位于徐汇校区的包兆龙图书馆,以及后来闵行校区的包玉刚图书馆。

20 世纪 80 年代中期,交大在全国高校中率先建设新校区,也就是今天这座美丽的闵行校园。

20 世纪 90 年代中期以来,交大首批列入国家重点建设的"211"和"985"学校行列。

2005 年,交大与上海第二医科大学强强合并,交大成为全国拥有高水平附属医院最多的综合性大学。

回顾改革开放以来的发展历程,我们可以说,上海交大是中国高等教育改革开放的排头兵、创新发展的探路者!

(二)英才辈出

建校 100 多年来,交大为国家培养输送了各类人才 30 多万人,造就了一大批治国英才、科学大师、实业巨子和文化精英，可谓桃李满天下、栋梁遍神州。

党的第三代领导集体的核心江泽民同志是交大最著名的校友，1947 年毕业于电机系。江学长对母校感情十分深厚，一直以来都热忱关怀、大力支持母校的发展。1996 年，学校百年校庆前夕，江总书记为母校题词："继往开来，勇攀高峰，把交通大学建设成世界一流大学。"2006 年，学校 110 周年校庆时，他再次亲临母校，和师生亲切座谈，并欣然题词"思源致远"。2016 年，120 周年校庆之际，他又专门发来贺信，鼓励全校师生以交通之名立浩然天地，以创新之魂为兴国之本。

交大还培养出两任中宣部部长：陆定一和丁关根，以及上海市原市长、海峡两岸关系协会原会长汪道涵，全国人大常委会原副委员长蒋正华（1954 年上海入学，后随学校西迁，西安交大毕业后留校）、严隽琪和现任全国人大常委会副委员长陈竺等。

交大校友中，也涌现出一大批科学大师。

被誉为中国"导弹之父"和"人民科学家"的钱学森，是我校1934 届机械系校友。建于我校徐汇校区的钱学森图书馆生动展出了钱学长光辉的一生，我强烈建议同学们尽早前往钱学森图书馆参观学习。

2001 年首届国家最高科技奖获得者吴文俊院士、2008 年国家最高科技奖获得者徐光宪院士、2010 年国家最高科技奖获得者王振义院士，都是交大校友。著名数学家吴文俊院士是我校 1940 届数学系校友。吴文俊学长曾说过，"我的数学底子是在交大打好的"，"交大朴实严谨的良好作风使我受益良多"。2019 年 5 月，学校举行了吴文俊院士百年诞辰纪念活动，并成立吴文俊数学中心。"稀土之父"徐光宪院士是我校 1944 届化学系校友。他回忆说："我在交大做过 498 道物理化学习题,做了这些习题,我物理化学就读通了,过关了。"

在 1999 年国家表彰的 23 位"两弹一星"功臣中,交大校友就有
6 位。

交大毕业生中也涌现出一大批实业英才:曾驰名全球的"王安电
脑"公司,就是我校电机系 1940 届校友王安创办的。中国船舶总公司
连续四任老总,都来自交大。中国核电两大掌门人,都是交大校友。此
外,还有联想集团董事长杨元庆、红杉资本创始人沈南鹏,以及年轻一代
校友饿了么创始人张旭豪和人工智能领域多个独角兽企业的创始人等都
是交大校友。

交大历史上还培养了众多文化精英和社会贤达:"弘一法师"李叔
同,著名教育家黄炎培,著名新闻学家邹韬奋,文学翻译家傅雷,旅美表
演艺术家卢燕,著名画家朱屺瞻,著名考古学家、故宫博物院原院长马
衡,等等。

值得一提的是,交大还为中国高等教育培养和输送了一批大学校
长,比如曾任北京大学校长的蔡元培、胡仁源、蒋梦麟;曾任清华大学校
长的张煜全、温应星;曾任复旦大学校长的华中一;曾任浙江大学校长
的邵长光。

可以说,上海交大是培育众多国家栋梁、民族精英的摇篮。

(三) 贡献卓著

建校以来,交大始终以国家富强和民族振兴为己任,为中国经济社
会发展、科学技术进步做出了巨大贡献。

在近现代历史上,交大人创造了众多"中国第一",包括:第一艘万
吨级远洋轮;第一代攻击型核潜艇;第一枚探空火箭;第一代歼击机;第
一台载人潜水器"蛟龙号";第一艘航空母舰"辽宁舰"总设计师和首任
舰长都是交大校友。

交大医学院,同样在医学、生命科学领域创造了许多国内乃至国际

第一：国际首次抢救大面积烧伤成功；亚洲首例心脏移植手术成功；国际首例再造手成功；国内首例连体婴儿分离手术；亚洲首例肾脏——成人胰岛细胞联合移植；等等。

我们可以自豪地说，上海交大是一所助推近现代中国各项事业快速发展的大学，是一片孕育科学理性、引领知识创新的热土！

（四）底蕴深厚

交通大学秉承"饮水思源，爱国荣校"之校训，历经岁月沧桑、积淀人文精神，形成了绵延厚重之底蕴。

1. 为国为民、勇于奉献的爱国精神

交大具有爱国主义传统。解放战争时期，交大被称为"民主堡垒"。1947年5月，交大爱国师生发起"护校运动"。机械系同学自己驾驶火车赴南京国民政府请愿；当发现前方的路轨被拆除时，土木系学生将路轨重新铺好，使列车继续前进，迫使当局妥协，"护校运动"取得了胜利！

在徐汇校区，长眠着为新中国诞生而捐躯的史霄雯、穆汉祥两位烈士。他们在就义前誓言："我愿化为泥土，让人们践踏着走向光明的前方！"

2. 求真务实、追求卓越的科学精神

"起点高、基础厚、要求严、重实践、求创新"是从老交大人流传至今的特色传统。

这是1933年钱学森学长在交大的水力学课程考卷。在这次考试中，大三学生钱学森答题全部正确，字迹端正，只是在公式推导的最后一步，将"Ns"写成了"N"，漏写一个字符"s"，被任课老师金悫先生扣去4分。这个故事反映了交大"要求严"的教学传统。

我国马氏体相变研究奠基人之一、材料学院徐祖耀院士也是交大历史上诸多名师之一。他的学生回忆说：徐先生讲起课来旁征博引，他在期末考试时出了这样一道题目——"请解释'雪花何以六出'"（出自北周诗人庾信《郊行值雪》：雪花开六出，冰珠映九光），要求学生用结晶学的原理去论证。因为徐先生文理兼通，工文兼教，培养出一批思路开阔、活学活用的材料科学家。

3. 与日俱进、敢为人先的创新精神

早在 1904 年，交大就选送展品参加世博会并获得金奖，此后又两次参展并获大奖。1926 年、1933 年，交大两次在校内举办工业展览会，展示最新技术。

1927 年，交大开始招收女生，在当时颇为轰动，引领社会开明之风。

1984 年，邓小平等中央领导亲切接见交大干部和师生代表并合影留念，充分肯定我校在全国高校率先进行的劳动人事制度改革。交大的改革经验，历史性地被写入政府工作报告。

交大人始终秉承爱国、科学、创新的精神，引领和把握现代大学发展的进程和脉搏！追溯 123 年的办学历程，我们可以这样说：交通大学诞生于国家危难之时，成长于民族振兴之际，振兴于祖国富强之日；百年交大的历史是一部始终和国家命运紧密相连的发展史，是一部与民族振兴交相辉映的创业史！

二、今日交大

近年来，学校一直保持快速发展的势头，综合实力稳居国内高校第一方阵。学校在世界大学学术排名中已从 2004 年的 461 位上升到 2019 年的 82 位；在其他国际影响力较大的排名中，也都位居 100 位左右，若干学科已接近或达到世界一流。如今，上海交大集综合性、研究型、国际化之大成，已成为向中国特色世界一流大学进军的排头兵！

"学在交大"深入师生人心，赢得社会赞誉。各位同学，你们选择交大的原因可能各不相同，下面我将补充几点选择交大的理由。

（一）随处可遇学术大师

人才是大学最宝贵的财富。交大最大的魅力在于拥有一大批引领业界前沿、代表中国水平的教授和学者。

现今，交大共有两院院士40多位，他们在教学科研一线做出了引领性的成就。如医学院王振义院士不仅是医学泰斗，为血液病研究与治疗做出了卓越贡献，更是教育专家，培养了一大批杰出人才，他的学生中就有3位先后当选中科院和工程院院士。2018年，学校评选出了5位人文社科资深教授，他们在各自的研究领域也颇具学术影响力，而且广育桃李。此外，交大拥有的"长江学者""杰出青年"等高层次人才均过百，有10余人当选国外院士，有上百位在重要国际学术组织任职的知名学者。他们可能就是你某门课程的主讲老师，或现身于你参加的论坛和讲座，或在网络上为你答疑解惑，也可能在致远游泳馆里与你一起健身，或在教学楼、实验室或者餐厅、校园巴士上与你并肩而坐。

同时，每年都有一批诺奖级的学术大师应邀来交大讲学，与同学们面对面交流。如美国科学院与工程院院士、图灵奖得主约翰·霍普克罗夫特（John Hopcroft）教授，从2011年开始加盟我校致远学院，每年至少来校两个月为本科生亲自授课。

一大批长期耕耘在教书育人第一线的名师，深受同学们的爱戴和尊崇。近年来，学校在每年的教师节隆重表彰获"教书育人奖"的教师个人和团队。他们中有几十载如一日耕耘在三尺讲台的上海市教学名师王维克教授（他每次课都"讲好一个故事，引导一次研究，展现一片领域"，让深奥难懂的数学引人入胜）；有把本科生"传热学"和研究生

"高等传热学"讲得深受同学热捧的机动学院赵长颖教授;有全国优秀教师、马克思主义学院施索华老师(她用散文诗般的语言来讲述德育课,被评为"大学里最让人难以忘怀的教师");还有无微不至、关心每一个学生的班主任杨志彪老师……这样的优秀教师数不胜数,在今后的学习生活中,他们将成为大家信赖的良师益友。还有大家身边的思政教师、辅导员,他们将以个人经历、人格魅力和责任心,相伴大家一路前行,健康成长。

2018年,学校围绕"立德树人,学在交大",开展了新时期教育思想大讨论,广大师生积极参与、建言献策,全校上下正以更大的合力帮助同学们成长成才,让一流人才培养真正成为学校迈向世界一流最重要的基石。希望同学们见贤思齐、奋发努力,让优秀成为一种习惯,让智慧在交大绽放!

(二)创新精神和国际视野

创新一直是交大的一种基因。在新时期,交大人为国家创新发展、社会文明进步作出了新的贡献:南海造岛的"天鲸号"、向海洋极限深度探进的深海遥控无人潜水器、锦屏山的暗物质探测、攻克凶险难测的白血病、探索超大城市的治理模式……创新成果捷报频传。

我校获批国家自然科学基金项目数、经费数已连续十年保持全国高校第一;国家社科基金重大项目数近五年位列全国第四。这些都是学校创新团队实力和创新竞争力的集中体现。

交大被国务院列为首批全国双创示范基地。学校的创业学院、PRP项目(本科生研究计划,Participation in Research Program)、学生科技协会、学生科技创新工作室等,以及120多门创新创业类课程,都为同学们的创新、创业实践提供了土壤。2018年启用的学生创新中心,7×24小时开放,提供专业实验场地、全面工程服务、多样科技竞赛和前沿企业课程,将是大家自主动手、实现创意的绝佳场所。

交大学子在国内外各类大赛中屡屡摘金夺银，展现出极强的竞争力和创新潜力。ACM 国际大学生程序设计竞赛，被誉为"全世界最聪明人的比赛"。每年的参赛队伍均包括哈佛大学、麻省理工学院等世界名校以及清华、北大等国内名校。由全国师德标兵俞勇教授指导的我校 ACM 代表队，三次问鼎 ACM 竞赛全球总冠军，六次取得赛事金牌（该项赛事前 10% 给予金牌），这既是交大学子的荣耀，更是中国学生的骄傲！

每两年一次的"挑战杯"竞赛，被誉为中国大学生科技创新的"奥林匹克盛会"。我校五次夺冠，永久保存"挑战杯"，也是赛事历史上首个四连冠高校。此外，我校还获得首届"创青春"全国大学生创业大赛冠军。目前，在全国有重要影响的赛事有 20 余项，我校参加其中的绝大多数赛事，欢迎同学们争取加入竞赛团队，展示自己的力量和才华，为学校争光。

国际化是高等教育发展所趋。培养一大批具有全球视野，具备跨文化理解、交流与合作能力的国际化创新人才，是上海交大的使命。

交大与 150 余所著名大学签订了校际合作协议，每个学院都有高水平的国际合作项目。近 50% 的同学在本科期间就有海外游学经历，而研究生赴海外接受联合培养、出席国际会议或参加合作研究也是常态。

交大密西根学院、交大-巴黎高科卓越工程师学院，分别以优异表现通过了国际认证（ABET、CTI、EUR－ACE），这有力地推动了学院乃至全校与世界顶尖大学开展学分互认、联合培养等深层次合作。

安泰经济与管理学院、中欧国际工商学院、上海高级金融学院已成为国际商学院中的翘楚，其课程项目在《金融时报》全球 MBA 百强榜中名列前茅。

再如致远学院,2016 年获得了全球教育创新奖,"致远荣誉计划"在全校覆盖面越来越广。

这些"特区学院"的溢出效应已经明显地体现在全校各院系国际化程度的提高和培养创新型人才的探索上。

2019 年,攻读学位的留学生将达到近 3 000 人,还有一批交换学生和短期项目交流生的到来,让同学们足不出户就能感受来自世界各地的青年人所带来的文化和活力。

(三)优质环境和独特氛围

徐汇校区是交通大学的发源地,历经春秋朱颜未改的老图书馆,伫立高耸的百年交大里程碑,简洁浑厚、历久弥新的文治堂……每一幢建筑都有满载记忆的动人故事,每一处景致都能牵动交大校友的思乡情结。

大家现在所在的闵行校区,是国内最早建设的大学新校区。历经 30 年、几代人的建设耕耘,占地近 5 000 亩,布局合理、功能齐全的现代大学校园已然屹立于黄浦江畔。

"励志讲坛"以"祖国强盛,我的责任"为主题,至今已举办 228 期,是大家向往的精神课堂。"大师讲坛"定期邀请国内外学术大师亲临交大探讨,是启迪科学思维的盛宴。"创新与创业大讲堂"自开设以来,柳传志等著名企业家先后应邀出席,广受欢迎。

在闵行校区有两座藏书丰富、宽敞明亮的综合性图书馆,不仅配备讨论室,还为大家量身定做"个人移动图书馆",加之教学楼中的公共休憩空间,这些都将带给大家知识探究的乐趣和便利。

此外,交大的体育传统和体育精神也值得一提。徐汇校区体育馆中的"强国强种"四字,正是当年孙中山先生为交大体育技击部的题词。

如今,学校不仅建有齐全的各类球场,还有致远游泳健身馆和我们现在所在的综合体育馆,都是按照举办国际赛事的标准建造的。慢跑道、赛艇道等公共设施为大家提供强身健体的多样选择。跑虫俱乐部、绿茵风暴等 30 多个体育社团,为大家带来享受运动的快乐激情。热爱体育成为校园风尚,不仅学子们是运动健儿能手,也不乏像生命学院冯雁教授这样能顺利完成女子"全马"的教师运动达人。

一大批世界冠军和著名运动员先后就读于交大。如大家都很熟悉的姚明校友,2018 年夏天他从交大毕业,他在毕业讲演中感怀:"当一个人花了 7 年时间,直至 38 岁才本科毕业,他知道他在说什么。"不仅是幽默调侃,更展现了他作为交大学子的孜孜以求、坚持不懈。

同学们,交大感谢你的选择,交大也值得你选择! 在这里,我想强调的是,所有交大人都在践行着一个共同的选择,那就是"选择交大,就选择了责任"。

三、寄语新交大人

2019 年 4 月 30 日,习近平总书记在纪念五四运动 100 周年大会上对广大青年提出六点要求:树立远大理想、热爱伟大祖国、担当时代责任、勇于砥砺奋斗、练就过硬本领、锤炼品德修为。培养德智体美劳全面发展的优秀的社会主义建设者和接班人,是学校的根本任务。作为新交大人,希望你们能传承与发扬交大人的优秀精神品质,胸怀家国、思源致远,学在交大、砥砺前行。

在这里,我想结合习近平总书记的重要讲话精神,向大家提三点期望:

第一,希望大家涵养家国情怀,弘扬爱国奉献精神。

"落其实者思其树,饮其流者怀其源。"树不能断根,人不能忘本。爱国,对每一个人来说都是本分,是心之所系、情之所归。爱国也是交大人最鲜亮的本色！前不久公示的国家最高荣誉——共和国勋章和国家荣誉称号建议人选，有两位交大人：黄旭华和吴文俊。在他们身上，充分体现了爱国源于坚定的信念和忠诚的信仰！

根系祖国，心怀天下，是一代又一代交大人的坚守与情怀。希望同学们都能向黄学长看齐，"常思奋不顾身，以徇国家之急"。敢做惊天动地事，甘做默默无闻人。当然，爱国也需要我们从细微之处做起，实实在在地行动。

第二，希望大家不忘求学初心，探究知识增长本领。

"兴趣是最好的老师。"保持对知识探究的热爱是勤学笃行、励志钻研的动力源泉，勇于探索、勤奋学习是当代青年应有的生活方式和优良习惯。本领不是天生的，学习和实践是练就过硬本领的磨刀石。进入交大，各位刚步入人生中的新阶段，在这个阶段，大家将会面对的是更多的挑战。

同学们，无论你天赋如何，不勤学就将一无所获。刚进入大学或研究生的阶段，在求学生涯中至关重要，希望大家都能"以今日之我，胜昨日之我"的标准不断提升学业、磨炼本领。

第三，希望大家树立远大志向，建功立业新时代。

欲成一等人才，须有一等志向。个人的理想志向只有与社会、人民的需求对接才能生根。只要一代代青年都能够志存高远、砥砺奋斗，不做旁观者，而做建设者，不做批评家，而做实干家，我们的民族和国家就会永葆生机、蓬勃向上。

近年来，越来越多的交大人投身重点行业、关键领域和基层岗位，将青春热血、人生理想书写在祖国广袤的土地上。一代人有一代人的长征，一代人有一代人的担当。新时代中国青年正处在中华民族发展的最好时期，既面临着难得的建功立业的人生际遇，也面临着"天将降大任于斯人"的时代使命。

同学们，选择交大，就选择了责任，请相信：祖国，终将选择那些选择了祖国的人！

亲爱的同学们，衷心祝愿你们思源致远、砥砺前行，成为能够引领未来、领跑全球，担当民族复兴大任的时代新人，续写交大人的辉煌！

众志成城战疫必胜 学在交大不负青春[*]

（2020 年 3 月 1 日）

今天,来自全球 100 多个国家的 5 万多名交大师生在"云端"相聚,以网络直播的方式开启新的学期。借此机会,我代表学校向你们以及你们的家长、亲友致以诚挚的问候和衷心的感谢!

一、众志成城,凝聚起战疫必胜的磅礴伟力

同学们,新年伊始,一场不期而至的新冠肺炎疫情发端于江城武汉,并迅速向全国蔓延,给庚子年新春涂上了沉重的色彩。以习近平同志为核心的党中央果断应对,在大年初一召开政治局常委会会议,吹响了举国迎战新冠肺炎疫情的集结号! 一个多月来,全党全军全国各族人民,在党中央的坚强领导下,在习近平总书记的亲自部署和指挥下,坚定信心、同舟共济、科学防治、精准施策,取得了令国人自豪的累累战果,也向世界展示了中国的大国担当和中华民族的优秀品质。国际社会对我国的疫情防控给予了高度评价,联合国秘书长古特雷斯表示,中国人民为尽量减轻疫情造成的负面影响,做出了巨大牺牲,为全人类做出了贡献! 世卫组织总干事谭德塞则表示,中国在应对疫情时速度之快、规模之大,世所罕见,这是中国的制度优势,有关经验值得其他国家借鉴。

---

* 本文是 2020 年 3 月 1 日在上海交通大学在线教学第一课上的讲话。

　　"沧海横流，方显出英雄本色。"非常时期，更展现制度优势。尽管战"疫"尚未有穷期，但我国疫情防控形势向好已成事实。我们坚信，只要我们紧密团结在以习近平同志为核心的党中央周围，充分发挥中国特色社会主义的制度优势，我们一定能够战胜此次疫情，也一定能够应对任何风险与挑战。

　　同学们，疫情防控一级响应启动以来，学校及时成立了防控工作领导小组及其办公室，校院两级数百位教职工几乎放弃了整个寒假，带着"师生安好，便是晴天"的心愿扎实勤奋地开展工作。了解师生动态、送上关心问候是许多老师的生活日常。而汇总疫情防控日报，采编"战疫"新闻报道，加强校园管理服务则成为许多干部每天的"必修课"。令人欣慰的是，全校5万多名师生员工和2万多名附属医院医护人员都平安健康，只有2名在湖北度寒假的同学确诊感染，目前均已治愈出院。

　　战"疫"期间，我校许多专家学者急国家之所急，在病毒核酸检测、疫情排查机器人、医疗污染物处理、医用防护器具，以及专家咨政建言、防控知识普及等方面作出了许多贡献。尤其是学校各附属医院的相关医护员工，以"国有难，召必应，战必胜"的英雄气概，冲在抗疫最前线。自除夕夜以来，先后有560位医护人员挺身而出、驰援武汉，占到全市援鄂医疗队总人数的1/3以上。在这里，我想引用瑞金医院呼吸监护主管护师沈虹出征时的一段话，她说，"2006年入学的第一天，党委书记马德秀老师就给我们上了新生第一课，让我深深记住了'选择交大，就选择了责任'。赶赴一线，虽然心中也有点怕，但我依旧选择前行"。援鄂医疗队的交大白衣勇士，用他们的行动续写了交大人的家国情怀和责任担当，让我们向他们致以崇高的敬意，并预祝他们早日凯旋、平安回家！同时，我们也要向目前仍在湖北省的1 500余名师生致以真诚的祝福，让我们守望相助、共渡难关！

同学们，自疫情发生以来，先后有 30 多所世界一流大学或大学联盟向我校发来信函，表达亲切问候和支持鼓励，同时明确表示将继续深化双方的合作与交流。对此，我们均及时予以回复，除了表达感谢之意之外，也传递了全校师生健康安好的信息。尤其是表达了我校坚持对外开放，加强国际交流与合作的明确态度。疫情是人类社会的公敌，在全球化的时代，世界各国只有携手合作才能使疫情得到控制。这也应当成为建设人类命运共同体的应有之意。作为交大的学子，希望你们不仅要有广阔的国际视野，更要有开放的意识和开阔的胸怀，要立志成为对人类社会进步有所贡献之人。

二、抚今追昔，在艰难困苦中砥砺奋发图强之志

同学们，殷忧启圣，多难兴邦。在今天这堂特殊的课程上，我想与大家分享三段在艰难困苦中读书的往事。120 年前的另一个庚子年，1900 年春夏之交，八国联军入侵北京和天津一带，霸占了中国近代高等教育的发祥地之一，与我校同样诞生于甲午战败的硝烟和觉醒之中的北洋大学堂，也就是现在天津大学的前身，导致其被迫停办，师生流离失所。当时，创办不足四年的南洋公学，尽管自身尚举步维艰，但还是毅然决定接应照料北洋大学堂的 60 余位师生来校赓续学业。当时在校任教、后来曾先后出任特班总教习和交大校长的蔡元培先生回忆道："（那时）上院校舍落成，适有北洋大学学生避乱来上海者，乃设班以收容之。"我想，先贤当年的慷慨之举，当是秉承了"自强首在储才，储才必先兴学"之理念，也为保存中国高等教育的火种贡献了绵薄之力。

时光再追溯到 80 年前，抗日战争全面爆发后，上海沦陷，我们交通大学的校园也就是现在的徐汇校区被日本侵略者霸占了数年之久。交

大人又一次发扬了自强不息、储才兴学的优良传统，以坚忍不拔之精神，在重庆九龙坡和上海法租界两地艰难办学，师生在险象丛生之中忍辱负重、发奋读书。虽然生活上饥寒交迫，但在学业上依然奋楫争先，走出了一大批国之栋梁，其中包括 4 位国家最高科技奖获得者，占全国获此殊荣总数的近 1/8。他们是："人民科学家"荣誉称号获得者、著名数学家吴文俊院士，著名化学家徐光宪院士，著名医学家王振义院士，共和国勋章获得者、我国第一代核潜艇总设计师黄旭华院士。黄院士是 1945 年以优异成绩在重庆九龙坡被交大录取的，因为矢志救国报国，他在报考大学时毅然选择了能够提升国防实力的造船专业。2016 年 4 月，在母校 120 周年校庆大会上，黄学长深情地分享了他的成长经历和家国情怀，令全校师生深受感动、引以为荣。在这里，我要向大家报一声平安，目前身居武汉的黄院士身体健康、一切安好！他还委托我向全校师生医护员工转达诚挚问候和殷切寄语："希望大家越是艰险越向前，同舟共济，共克时艰！"

我们再把目光转向 40 年前，改革开放是我们党的一次伟大觉醒。而作为改革开放的前奏曲，恢复高考制度是 1977 年最嘹亮的秋歌。林忠钦校长和我都是首批高考幸运儿，史称 77 级。当时的国家百废待兴，重新开放的交大校园无论是师资力量配备，还是办学条件保障都有诸多困难。但是，喜从天降的幸福感和振兴中华的责任感使我们都处于无须扬鞭自奋蹄的状态之中。当时的校风学风甚好，老师们认真负责、倾囊相授，同学们惜时如金、学海泛舟。可以说，除了睡觉、吃饭和最必要的体育锻炼之外，其余时间都用在了学习上，许多同学一周的学习时间达到 90 小时。因此，尽管我们入学时的学业基础大都比较薄弱，但到毕业时，我们可以自信地说，我们达到了老交大毕业生的水准。

同学们，回望历史是为了更好地珍惜当下、奔向未来！在抗击疫情、共克时艰的特殊时期，我们交大师生要发扬自强不息、勤奋向学之传统,坚定必胜信念,做好守护者;引领风气之先,争当奋进者!

三、不负青春,为"学在交大"添写浓墨重彩一笔

各位同学,从明天开始,我们将全面启动在线教学,比原校历安排的开学时间仅晚了一周。这个动议是在 2 月初做出的,目的是尽可能减少疫情对同学们学业的影响。在过去 4 周里,学校以及各院系、各职能部门夜以继日地开展了准备工作。本学期 3 000 余门次课程的 1 000 余位任课教师积极响应、全情投入,付出了极大的努力和心血。每一位任课教师都参加了线上课程的技术培训、集体备课和操作演练;绝大多数同学也参加了上周的网上试听与体验,不少同学与老师主动交流互动,提出了很多有价值的意见和建议,还有一些同学被遴选为助教,将协助老师提高在线教学质量,以达到与线下教学"实质等效"的工作目标。值得一提的是,本学期的 200 多门用非中文讲授的课程,经过 100 余位任课教师,包括 55 位在国外的外籍教师的准备,也将在线上展开教学。全校留学生都有可以选择的在线课程。截至今天中午 12 点,全校中外学生在线注册率,本科生已接近 99%,研究生已达 98.4%,均高于以往春季学期同期水平,体现了同学们积极饱满的求学热情。我们衷心希望这次具有应急性质的在线教学实践,成为我校线上线下"混合式"教育的新起点,不仅功在当下,更会利在长远,并成为"学在交大"浓墨重彩的一笔!

同学们、老师们,开展全覆盖、大规模的在线教学在交大历史上尚属首次,教学过程中出现一些问题与困难在所难免。我们也知道,从线下教学转到线上教学,老师们和同学们的负担都会大为增加,尤其是在前两周的适应期中,感受会特别明显。我们希望各位老师坚持以学生为中心,以质量为首要目标,加强教学团队之间的配合,取长补短、全力

以赴，精益求精地做好讲课、答疑、辅导等各个教学环节的工作，争取展现出最好的水平和风采。我们希望同学们无论身处何地，都要惜时如金，专注勤奋。要拿出比你们在校园内读书，以及迎接高考或考研时更加刻苦的劲头来投入线上学习，取得优良的学业成绩。也希望你们以此为契机，独立思考、激浊扬清，深刻领会为什么我们的党和国家能够"在磨难中成长、从磨难中奋起"；要认真审视我们个人应该怎样面对挑战、承担责任，在共同应对疫情中实现理想信念的升华和人生的成熟成长。

"延期开学、在线上课"是新学期的特殊"打开方式"，也是学校、老师和同学们一起拥抱变革、探索创新的机遇。疫情面前我们需要风雨同舟、携手同进。在教学方式、交流空间的变化中，让学习研究始终保持最佳状态，才是"学在交大"的应有之义！

同学们，"莫道浮云终蔽日，严冬过尽绽春蕾"。这几天，交大思源湖畔的依依垂柳已添新绿，一餐前的满树玉兰悄然盛放，植物园中、仰思坪上、健步道里更是春意涌动，你们牵挂的校园美丽依然、风景如旧，而古朴厚重的徐汇校区和医学院校区，愈发显得宁静高雅。待到你们如约归来之时，让我们一起共赴大好春光、不负青春理想！谢谢大家！

人才强校篇

围绕中心　服务大局
推进世界一流大学建设[*]

（2014 年 6 月 25 日）

　　党办是学校党委的综合办事机构,在学校工作中处于承上启下、协调左右的中枢位置,不仅要做许多事务性的工作,而且在为学校改革、发展、稳定出谋划策方面具有不可替代的作用。回顾前一阶段的工作,从校领导班子务虚会,到全校干部大会、党委常委会、党务专题研讨会等;从协同创新中心的组织申报,到学校综合改革的谋划推进;从中央领导、市领导的重要接待,到与地方政府、重要行业企业的深入合作;从突发事件应急处理,到敏感时期的安全稳控、信访接待等都做得比较好,重要工作重点抓不放松,细小工作也都做得很实,能看出来党办同志都有着无私奉献的精神和精益求精的工作态度,值得肯定!

　　党中央高度重视中央办公厅的工作,2014 年 5 月 8 日,习近平总书记专门和中央办公厅各单位班子成员和干部职工代表座谈,提了五点希望,即"五个坚持":第一,坚持绝对忠诚的政治品格;第二,坚持高度自觉的大局意识;第三,坚持极端负责的工作作风;第四,坚持无怨无悔的奉献精神;第五,坚持廉洁自律的道德操守。提的要求非常高也非常明确、非常透彻。大家都能懂,但都要做到是不容易的。

　　当前,学校正处于深化改革的关键时期,党办工作面临着新机遇、

---

* 本文是 2014 年 6 月 25 日在同上海交大党委办公室同志交流座谈时的讲话。

新挑战、新考验。这里，我结合当前和今后的主要工作，提三点希望。

一是要进一步增强政治意识。做好党的工作，首要的就是要坚定政治方向、严守政治纪律，这是底线要求。对于我们党办的同志，在政治上要有坚定性、敏锐性和鉴别力，在大是大非面前头脑清醒、旗帜鲜明，绝不能有任何含糊。当前来看，信息技术高度发达，各种思潮、各种观点都会在相当程度上影响到受众对许多问题的看法和认识。如果政治上不坚定，有的时候听到风就是雨，很有可能就会辨不清方向、站不稳立场。在这个问题上不能小看。从 1989 年以后，总体上我们保持了校园在政治上的稳定，实属不易。正是这样，有的时候难免会有麻痹思想，缺少了危机意识。在这点上，中央还是非常清醒的，必须要坚持高等教育的社会主义办学方向，要坚持党在意识形态领域的领导地位。高校历来都是意识形态斗争的一线，我们的情况虽然好一点，但是要直面一些问题和矛盾，出现偏差和漏洞的时候要及时做些提醒，不让苗头演变。只有理论上的清醒，才有政治上的清醒；只有理论上的坚定，才有政治上的坚定。所以，必须要持之以恒地抓好理论学习，对中国特色社会主义理论要真学、真懂、真信、真用。从另外一个方面来说，正如习近平总书记所说，我们现在比历史上任何时期都更接近于我们自己的奋斗目标。我个人觉得，我们现在的自信心要高于改革开放以来的任何时期。改革开放的历史实践，使中国从积贫积弱的状况转变为具有世界影响力的大国，在所有的方面都取得了进步。从这个角度上说，我们所选择的道路适合我们的国情，是对的。如果全盘西化，只能把国家搞乱，亡党亡国。我了解到党办的理论学习氛围是很不错的，大家可以多看些资料、多听些声音，更好地提高理论素养。

二是要进一步增强大局意识。围绕中心、服务大局是党办的主要职责。什么是学校的大局？就是要坚持社会主义办学方向，全面深化改革，加快创建世界一流大学。这些彼此之间是相互衔接、相互关联、相互促进的。党办工作必须要紧紧围绕大局，找准位置，发挥作用，协助党委抓好学校工作。要围绕大局反映情况、报送信息，把院系发展中的新情况和新问题、师生关注的热点和焦点问题，及时收集上来，为党委正确决策提供重要依据。要围绕大局出谋划策、贡献智慧，所谓"身在兵位，胸为帅谋"，"直陈己见，但不固执己见"，积极主动地对党委抓的重要工作进行有质量的调研，多出大思路、好主意，做好参谋和智囊。要围绕大局抓好统筹协调，发挥好党办的中枢作用，照应各方关切、调动各方力量，处理好党委和行政、部处和院系等各方关系，形成做好工作的整体合力，这一点特别重要。我们历来是希望有团体冠军，有和谐氛围，党办是可以发挥独特作用的。要围绕大局抓好办公室内部建设，现在的党办是一个"大党办"的概念，也是学校"精简机构设置、提高工作效率、减少工作边界、增强工作合力"进行部门设置改革的体现。目前，党办还包含了改革与发展研究室、安全保障委员会办公室、信访办、机要室等多项职能。虽然总共只有15位同志，但至少有五六方面的职能，这样就需要统筹，不能分得太细，一旦分得太细，许多工作就捉襟见肘了。在内部是分工不分家，要相互补台。这就要求办公室内部必须同心同德，做到思想认识统一、工作步调一致，发挥整体效能。党办主任要当好班长，全面领导和负责各项事务。要进一步调动各位同志的积极性，信任他们，支持他们的工作，从而增强党办的影响力和整体合力。

特别强调一点，党办要争取成为学校服务型党组织的楷模。服务型党组织建设的提出对交大而言正逢其时，尤其是对交大的校部机关。我们的理想是从校办院向院办校转变，办学自主权要进一步下放，这是我们努力的方向。管头管脚，最后就是自缚手脚。在服务上要多动些脑筋，效率要提高，一些流程该精简的就精简。要敢于担责，不要为了规避风险责任，把宝贵的精力花费在没有意义的程序上。不要为了一个小概率事件就制定一项制度，导致整个工作效率降低。要通过改进工作作风，让教授们能保证 5/6 的时间投入业务上。同时，办公室对外还起一个"窗口"作用，对来办事的同志要态度谦和、换位思考，为基层的同志和广大师生服务好。工作中，要相互补台、无缝衔接，避免来办事的同志来回跑。办公室工作出色，大家就会正面评价党委工作；办公室同志如果工作草率，或者是作风态度生硬粗暴，师生自然会对党委不满意，所以办公室工作与全局工作密切相关。

三是要进一步改进工作作风。党办工作总体上要求比较高，不能出大纰漏，小的纰漏也要少。这里着重强调三个字：第一个是"实"。习近平总书记讲，"谋事要实、创业要实、做人要实"，落在我们党办的工作上，就是要脚踏实地、真抓实干，对党委做出的决策、部署的工作、定下的事情，要紧抓快办，也要避免产生领导不批示，工作就不落实的情况。同时，在抓落实的过程中要创造性地开展工作，在落实中发现问题，提出建议，实现工作效果的最优化。第二个是"勇"。党办岗位特殊、责任重大，要勇于承担责任。工作中要敢于直面问题，在面临重大问题、处于关键时刻之时，冲得出、顶得上。安全稳定、信访等工作都是需要化解矛盾的，这方面工作需要勇于担当。第三个是"细"。办公室工作事务繁杂，细节决定成败，无论办文办会办事，要严谨细致、精益求精，在细节中显示我们的水平和责任心。

最后，我想说，党办工作非常辛苦，加班加点也比较多。我主张最重要的还是要讲求效率，避免事倍功半。党办同志总体上政治觉悟比较高，不讲条件、不求回报，但组织上要多关心、帮助大家排忧解难。希望同志们再接再厉，继续保持这样一种精神状态，使办公室的工作始终高效、高质量地运转。

脚踏实地　与日俱进[*]

（2014 年 9 月 16 日）

学校历来重视对新进教职工进行岗前培训,目的是让大家尽快适应学校环境,熟悉学校的历史变迁,了解学校的政策制度,认同学校的发展理念,融入学校的工作氛围。希望通过岗前培训帮助大家尽快进入角色,使专任教师和专职科研岗位的同志们能够迅速适应教学与科研的要求,使管理、工程、教学科研支撑岗位的同志们也尽快适应工作的节奏。

大家在过去的一周时间里亲身体验了丰富的培训课程。2014 年的培训,人力资源处在时间安排、课程设计等方面都充分考虑了往年教职工岗前培训的反馈信息和改进建议,进一步突出目的性、针对性、有效性、实用性、分类式的培训特色,依照"价值认同、环境熟悉、政策解读、业务培训、经验交流"的程序开展培训,开设了相关课程。特别是 2014年学校的一部分机关部处集中设摊解答大家的疑惑,教学发展中心进一步创新专任教师教学能力提升办法,拓展训练中增加"探索校园"项目,工程实验培训增加消防演习,等等,比往年又更加丰富和实用。相信各位教职工经过这一周的集训,在知识、经验、思想和友谊上都已有所收获。在此也向参与此次培训的全体工作人员表示感谢!借此机会,我想和大家交流两个方面的内容。

首先,想和大家谈谈咱们这所学校,你们选择的上海交通大学。

---

* 本文是 2014 年 9 月 16 日在年度新进教职工岗前培训结业仪式上的讲话。

我是 1977 年岁末考入交大的，当时是"文化大革命"结束之后首次恢复高考，不同年龄层次的同学们都是满怀着激情和梦想来到上海交大求学的。虽然当时入学没有像今天那么多同学，但那种热烈的氛围和内心涌动的青春梦想同样令人刻骨铭心。我亲身经历和感受到了这30 多年来国家的变化、社会的变化和交大的变化。经过坚持不懈的努力和奋斗，上海交大现已成为一所综合性、研究型、国际化的大学，学科门类齐全、大师学者辈出、科研成果卓著、毕业生广受用人单位欢迎，被社会各界和新闻媒体公认为是"发展最快和最具活力的大学"！新的历史时期，作为综合实力稳居国内高校第一方阵的上海交大，承担着率先冲击世界一流大学的历史责任。在座的各位，我们共同承担着这份光荣而艰巨的使命！

从国家层面看，2014 年是全面深化改革的第一年，按照党的十八届三中全会精神，改革的总目标是完善和发展中国特色社会主义制度，推进国家治理体系和治理能力现代化。此次改革很多方面都直接或间接与我们的学科布局、人才培养和科学研究相关。教育部已明确提出，2014 年要落实全面深化教育领域综合改革的要求，加快推进大学治理体系和治理能力的现代化。这对于上海交大，对于在座的每一位都意味着前所未有的发展机遇和挑战！

纵观学校 118 年的历史，交通大学的师生是在饮水思源、为国奉献中发展和成长起来的，也在发展和成长中不断为国家做出不可替代的贡献。交大的命运与祖国共生共荣，在服务国家的事业中，我们曾经大有作为，在如今全面深化教育领域综合改革之际，也继续大有可为！各位在座的新交大人，你们从今天开始也将肩负起这项光荣的使命，它并不遥远和空洞，它是每个交大人为之骄傲的基因和烙印。

为了让大家更好地发展和提升，学校正在不断建立健全促进各类型人员队伍发展的体制机制，通过良好的政策衔接实现各支队伍整体实力的同步提升,互为支撑,共创一流。在以荣誉长聘师资队伍建设为改革重中之重的前提下,我们同时也在研究制定强调有利于专职科研大团队形成,有利于学科交叉发展,有利于支撑队伍和管理队伍发展的政策。

一是我们将进一步推动学科交叉融合。当今世界,学科前沿的重大突破和重大创新成果,大多是多学科交叉、融合的结果。可以说,学科交叉融合是创新的重要源泉,是高校学科发展的必然趋势,在一定程度上影响学校未来的创新能力和竞争力。下一步,学校在人事制度改革中将以推动学科交叉融合作为重要内容,破解其中所涉及的人员聘用、资源配置、薪酬管理等难题,打破学科壁垒,建立开放的、共享的科研体制机制,提高学科融合程度,激发创新活力,提高创新质量,全面提升学校创新能力。

二是我们会关注专职科研队伍建设,跟踪发展速度和发展状态,及时解决发展问题,确保建成一支能够对接国家重大战略和需求、能够支撑学校科研事业发展的富有创新活力的专职科研队伍,并在此过程中逐步凝聚人才,形成若干优秀专职科研大团队。

三是我们将加快工程、实验队伍的建设。在座有 22 位新进入工程实验队伍的老师,学校非常关注、关心大家的发展。现在正在制定工程、实验等教辅队伍的总体规划,对大家的发展通道等进行制度设计,目的就是建设一支科学素养高、操作水平精的技术支撑队伍,为学校发展提供扎实的技术支撑和服务保障。

四是我们将完善管理人员队伍建设机制,在职员素质不断提高、文员队伍逐步建立的基础上,研究如何充分调动各类管理人员的内在活力,保持管理和服务队伍与其他各支队伍的齐头并进。

各位老师来到上海交大,不仅仅是为了有一份自己喜爱的工作,更希望大家成就自己幸福美满的生活,实现人生价值。学校一直关心老师们的工作和生活，相关部处也有很多途径和办法了解大家生活中的一些困难和需求，也一直在尽全力为大家排忧解难。近几年，随着人才引进规模的扩大，我们多方筹措资源，建设教师公寓、向上海市争取公租房、回收改造人才公寓，解决大家特别是年轻人居住的基本需求；我们通过引入社会服务，增加校区间班车、校内巴士、校园与地铁接驳车的班次，解决大家出行的问题；我们加快建设致远游泳健身馆、校内慢跑道等体育锻炼设施，丰富大家的业余生活；我们特别关注教职工子女的入学问题，已经启动将在闵行校区就近建设交大附中闵行分校，把优质的教育资源提供给大家，解决教职工子女入学问题。同时，我们也希望各位老师有一定的耐心，需求总是多样的，资源永远是稀缺的，尤其是优质的教育资源，毕竟大学不是房地产开发商，也不是教育局，可能不能够一下子满足所有人的需求或者所有的需求，但我们一直在不懈努力！请大家相信，只要学校继续保持快速发展，日子一定会一天比一天好的！

一所大学的成长、成熟、兴盛、辉煌，是要靠几代人甚至几十代人不断奋斗和积累起来的。在今天的时代，不进则退、慢进也是退，各位是交大建设世界一流大学的参与者、见证者，唯有将全部的热情和智慧投入其中，方能为自己的人生添上这浓墨重彩的一笔。在不远的将来，在座的每一位同志都可以自豪地说，我亲身见证并参与这所伟大的学校创建世界一流的进程！

其次，今天见到朝气蓬勃、踌躇满志的各位新交大人，我也想对大家提出两点具体的要求。

第一，坚守理想、坚定信念，牢记教书育人的神圣职责。

2014年教师节前，习近平总书记在北京师范大学座谈时，提出好老师的"四有"标准，即要有理想信念、有道德情操、有扎实学识、有仁爱之心，特别把理想信念放在第一位。要有理想信念，就是我们每一位教师和教育工作者,心中要有国家和民族,要明确意识到自己肩负的国家使命和社会责任。

这里特别要强调的是,作为一名人民教师,一定要以"立德树人"为根本使命,把教书育人放在工作的首位。这首先就要求我们每一位教师以身作则地践行社会主义核心价值观。"富强、民主、文明、和谐;自由、平等、公正、法治;爱国、敬业、诚信、友善"这24个字从国家、社会、个人三个层面高度概括了我们做人做事做学问的原则和要求,这是立德树人的导向,也包含了我们办学的方向和价值观。

具体来说,我们要严守教育教学纪律,坚持学术研究无禁区、课堂讲授有纪律的原则。我看今天在座的老师们年龄层次、学历背景、专业方向都不尽相同,有些也已经为人父母,大家对教育都有自己的见解,也会通过与学生的各种交流来传递自己的世界观、人生观和价值观。现在信息资讯很发达,网络、微博、微信很活跃,有很多娱乐信息、励志的信息、心灵鸡汤、好玩的段子、视频等,丰富了我们的资讯,但是也有很多错误、虚假或别有用心的不良信息,或者是混淆视听、模棱两可,抹黑和否定党和国家历史、政策等信息,大家要增强鉴别能力,在学校里,尤其是课堂上要杜绝传播一切有损国家利益、民族精神和不利于学生健康成长的言行。在这一点上,我们绝不能大意,绝不能放松要求!希望大家在教书育人的过程中不断提高自身修养,不断钻研教学方法,为培养高素质的学生而努力工作。

在努力成为"良师"的同时,我们也要争做学生的"益友"和"榜样",这也是教师道德情操和仁爱之心的体现。我们自己在成长过程中遇到过很多老师,其中一定有让我们感到非常敬佩和赞赏的老师,那他们就是我们的榜样,我们也要努力成为像他们那样受人尊敬的老师!古人说"师者,传道、授业、解惑",好老师的教导和关爱足以改变一个学生的人生命运。交大的学生都是同龄人中的佼佼者,2014年交大本科在全国各地的招生排名再创新高,这既是社会给予我们的一种肯定,更是一份沉重的责任!无论今后你们身处什么岗位,在学生看来都是交大的老师,你们的言行举止都在潜移默化地镌刻着学生的心灵。学校提倡"全员育人"的理念,就是要每一位交大的教师医护员工都成为学生可以信赖的师长。为此,大家务必要尊重学生、善待学生、爱护学生,就像对待自己的孩子一样,我想这也是教书育人的最高境界。

第二,脚踏实地,追求卓越。

"人才强校"是学校的主战略。10年前,学校提出并实施这一主战略,通过积极而又稳妥地推进"人才金字塔"建设和"分类发展改革"等多项人事制度改革,全校人才队伍的结构和水平不断得到优化。但学校现在的师资队伍水平与世界一流大学的建设目标之间的差距仍客观存在。党的十八大以来,习近平总书记关于人才工作的重要批示、讲话多达30多次,总书记指出,我们比任何时期都更加渴求人才;要择天下英才而用之,开创人人皆可成才、人人尽展其才的生动局面;要坚持党管人才的基本原则;要真正发挥人才在创新驱动发展战略中的引领作用;要建设规模宏大的高素质人才队伍;要建立人才集聚的体制机制;要大兴识才、爱才、敬才、用才之风。总书记的讲话涉及人才队伍建设中的引进、培养、使用、激励、服务等环节,内容深刻而明确,与当前我校人才队伍建设中面临的各类问题十分契合,具有重要的指导意义。同时,总书记要求上海成为全球有影响力的科技创新中心,也给予我们更大的动力与责任。

当前,随着学校海外高层次人才达到一定的体量,本土人才与海外引进人才"同台竞技,共同发展"成为学校重要的战略决策。2014年,学校提出建立学术荣誉体系和长聘教职体系,是学校高水平师资队伍建设的战略任务和目标,既体现了建设世界一流大学的客观要求,也契合了深化高等教育改革的大趋势。可以说,高校人事制度改革已经呼之欲出。上海交大在人才队伍建设方面是走在前列的，比如，较早启动了高层次人才引进、较明确地提出并实施了师资分类发展改革等。下一步，我们要继续坚持引进与培养并重，不断深化人事制度改革。建设世界一流大学，一定要有世界一流的师资队伍，未来的交大要形成一支以进入长聘教职学术荣誉体系的教师为中坚的师资队伍。在建立学术荣誉体系的具体实践中，首先要打开两扇门，既要有引进国内外一流人才这扇门，也要有让既有的优秀教师进入学术荣誉体系和长聘教职队伍这扇门。既要形成师德高尚、造诣高深的长聘教职队伍，也要形成后劲十足、考核严格的长聘教轨队伍。另外，我们的事业也需要一批从事教育行政工作的管理队伍，从事思政教育的师资力量，以及专注教学或专注科研工作的老师，大家都是学校的宝贵财富，都需要被珍惜和善待。在这一过程中，我希望新交大人传承追求卓越的精神品格，确保高质量地完成各项教学、研究、管理和辅助任务。

　　老师们，你们是学校的新鲜血液，是学校未来发展与建设的重要力量。走进交大门，同为交大人。交大的发展关系到大家的发展，而大家创造的未来就是交大的未来。希望大家秉承交大人"求真务实，努力拼搏，敢为人先，与日俱进"的精神品格，以追求真理为己任，以学术提升与科技创新为目标，以人才培养为重点，把个人的志向与学校的发展结合起来，在各自的工作岗位上志存高远、脚踏实地，不断追求卓越，在创建世界一流大学的宏伟事业中贡献自己的力量，实现自身最大的价值，实现人生的崇高理想。

严以用权　树立忠诚干净担当的新形象[*]

（2015 年 7 月 27 日）

深入开展"三严三实"专题教育是中央从严治党、从严治吏的重要举措。全校党员干部一定要以党的十八大以来党内查处的严重违纪违法案件为反面教材，聚焦严守党的政治纪律和政治规矩，深刻总结反思，吸取教训、引以为戒，真正在思想上、工作上、作风上严起来、实起来。

同志们要保持高度警醒，不断坚定理想信念，严守党的政治纪律和政治规矩，坚决维护党的集中统一，坚决反对腐败，不断增强党性修养。

"严以用权"，就是要坚持按规则、按制度行使权力。这是践行"三严"之要。领导干部与普通党员和广大群众的区别，最突出、最敏感的就在一个"权"字上。秉公用权、依法用权，说起来容易，做起来很难。

各级领导干部在"三严三实"专题教育中要坚持把自己摆进去，紧密联系思想和工作实际，努力形成正确的权力观。要始终坚持权为民所用，把学校改革发展、师生医务员工的利益摆在第一位，而绝不能把个人私利掺杂进去。近年来，党内查处的一些领导干部，都把人民赋予的权力视为个人手中的资本，公权私用，最终走上不归路。有的认为自己劳苦功高，用权力为自己谋点好处理所应当。有的搞"一家两制"，利用其权力影响为配偶、子女乃至亲戚朋友谋取不当利益。有的"有权就任性"，患上了"权力狂妄自大症"，任由私情、私利和私欲支配权力。

---

[*] 本文是 2015 年 7 月 27 日在"三严三实"专题教育第二次专题研讨会上的讲话。

党员领导干部要从思想源头上牢固树立正确权力观,切实处理好公与私、情与法、权与法的关系,时刻要对手中的权力心有所畏、言有所戒、行有所止。

要做到"严以用权",必须不以个人好恶履职用权。要坚持集体领导,发扬民主作风。重大决策必须广泛听取各方面的意见,通过充分的沟通探讨、意见交换、反复酝酿,才能使我们的决策更加科学、更加符合实际情况,更加得到师生医务员工的理解和支持。

不以个人好恶履职用权的关键是要建章立制,完善制度体系,强化制度约束。2014年10月,中共中央办公厅印发《关于坚持和完善普通高等学校党委领导下的校长负责制的实施意见》,进一步规范了高校的治理方式、权力运行机制。从我校校院两级的情况看,总体上是好的,议事、决策的体制机制比较明确和完善。但在某些方面也要防微杜渐。比如,在选人用人上,如何防止投机钻营者得逞,保持良好的风气。又比如,在上下级之间建立正常的同志关系,防止人身依附等庸俗的关系滋生。再比如,在院系班子建设中,个别院长和书记在一定程度上还有"组阁"思想,这不符合我们的干部队伍建设理念和制度安排。另外,有少数领导干部尤其是部门和单位的一把手,还不习惯重大事项由集体决定的制度,热衷于个人说了算。这里面既有少数领导干部在权力观方面的问题,也有管权的制度不完善、不具体、缺监督等问题。我们要抓住这次专题教育的契机,深化综合改革,着力完善现代大学制度,健全管权用权的具体制度规定。

"严以用权"不是缩手缩脚。恰恰相反,"严以用权"必须勇于担当。对于我们党员干部来说,主要体现在三个方面。

第一,是一种无边界的责任意识。为什么是无边界的?学校的综合改革进入深水区,我们出台的很多举措往往是牵一发而动全身。领导干部当然要有明确的分工,我们也是这么做的。但是每位领导干部都要有主动补位的意识，要心系学校发展大局，勇于谋划。每位党员干部必须做到"心中有责"，善谋发展之策、肩挑发展之责。实践证明，发展思路契合实际，就能起到指方向、提信心、聚合力的成效。同时，要矢志推进改革，敢于拍板决策。在面对事关学校改革发展稳定的重大问题面前，我们的领导干部一定要有"明知山有虎、偏向虎山行"的勇气与担当。只要是有利于学校可持续发展的、有利于师生医务员工健康成长的，都应当大胆拍板，积极推动。要有激情干事，领导干部只有身先士卒，充满激情、勇于担当，才能凝聚起师生医务员工的智慧和力量，形成"千斤重担人人挑"的局面。要关心每位师生医务员工的健康成长，善于解决实际问题。要不断优化制度环境和学术生态，努力让每一位教职员工都能找到施展才华的舞台；要不断完善创新人才培养体系，让每一位青年学生都能健康成长成才。

第二，是对标世界一流的进取意识。我们说我们要建设中国特色世界一流大学，中国特色是强调要扎根中国大地，坚持道路自信；世界一流则是强调参与国际竞争，主要办学指标要拿到国际上去比试。我们各个院系所处的发展阶段不同、发展水平也各异，但都不能满足于已经取得的成绩，要有逆水行舟、不进则退的紧迫感，保持开拓进取、力争上游的精神状态。

第三，是勇于牺牲的奉献精神。学校改革发展的任务十分繁重，我们不少领导干部还都有自己的业务，还有自己的团队，没有一点牺牲精神和奉献精神是难以当好发展的领路人的。这种奉献精神要体现在：把学校的事业发展放到学校大局中考虑，而不仅仅是当作自己的一亩三分地。一方面，我们鼓励各级领导干部在推进中国特色世界一流大学的舞台上适度竞争，比拼战略、眼界、智慧和贡献，也当然希望有些学科和领域率先达到世界顶尖水准；另一方面，我们也不得不强调，每一个院系、每一个领域的工作都是学校工作的组成部分，各级领导干部要有这样的大局观。在人才引进、基地建设、学科发展、学生培养等方面要强化协同配合，绝不能各自为政，那样会造成内耗，导致内部恶性竞争和资源浪费。这种奉献精神同时也要体现在：领导干部把自己的岗位经历放到更长的时间段去衡量，而不纠结于眼前几年的得失。我们希望领导干部投入更多的精力到学校的管理中，你在某个岗位的时间也就1~2个任期，时间不会太长，我们希望每位党员干部都能为你的岗位留下一点东西，当然，我们更希望你留下的是利于长远的体制机制方面的创新。领导干部工作业绩好，广大师生医务员工一定不会忘记你，学校也不会忘记你。这种奉献精神还要体现在：利益调整和资源分配的过程中，更加公正无私，要多考虑年轻人的发展，也许他们今天还不是学校的顶梁柱，但学校的未来一定离不开他们；要多考虑那些在历史上曾经为学校做出过贡献的同志，尽管他们现在未必能继续做出大的贡献，但忘记了他们就是忘记历史。

同志们，当前我校综合改革的各项任务已经全面铺开，各级党员干部一定要更加慎重地对待广大师生医务员工的利益和关切，真正做到严以用权、善于用权，努力推进学校改革发展各方面的工作。

强化制度激励　深入推进人才强校主战略 *

（2016 年 6 月 1 日）

我首先向大家通报一件事情：4 月 26 日，我和张杰校长共同给李克强总理写了一封信，主要是汇报交大建校 120 周年纪念活动和学校发展的有关情况，李克强总理于 5 月 18 日，在我校来信上做了重要批示："期待上海交大在建设创新型大学过程中迈出坚实步伐，取得明显成效。"这既是对我校近年来发展成就的肯定，也是对我校未来发展的鼓励与期许。

近期，中央出台了一系列关于人才体制机制改革、推进创新驱动发展战略、扩大高校办学自主权等政策文件，党和国家领导人也在不同场合多次发表重要讲话，都与高等教育改革发展有着密切的关系，与我们学校改革发展息息相关。刚才新立同志已将中央人才工作的有关精神向大家做了传达，人才工作关乎全局、关于长远，创新驱动的实质是人才驱动，总书记明确指示要加快构建具有全球竞争力的人才制度体系，作为冲击世界一流的国内顶尖大学，我们必须更加强烈地意识到深化人才发展体制机制改革的重要性和紧迫性。

今天召开这次会议，目的是及时传达学习习近平总书记重要讲话和中央有关精神，这既是"两学一做"学习教育的明确要求，也是谋划改革、推动学校发展的现实需要。各院系党委要发挥好引领改革、谋划发展的核心作用，书记们必须时刻加强学习，及时把握中央大政方针，

* 本文是 2016 年 6 月 1 日在第二季度书记座谈会上的讲话节选。

以利把握机遇、占得先机。

中央近期的改革举措密集出台，力度空前，国家相关部委、上海市还会陆续出台有关落实文件，我们在贯彻落实的过程中，要着重做好三个方面工作：

一是大力破除制约人才发展的思想障碍和体制机制障碍。我国高等教育在改革开放后的几十年间取得了举世瞩目的发展成就，但同时现代化的高校治理体系和管理制度仍然在不断地探索完善之中，一段时期以来，一些地方、单位用管理党政领导干部的方式管理人才，存在着诸多不适应，也饱受诟病。在这一轮改革中，中央突出强调要着力解决人才管理中行政化、"官本位"的问题。这既是体制机制问题，也是一个思想认识问题。由于一段时期的思维惯性和工作习惯，在高校中普遍存在服务意识不强，尊重人才意识不够，管理服务体系不够精简高效等问题，这既有大环境的原因，也有学校自身的原因。所以，在改革体制机制之前，首先就要破除思想上的障碍。这方面，中央的态度非常明确，本届政府也有强有力的执行力，各机关部门和二级单位的主要领导要有非常清醒的认识，不仅要带头改作风，还要出思路、出举措。梳理体制机制障碍，对可以改进的要尽快改进，需要上级文件支持才能改的要做好充分准备，提前谋划，积极反映，想方设法为人才发展解决问题。

二是强化制度激励，进一步激发人才活力。改革的核心目的是释放活力，既要解放活力，还要激发活力。一方面，我们学校有很好的改革传统和人才强校的战略基础，要把过去的好做法、好经验进一步凝练出来。伴随国家对高等学校办学自主权的进一步下放，学校将更有条件也更有必要推进落实院为实体的改革。另一方面，我们要进一步加大改革力度，释放人才活力，深入推进长聘体系建设，强调同台竞技。加大青年人才的引进与培养力度，重视和用好高端人才。同时，以多元评价手段，引领各支队伍多维发展。加强专职科研与博士后队伍建设。

淡化年度考核，严格聘期评估，强化合同意识。简政放权，逐步扩大授权范围和力度，营造更适合人才成长的环境。

三是加强系统设计，加快构建具有国际竞争力的人才制度。要坚持党管人才，管宏观、管政策、管协调、管服务，加强和改善学校党委对人才工作的宏观管理和政策指导。一所对人才有强烈吸引力和感召力的学校，不是通过一两个引进人才的政策就能够建成的，必须要有系统长远的人才制度设计。例如，前不久我去北美访问，在麻省理工学院等高校做了几场宣讲，发现我们学校在世界顶尖大学中读博士的学生还是比较少（与清华、中科大等相比），这样我们在引进归国人才的时候就不容易有优势，因为自己的学生在学成归国做学术的时候，对母校会更有感情。所以党委提出"学在交大"的口号，要在人才培养阶段加强对人才学术志趣的引导，我们不能单从挖人才的角度做人才工作，要构建孕育人才、吸引人才的生态环境。对人才的吸引力不仅仅体现在高薪酬、优待遇上，当然这是必要的条件，但是还不够，还要切实增强服务人才的主动性、灵活性，构建更加高效、便捷、畅通的管理服务体系，营造更加人性化、贴心式的服务环境。全校上下要形成一种尊重人才、服务人才、争做人才的氛围。这既需要制度建设上的刚性要求，也要有思想文化上的柔性要求，需要一整套体系设计。在中央精神的指导下，学校正在加紧研究制定我校的人才体制机制改革工作指导意见，将以学校党委名义印发。

坚定信念　敢于担当[*]

（2016年6月3日）

第十三期中青班开班，适逢全党开展"两学一做"学习教育，也适逢学校"十三五"开局、双甲子校庆之际，时机良好、意义重要，对我们的学习也提出了更高的要求和期望。首先，我代表学校党委，衷心祝愿本期的学员学有所获、学有所成！

今天主要与大家交流两个问题：一是坚定信念；二是敢于担当。

一、坚定信念，不断增强道路自信

习近平总书记曾提出好干部的"五条标准"，即信念坚定、为民服务、勤政务实、敢于担当、清正廉洁。其中，信念坚定是前提。下面，我想结合自己的人生体验，谈一些体会。

我是1977级交大学子，亲历过"文化大革命"的苦难，也受益于高考制度的恢复。我们这一代人，对于中国的改革开放，有着发自内心的拥护。

回想改革开放之初，全社会都有改革的期待和意愿，尤其是农民和知识分子两个群体最为积极。农民的支持是缘于国家确定实施的联产承包责任制，使广大农民看到了脱贫致富的机会。知识分子的支持首先是源自政治上获得了解放，知识分子成为工人阶级的一部

＊　本文是2016年6月3日在上海交通大学第十三期中青年干部培训班开学典礼上的讲话。

分；其次科学的春天来到了，知识和知识分子恢复了尊严。然而，随着改革开放的推进，部分知识分子对改革的支持度逐步下降。原因之一是他们在改革中经济上的相对获益不多，甚至有人说"拿手术刀的不如拿剃头刀的，搞原子弹的不如卖茶叶蛋的"。原因之二是部分知识分子对外部世界了解越来越多，不仅看到了我们国家与发达国家在经济、科研等诸多方面的巨大差距，而且对西方的社会制度及思想观念产生了不同程度的迷恋。这种情况也直接影响到当时的青年学生价值判断和社会认同。与此同时，整个 20 世纪 80 年代，高校中的思想政治教育比较薄弱，领导体制和指导思想都存在缺陷，由此导致了 1986 年底的大规模学潮和 1989 年春夏之交震惊中外的政治风波。值得庆幸的是，整个 80 年代，我们国家的经济体制改革取得了比较大的进展，社会生产力有了比较大的发展，国家积累了比较强的综合实力。再加上我们的党久经考验，不仅顶住了史无前例的国际压力，而且找到了既坚持四项基本原则，又坚持改革开放的正确道路，尤其是抓住了经济全球化的时代背景，迎来中华民族振兴发展的新时期，中国特色社会主义的道路、理论和制度逐步完善起来。我们用 30 多年的改革发展，以"中国精神""中国力量""中国奇迹"赢得了世界的赞许和尊重。

　　1996 年，交大百年校庆时江泽民学长为我们题词，提出要把交通大学建成世界一流大学，一方面大家很受鼓舞，另外一方面大家内心还是打鼓的，觉得我们离世界一流大学十分遥远。但历史发展的实践证明，领导人确实是高瞻远瞩的。经过 20 多年的努力奋斗，把交大建成世界一流大学的目标已清晰可见。学校各项办学指标快速接近世界一流大学，比如，在最新的英国 QS（Quacquarelli Symonds）排名中，交大已经跻身世界第 70 位；在 ARWU（Academic Ranking of World Universities）排名中，交大已接近百强。在最近更新的 ESI（Essential Science Indicators）数据库学科排名中,交大再获佳绩,工程学实现全球前1‰学科的突破,共17个学科进入全球前1%,4个学科进入全球前1‰。当然,这些排名并不能全面反映一所学校的总体水平,尤其是对本国发展的贡献,但还是有很大的参考价值。我们今天在座的同志要努力提升自己对未来发展趋势的认识和判断,有前瞻意识和全局观念,要对我们的道路和事业有充分的自信。

回顾历史,中国特色社会主义的道路、理论和制度来之不易。立足当下和面向未来,我们更有理由充满自信。很多时候,这种自信不仅来源于我们自身,一些在国际上有影响力的学者、媒体人和政治家,对于中国改革开放历史实践的认识和评论也有许多改变。《历史的未来》是日裔美籍学者弗朗西斯·福山写的一本书,因为看到了中国的崛起,看到了中国模式在处理宏观重大问题上表现出了西方政府不能企及的政治能力,他认为自己20多年前提出的"历史终结论",即西方自由民主制度将作为人类社会政治制度的最终形式,有待进一步推敲。过去十几年中,因为工作的关系,我先后接待过几十位外国国家元首和政府首脑,总体感觉是国外的领导人对于中国所进行的伟大社会实践越来越关注,褒奖与赞扬也是越来越发自其内心的。

"百里不同风,千里不同俗。"一个国家选择何种治理体系,是由这个国家的历史传承、文化传统、经济社会发展水平决定的。现在,全世界都关注中国的发展,关注中国模式,我们有理由比以往更加坚定地走中国特色社会主义道路。

就高等教育而言,就是要探索建设具有中国特色的世界一流大学之路。即便将来我们有一天达到了世界一流大学的水平,也不会放弃中国特色,甚至可以说到了那个时候,我们的中国特色,可能就更加鲜明。到了我们真正成为世界一流大学的时候,可能世界上就会有很多人为了到我们这里学习而选择去学习中文，就像我们为了到世界一流大学学习而学习英文一样。上个月，我访问了哈佛大学和麻省理工学院（MIT）。在访问期间，发生了三件与我们三所学校有关的事。一是在著名的 ACM 全球大学生程序设计大赛中，我校代表队再次战胜了哈佛、MIT 以及清华、北大、复旦、浙大等国内外 120 余支一流高校代表队，并第 6 次荣获该赛事决赛金牌。二是由 16 名 MIT 学生、8 名上海交大学生和 8 名清华大学学生组成的城市设计团队在三校教师的指导下，开始在上海进行实地考察，而后去北京开展项目设计。其研究成果将提交给浦东新区人民政府作为决策参考。三是我校 Bio‐X 中心与哈佛和 MIT 的一个联合中心合作开展精神疾病的研究。这些事表明交大与世界一流大学的交流趋于常态化，也说明交大距离世界一流大学的奋斗目标越来越近了。当然，我们不能盲目乐观，还要清醒地看到存在的差距，坚定地坚持对外开放，不断增强与全球顶尖大学的交流合作。

党的十八大以来，习近平总书记在多次讲话中都强调创新始终是推动一个国家、一个民族向前发展的重要力量。就在本周一（5 月 30 日），全国科技创新大会胜利召开，吹响了建设世界科技强国的号角，开启了推动科技创新的新篇章。

创新驱动的实质是人才驱动。习近平总书记强调要着眼于破除体制机制障碍，向用人主体放权，改革与人才成长规律不适应的管理方式，让人才创新创造活力充分迸发。再结合习近平与知识分子、劳动模范、青年代表的座谈讲话，我们可以感受到：党中央和国家对人才、对知识分子的高度重视和爱护；同时，我们也看到：中央对简政放权、破除障碍、激发创新活力，让各类人才尽其用、得其所的决心！从这一系的讲话和文件中，我们有这样的认识和体会：当前，我们所处的时代是一个广纳英才、鼓励创新的时代，是对人才、对知识充分尊重和包容的时代,也是我们中国大学快速发展的好时代!

二、敢于担当,在创建中国特色世界一流大学的宏伟事业中实现自身价值

百年交大因图强而生,因改革而兴,因人才而盛。这个"人才",既包括我们培养的人才,也包括我们学校自身的教学科研和管理服务人才。站在新的历史起点上,面对我国高等教育发展的新形势,我们更加需要解放思想、尊重人才、激发活力,才能继往开来。培养和选拔优秀的中青年干部,是我们的事业薪火相传的需要,也事关学校创建世界一流大学的战略大计。我们"中青班"选来的同志,都有着比较出色的业绩,在不同的岗位上为交大创建世界一流大学的事业贡献着重要力量。组织上对大家有更高的要求和期许,下面我就中青年干部的成长与发展跟大家分享几点想法。

第一,把握形势,敢于担当。

"不谋全局者,不足谋一域",谋全局的前提就是要认识并掌握内外部的形势。2016年,党中央决定在全体党员中开展"两学一做"学习教育,着力解决党员队伍在思想、组织、作风、纪律等方面存在的问题,推动全面从严治党向基层延伸。

希望大家在"两学一做"教育中努力提高理论修养、政策水平和业务能力,为将来承担更重的发展改革任务做好准备。

在发展改革中难免涉及利益的调整,按照李克强总理的说法:触动利益比触及灵魂还要难。这样的时候我们担当改革重任一定要出于公心。许多的党政工作岗位都涉及一些权力、资源的分配,甚至学术领导岗位上也涉及学术资源的分配。在这个过程中,大家可能有自己的

理想与追求,也希望自己的理想与追求有更多的资源支撑。但是既然作为一个管理者,我们的责任是要秉公用权,不谋私利。这方面讲一讲容易,但做到很难。比如担任领导干部,没有为所在院系、团队争取到相应的利益,好像没尽到自己的责任;或者看到他人为自己的团队争取好处,我是否也应该如法炮制呢? 这类问题,大家今后都会碰到。朱镕基同志在上海市担任市长的时候,常引用的一句话:"吏不畏我严,而畏我廉;民不服我能,而服我公。"虽然他是个既严又能的官员,但是他觉得最能感人的还是廉和公。勇于担当,一定程度上就体现在处理这样一些界限的时候所把握的分寸。

作为学校干部队伍中的生力军和接班人,我们务必要在其位、谋其政、负其责、尽其力。"做人一世,为官一任,要有肝胆,要有担当精神,应该对'为官不为'感到羞耻",习近平总书记的提醒,应当成为每一个我们每个党员干部的座右铭。

第二,处理好三种关系。

一是要处理好"志存高远"与"脚踏实地"的关系。我们的中青年干部大多数都是有理想、有抱负、有奋斗目标的,这本身是好事,是创业奋斗的基础,没有高远的志向就难有成就事业的动力。与此同时,我们也要带着理想沉下去,脚踏实地地开展工作。"十年树木,百年树人",教育、科研工作都有自身的规律,周期长、见效慢,绝非一日之功,有的一年、两年甚至一个任期,都很难见到明显成效。这就要求我们领导干部,既要有干在当下、脚踏实地"摘果子"的创业激情,也要有功在后任、着眼长远"栽树苗"的胸襟气度,以"前人栽树,后人乘凉"的奉献精神,担负起"跑好自己这一棒"的使命,履行好"为下一棒奠基蓄势"的责任,做好"打基础、利长远"的事情。

二是要处理好"快"与"慢"的关系。干部的成长,既要靠自身的努力,也要靠组织培养。这既明确了组织部门在培养干部方面的职能作用,也进一步突出了干部的主体地位。从一定程度上讲,自身的努力是内因,而组织的帮助是外因,外因通过内因来起作用。习近平总书记在全国组织工作会议及有关重要批示中提出:要着眼于党的事业发展需要选人用人,公道对待干部,公平评价干部,公正使用干部,敢于坚持原则,让好干部真正受尊重、受重用,让那些阿谀逢迎、弄虚作假、不干实事、会跑会要的干部真正没市场、受惩戒。有的同志可能发展快一些,有的可能慢一些,这很正常。之前发展快的,将来也许要"补补课";之前发展慢的,最后未必落在后面。不能够因为看见别人进步,就心态失衡,"羡慕嫉妒恨",觉得组织亏欠自己,要时刻保持一颗"平常心",辩证看待职务升迁的快与慢,不计较、不攀比、不埋怨。

三是要处理好"学"与"做"的关系。

同志们都是学校的办学骨干,是教学、科研和管理一线的中坚力量。我认为大家的学习能力没有什么问题,同时到了现在的岗位,说明实践能力也很强。但是怎么样加强学和做的结合,还可以做更多的努力。我们目前非常强调问题导向的学习,针对我们工作中所要解决的问题来开展研究、学习和应用。另外是要善于积累,学习的方式方法有很多,尤其处于现在信息爆炸的时代中,只要想学,没有无法学到的东西,更多的是要立足于日常的学习,立足岗位的学习,在干中学、在学中干;当然我们也会安排一些进修等方式,让大家相对系统地学;还有一种方法就是像现在大家集中一段时间到党校学习。从实践情况来看,这种学习还是很有效果的。我参加的学习不是很多,总共有两次在中央党校的学习,感觉收获颇丰,首先是老师讲得好,其次是同学之间的切磋,让我受益匪浅,最后是安排有针对性的社会实践。党校学习的好处就在这里,有人帮助做些提炼,就会有更好的认识和更大的收获。另外一个是要积极主动地适应新岗位的工作需要,这也是一个良好的学习方法。

第三，希望大家做三种人。

一是政治上的"明白人"。按照"五个必须"、对照"七个有之"、聚焦"忠诚干净担当"严格要求自己，这是衡量"政治上的明白人"的硬指标。二是发展的"带头人"，就是要做党组织的"领头雁"，院系发展的"带头人"，成为"政治思想好、党务强、业务强"的"党建带头人、学术带头人"。三是师生的"贴心人"，要在思想上要有群众意识和作风，不摆架子、打成一片、深入一线，促膝谈心，掏心窝子面对面交流，听意见、听想法、听诉求、交朋友。

另外，希望大家要有应对挫折的平和心态，所谓"月有阴晴圆缺，人有悲欢离合"。我当然衷心祝愿各位在事业和家庭方面诸事如意，但不如意之事往往也会不期而至，关键在于能否正确对待变故，是否能够达观处世，切不要自寻烦恼。我个人觉得"知足常乐"不完全是一个消极的观点，其实是调整自己心态的一种良好的方式，遇到事情往好的方向思考，懂得"塞翁失马，焉知非福"的道理，可能就会更自如地适应变化和需求。

同志们，今日的交大，正处于加速创建中国特色世界一流大学的冲刺阶段。我们的事业发展，需要一大批信念坚定、为民服务、勤政务实、敢于担当、清正廉洁的优秀干部和学术骨干，希望大家加强党性修养和素质提升，为早日把交大建成世界一流大学做出更大的贡献。

打造"进"者悦而尽才
远者望风而慕的人才高地*

（2016 年 7 月 27 日）

　　当前大家普遍认同学校的发展，包括学校人才工作在过去十几年取得的成绩。同时，大家也普遍赞同我们继续实施人才强校战略，普遍关注并且能够比较正确地分析当前人才竞争的态势，普遍地支持学校进一步做好人才工作的主要策略和方案。因此，我们这次会议就不仅局限于统一思想，更要在此基础上立即行动，把有些举措尽快推出来。

　　第一，要提高认识，统一思想，全面领会习近平总书记的人才思想。过去一年多的时间里，大家都注意到习近平总书记关于人才工作做出了一系列重要指示，特别强调"要树立强烈的人才意识，寻觅人才求贤若渴，发现人才如获至宝，举荐人才不拘一格，使用人才各尽其能"。另外，总书记还强调"发展的中国需要更多海外人才，开放的中国欢迎来自世界各地的英才"。他指出一个国家对外开放，必须首先推进人的对外开放，特别是人才的对外开放。与此同时，以习近平同志为核心的党中央对于知识分子、对于中国大学也提出了特殊的期望，要求我们要建设中国特色世界一流大学，"中国特色"和"世界一流"是不可偏废的两个方面。一方面，要按照国际化的标准，不断提升国际竞争力；另一方面，要立足中国国情，为民族振兴和国家发展，为实现中国梦做出高等

---

* 本文是 2016 年 7 月 27 日在 2016 年暑期务虚会上的总结讲话节选。

教育无可取代的重要贡献。这个目标对我们的人才也提出了相应的要求，习近平总书记也很鲜明地提出，要帮助我们的人才了解中国特色社会主义的基本情况，要增强人才对中国特色社会主义基本制度（当然也包括我们中国的高等教育制度）的认同，营造良好环境，增强人才的事业心、归属感、忠诚度。中央对于知识分子抱有极大的期待，在创新发展过程中对高等教育抱有极大的期待。与此同时，对于人才又有很高的要求，要求大家不仅要发挥出自己的学术专长，而且要努力为中国梦的实现做出自己的贡献。

　　第二，把握大势，坚定信心，从容不迫地来调整、优化和推进人才强校的战略及策略。大家在讨论中，对于我们当前人才工作面临的种种困难都有描述。有的讲得也非常具体，我赞同大家居安思危的态度，也赞同及时采取有力措施克服困难。但是从宏观和长远的方面来说，我觉得我们国家在人才供给端上有无可比拟的优势。与二三十年前比较，甚至和十年前、五年前比较，我们今天的人力资源供给都大幅度地在提高。每年有几十万海外留学生归国效力，绝大多数都接受了高等教育，具有博士学位的也不在少数。30年前，我国一年获得博士学位的人数屈指可数，但现在获得博士学位的人数年年创新高。同时，我们国内的一些高校也已经具备了向一流大学供给师资的能力。另外，越来越多的海外学者现在开始考虑到中国来寻求事业发展机会。我去欧洲访问的时候，发现不少教授都很羡慕在中国的发展机会，和我们有不少交流。昨天张校长分享了去日本考察的情况，也是这样，东京大学愿意和我们联合培养博士生，这在以前是不可想象的。所以从总体上看，只要我们国家保持政治稳定、政策得当，国民经济能够继续保持中高速增长，人才短缺总体上就不是我们的障碍。反过来说，这或许正是我们的潜力所在。因此，我感到我们既要高度地重视人才的增量，也要坚持合理适度地不断提高标准。进交大的门槛应该是越来越高的，无论对于海内人才,还是海外人才,要有这种自信。尤其是要避免饥不择食,避免"放到篮子里的都是菜"的情况。我很高兴听到我们有很多学院在进人上还是严格把关,好中选优。总体上来说,我们的标准适度提升是没有问题的。而且在进人上还是要比较慎重,但是进人慎重不等于进人的程序过分冗长,尤其是要减少一些没有必要的审核,或者可以放到后面来补的审核。既然中科大一个星期就能办成一件人才引进事项,交大没理由要三个月,甚至更长时间,导致人才被其他名校横刀夺爱。咱们学校的人才入职程序确实过于复杂,这是大家的共识,那就要立即解决。总的要求是积极、慎重、高效。

总体上看,经过 20 多年的努力,我们学校的综合实力和社会声誉明显提高,已经积累了一批接近世界一流水平的人才,当然这里既有海内外引进的,也有在学校自身发展中培养起来的,总体上我们距离世界一流差得已经不远了。所以我们要进一步优化结构,避免出现同类人才集中引进,结果事业发展的平台相互挤占,造成资源浪费。另外,我们也要考虑未来的新陈代谢问题。前两天和香港科技大学的两位副校长在一起,他们给了我一些忠告。他们问我十年、二十年以后,你们的长聘教职人员怎样继续发挥作用,和未来的中青年师资之间的关系如何处理,这是从他们自己的实践中发现的一个较复杂的问题。

第三,突出重点,综合改革,最大限度地调动和发挥人才的积极性。一个组织够不够优秀,关键就要看在这个组织中成员的活力能不能得到充分激发,并且在组织内形成最大的合力。我们在学生培养上已经提出了"学在交大",增加教育增值,同样对我们的教职工尤其是高层次人才,也有一个如何使他们的能力得到提升,使他们作用溢出最大化的问题。这个问题我们还需要多做努力,和前面的判断是衔接的,总体上来说,我们现在队伍中人才的水平是接近一流,但并不是每一位教授,或者说每个人才都已经能够比较好地发展和提升自己,我觉得这方面还有差距。我曾经在一次会议上跟大家讲过一个例子，我的父亲是新中国诞生前夕从国外回来的，他是搞流体力学的，回来之后就到高校任教。由于"文化大革命"结束之前，我们国家与外部世界是相对隔绝的。他和国内其他学者一样，不太了解国际上本领域有哪些前沿性研究。20世纪70年代末期，改革开放之后，我父亲接待了一位当年在美国求学时的同窗，对方说，他近年来主要是在研究心血管流体力学，我父亲听后感叹不已，深为没有跟上国际学术发展的潮流而痛苦。当然，我们国家当年也不是自己想闭关锁国，客观地讲，西方国家对我们进行了遏制和封锁，我们自己主观上也犯了一些错误。现在在对外开放的背景下，应该说条件比以前好了，但是我们这个组织是不是能够最大限度地发挥人的力量，还是有一些疑问。同样一位长聘教轨老师进到我们学校，十年以后你看他发挥的作用，和他在一个世界顶尖大学中十年后所发挥的作用，能不能够相提并论，甚至好于国外同行呢？这是我们要研究的。清华大学在工程学科上排到世界第一之后，他们自己有一个内部研究，他们觉得和MIT比，一个教授和一个教授比，还是比不过人家的，主要是因为清华大学工程学方面的教授总的数量能够压倒MIT，可能多他们一倍，所以总体实力达到了世界第一。咱们学校也在做同样的研究，我们的工程学科进入了全球万分之一的学科，但这和我们的师资总量相对充裕一点，还是有关系的。一个一个拿出来比，我们也与清华大学类似。当然，为了要最大限度地调动人的积极性，我们就要综合改革。咱们学校是2014年底主动向教育部争取了综合改革。因为我们觉得通过改革有可能使我们的组织优势发挥得更好。总体上看，我们的综合改革平稳推进，已经取得了初步的成效。下一步，还是要将综合改革继续向前推进，尤其要围绕着人事制度改革这样一个中心任务，来把改革工作做得更好。

最近我参加了上海市委的全会和几次常委会，韩正同志对改革的重要性和紧迫性讲得比较到位。韩正同志讲，上海已经到了不改革就不能前进的程度。李克强总理主持国务院会议研究改革时，每一次也都要大声疾呼。但是我们在基层的感觉总还是改革举措落不了地，存在这样或那样的梗阻，这个梗阻是在最前一公里还是在最后一公里，抑或是在中间一公里，情况都不一样。但至少我们要从自身来检查一下，是不是我们自己在推动学校的综合改革方面，还有一点畏首畏尾，还有一点担当不够。像这次会上大家所发表的意见，有一些是对我们职能部门提出的，当然大家提的都有分寸，讲到人力资源工作的时候，还是首先充分肯定大家非常努力，做了极大的贡献，然后顺便再提个意见，总体感觉这样还是能接受的。党委对综合改革的总体要求还是要加大力度，务求实效，不能搞选择性改革、象征性改革、应景式改革。要真正把帮助基层解决问题作为我们改革的重要目标，也是在市委全会上，韩正同志表示浦东新区有一个好的做法，就是浦东新区规定部门办事人员在窗口服务时只能说"Yes"，不能说不给出明确理由的"No"。我觉得要求有些高，但其精神是对的。我在学校里反反复复讲学校的职能部门，包括我和张校长在内要慎用否决权，要慎说"No"。只有按照条文不行，按照情理也不行的问题才能说"No"。而对于按条文不行，但在情理上应该行的事，就不要轻易说"No"，要研究一下有没有别的解决办法，能不能特事特办。就像刚才交流发言中提到的，没有某个证，某个事就办不了。例如，都知道已经是名牌大学教授了，还老在那追着他当时有没有大学毕业证书，有多大的意思呢。当然你说也有可能，真有名牌大学教授没有大学毕业证书的个案，但是这种极个别的现象不应变成制度障碍。总的来讲，包括我个人在内也有习惯说"No"，但是我们大家要有这样强烈的意识，基层的同志给上级领导或部门提意见还是有顾虑的。长此以往，工作的合力就越来越小，组织的作用就越来越小，这种情况真不能小看。我们的职能部门要乐于倾听、锐意改革、勇于担责。我们也应该有免责的机制，如果你不是为了谋求私利，在处理某些问题时对既有规章有所突破，即使最终出了点差错或在上级检查时被发现审批手续不全，学校都会帮你承担一部分责任。但是，你要是不作为，就不能让你在岗位上混，不能耽误我们的事业。

第四，简政放权，院为实体，鼓励和支持各个二级单位的创新实践。院为实体，我们讲的时间已经不短了，现在到了要大规模做的时候。如果之前我们主要做准备，在这之后我们要更加实质性地实施。例如我们的电院，有700多位老师，8 000多名学生，比一般的大学都要大，而且它的优秀师资集中度远远高于一般的大学，有什么事不放心交给它办？学校里有几个学院比较有权，办得都不错，像医学院、密西根学院、高金学院、中欧国际工商学院等。我觉得进一步简政放权是改革的方向。记得20世纪90年代初期，上海的发展进入快车道。上海市委、市政府决定实行两级政府、两级管理的改革，把区县级政府做实、做强。当时的不同意见有很多，委办局的同志认为区县的干部水平低，不熟悉业务。但市委的决心毫不动摇。按时任市长黄菊后来的说法，一天之间上海从1个市长变成了20个市长（当时有19个区县）。市委也将一批年富力强的干部配置到各区县，很快就显示出制度优势。所以我认为，我们在院为实体上要有更大的决心。在学院的学术发展、人才引进、薪酬分配方方面面应该有更大的自主权。在这方面，我们已经并将继续采取有力措施，院长和书记们要做好准备，你们马上要接很多事，比如将长聘体系乃至以下的教职员工的考核以及津贴、补贴的发放，各类人员的进出以及高级职称的评审等，都应以学院的意见为主或作为重要参考。这是符合一流大学治理体制和机制的举措，对提升工作效率、调动基层积极性有战略意义。

第五，综合施策，抓紧落实，把国家和上海市的激励政策及时落实到位。要把学校已经确定的重要措施及时发布出去。在张校长的报告以及其他几位校领导的报告里面,已经比较定性地描述了,是做了功课的。如果说在此之前,我们还不是特别有底,那么这次务虚会后,我们就比较有底了。共识已经很多了,抓紧落实就是了。

总体上看,院为实体的改革符合国际惯例,你去考察一下世界一流大学,校长和校部机关的权力有限,许多校际合作没有相关学院和相关教授的支持是无法落实的。反观我们这里,学院和教授对学校的要求一般都会予以响应。这是我们的制度优势,但并不是最终的状态,最终的状态是学院和教授的主观能动性和积极性得到充分激发,主动对标、对接国际上最高水平的教授团队,共同来开展研究、培养学生。

第六,要坚持辩证思维,不断完善人才工作的制度和机制。大家都感觉到,党的十八大以来,我们党全面从严治党,许多方面的要求明显提高了。这个方向一定会长期坚持,不会松懈。但是也有些许变化,中央在深入调查研究之后,提出不能把高等学校和党政机关相提并论,或者说不能简单地用管党政机关的办法管理高等院校。过去这一年多的时间,大家感觉各种各样的检查特别多,某一些管理规定也是简单参照了党政机关。比如,各级领导干部兼职,只要是党委任命的都不能出去兼职,我们只能按照下级服从上级的原则进行清理,但也实事求是地反映了一些意见。一段时间以后,上级的政策有所调整,对高校干部,尤其是"双肩挑"干部的必要兼职开了通道,我们要正确理解这种调整。全面从严治党不能放松,如果不这样做,不正之风就会泛滥成灾,高校也会受到严重污染。党中央坚持尊重知识,尊重人才,尊重高等教育发展规律,这对我们来说是重大利好,但我们不能因此而放松自律。我们要根据客观规律建立行之有效的制度和规范。目前,我们已经开始综合改革,推出了一些开创性的改革举措,这都需要在探索中不断经受检验。比如我们从 2014 年开始,构建出长聘教职体系的明确框架,2016年开始把既有体系和长聘体系之间优秀的学者进行融合,这是一个在探索中前进的过程，在过程中增加共识。现在看来，大家对于建立长聘体系的看法趋于一致，这也是世界一流大学发展的普遍做法。但我们必须兼顾好建设长聘体系和保留完善既有的师资体系的关系。这确实给我们的操作带来了一些困扰，好在学校上下合力还是很大的，经过反复的讨论，形成了推动两个体系相互打通和衔接的共识和办法，很快就将做出部署。

另外，不少院系的领导也讲到咱们到2020年之前基本上关闭掉常规体系问题，这句话不应被错误地解读。学校的目的是形成一个同台竞技、同轨运行、公平竞争的发展环境。事实上，我们学校的师资中已没有多少所谓的本土人才，大家或长或短都吃过"洋面包"，都具有开展国际交流合作的潜能。但每位教师又各有所长。有的更长于国际学术前沿的研究探索，有的更长于解决我国国民经济社会发展中的重大课题。我去MIT访问时介绍了我们的科研经费，他们很惊讶，因为我们的科研经费不少。其中既有纵向的，也有横向的。习近平总书记在全国创新大会上讲得很全面，一个是讲知识创新，在基础研究领域迎头赶上；另一个是讲技术创新，把论文写在祖国大地上。这两个使命我们都要承担。要坚持知识创新与技术创新并重，争取在祖国大地上多写下几笔上海交大，这是中国特色，也是国家对一流大学的希望和要求。虽然有些解决国家重大需求的成果在国际学术评价包括国际上有影响的大学排行中无法得到充分认可，但我们要认账，要自信。这次我校一批本土优秀教授进入长聘正教授行列，他们的主要贡献不一定都体现在国际上发表了相当分量的论文。这是我们在人才评价上的进步，符合校情国情，也得到了大家的认可。

目前我们的体系处于同轨运行、相互衔接的过程中，创建新体系和改善老体系要并重，所以比较复杂，各位理解起来有点费劲。但大家不要太着急，由简到繁，再由繁到简，这是个螺旋上升的过程，可能再有一年半载,大家就会觉得更清晰,再有个五年至八年我们可能实现基本目标。到那个时候,我们既是国际一流大学,也是国内一流大学,到那个时候,我们一定会觉得今天所做出的努力都是非常值得的!

我们要深刻掌握人才工作的新内涵,重在让各类人才发挥良好作用。面向未来,人才强校主战略既要重视人才引进的"鲶鱼效应",又要重视人事制度改革的"多米诺效应",将人才服务工作和人才引进工作放到同样重要的位置来考虑。学校既要关注学术领军人才,也要关注各方面关键人才。既要继续从海内外按需引进不同年龄段的优秀人才,更要千方百计用好和留住在校的优秀人才,要明确各类人才的职业发展通道,用合理的发展预期引导每个人的发展,营造"'进'者悦而尽才"的良好氛围。

着力构建以人为本的制度和环境,发挥人才强校主战略的优势。具有人文关怀的制度才能对人才产生持续吸引力和凝聚力。要充分研究消化国家和上海市近期推出的一系列人才工作政策举措,及时修订完善学校的相关制度和办法。充分体现信任、尊重和依靠人才的指导思想,让更多人才安于从教、乐于从研、甘于奉献。要切实增强各类人才的归属感、忠诚度、进取心,最大限度地调动各类人才的积极性,切实把人才先发优势转化为可持续发展优势。

继往开来　迈向一流 *

（2017 年 3 月 1 日）

今天是新任校长林忠钦同志第一次在全校干部大会上做报告，大家知道，周四（23 日）中组部、教育部、上海市委领导到上海交大宣布校长任免，由在交大学习工作 40 年的常务副校长林忠钦院士接棒上海交通大学校长，这也是众望所归、水到渠成，我们向忠钦校长表示祝贺。同时，大家心目中阳光、真情的"杰哥"张杰同志也另有任用。党中央、国务院这个决定既是对忠钦同志的充分认可，也体现了中央对学校改革发展的高度肯定，张杰同志担任校长的 10 年是上海交通大学改革发展的关键时期，也是学校历史上发展最好、最快的时期之一。

刚才，忠钦校长代表学校领导班子做了内容丰富的工作总结和部署，并阐释了他对办学治校的一些深刻思考。我都赞同，这个报告与会前发给各位的党委十届五次全会报告——"立德树人谋发展，扎根中国创一流"高度衔接，希望大家认真学习领会，并结合各单位的实际认真地加以落实。

借此机会，我就学校当前和今后一段时期的重要工作，再强调几点意见。

一、继往开来，保持学校发展的良好态势

坦率地说，交大能有今天的发展成就很不容易，我当初在交大求学

---

* 本文是 2017 年 3 月 1 日在春季学期干部大会上的讲话节选。

的时候未曾想过交大能建设成世界一流大学。但今天,我们的底气足了,信心满满,可以说交大从来没有像今天这样接近世界一流大学,也从来没有像今天这样有能力建设世界一流大学。学校能有今天,与历届领导班子高瞻远瞩、精诚团结、抢抓机遇密不可分,从建设闵行新校区到率先跻身"211""985"高校,再到"一流大学"和"一流医学院"的建设,综合性、研究型、国际化大学格局的形成。我们成功的一条宝贵经验就是继往开来,保持学校改革发展的稳定性、连续性和开拓性。3年前,我接棒马德秀书记的时候就是这么想的,今天忠钦同志接棒校长也是如此。实际上,林校长和我对这个问题的认识是高度一致的,他在校长任职大会上做了精彩讲话,主题就是"传承梦想,思源致远"。

学校行政主要负责同志交替是学校的大事,忠钦校长是在我们学校成长起来的,长期担任学校领导班子成员,他从2004年担任副校长至今13年,几乎分管过学校所有领域的工作,学校的很多改革发展他都是重要的参与者、决策者、推动者。因此,这种交替不存在着学校发展理念和举措的重大调整,同志们完全不必左顾右盼、等待观望,要团结带领广大师生医务员工更加凝心聚力,把已经确定的大政方针毫不动摇地坚持下去,保持工作的延续性、稳定性、开拓性。

继往开来,深化人才强校主战略。2016年底,学校党委制定了《上海交通大学关于深入推进人才强校主战略的实施意见》(以下简称《意见》),这是我们相当一段时期人才工作的总遵循,各部门、各院系要推动《意见》落实落地,多措并举,综合施策,形成合力。稳步推进长聘教职体系改革,注重新老体系的平稳过渡和有效衔接。持续推进"多元评价、分类发展"改革,让更多的骨干教职工各尽所能,各得其所。要更加重视青年人才的培养和发展,让更多后起之秀脱颖而出。

蹄疾步稳纵深推进综合改革,投入更大精力抓好改革落实。"稳"是基础、是前提,"进"是目标、是关键。"稳"要做到发展局面稳定,系统风险可控,改革推进有序,政策衔接连贯;"进"要做到瓶颈问题得到破解,关键领域有所突破,内涵发展有新成效,师生满意度有新提升。在既有三大改革任务持续推进的同时,2017 年还要着力探索资源综合配置改革,要优化供给,提高资源管理水平和使用效率。

抢抓机遇,全面实施"双一流"建设。2017 年 1 月底,教育部、财政部和国家发展改革委联合印发了《统筹推进世界一流大学和一流学科建设实施办法(暂行)》,标志着"双一流"高校遴选工作正式启动,"双一流"建设全面推开。全校要高度重视,科学布局,系统谋划,深入分析,扎实做好"双一流"建设的有关工作,抢占发展先机和有利位置。要争取跻身第一批建设高校前列,牢牢抓住学科建设这个龙头,以一流学科建设带动一流大学整体建设。要注重统筹"双一流"建设与综合改革,要注重以学科为基础。持续提升创新能力,着力打造学科领域高峰,扎实推进李政道研究所、中国城市治理研究院等一批面向世界前沿和对接国家战略需求的研究平台以及交叉学科平台、智库平台建设,加强理工融合,进一步提升创新型工科,积极建设具有中国特色、交大特点的哲学社会科学体系。

二、立德树人,深入贯彻落实全国思政工作会议精神

习近平总书记在全国高校思想政治工作会议上的重要讲话深刻回答了事关我国高等教育事业发展的一系列重大问题,是指导新形势下高校思想政治工作的纲领性文件,对于办好中国特色社会主义大学具有重大而深远的意义。

2017 年寒假务虚会,主要围绕贯彻落实高校思想政治工作会议精神展开研讨。会前各位副职校领导及相关部门分别围绕 31 号文中提炼的 12 项重点条目做了充分的调研和准备,会上每位副职校领导均围

绕某一方面做了主旨报告,内容涉及教材管理、教师思政工作、思政工作队伍、将立德树人贯穿人才培养全过程、中外合作办学中的党建工作等。全委会、党务专题会议也做了相关部署,接下来关键是要扎实落实。

一是要以社会主义核心价值观为引领。把坚定"四个自信"融入人才培养全过程,以"真信"赢得"自信"、以"真懂"促进"真用",加强全校师生医务员工对中国特色大学制度的理解与认同。二是要以学生的健康成长为中心。认真研究学生特点,把握学生成长规律,真诚地突出学生主体地位,更加重视因材施教。三是要以教育教学质量提升为目标。把教书育人作为教师的首要职责,把人才培养质量作为学校的办学生命线,深入推进"学在交大",切实提升"教育增值"。四是要以贯穿人才培养全过程的各个育人环节为抓手。发挥各类课堂育人作用,丰富实践和文化育人的内容,掌控网络育人阵地,提高服务育人的意识。

三、以正确的态度迎接中央巡视

再过几天,中央巡视组将进驻我校开展集中巡视。本轮巡视是十八届中央委员会任期内的最后一轮巡视,以往的几轮巡视都是利剑高悬,这一次也不会轻描淡写;党的十九大将于2017年秋季召开,这一背景下本轮巡视具有特殊的政治意义;本轮巡视对29所中管高校同批次集中巡视,在高校百舸争流的态势下必然会引起方方面面的比较和关注;2017年是"双一流"建设方案实施的关键年,巡视结果对"双一流"建设也会产生一定影响。因此,我们要以良好的政治态度迎接中央巡视工作:

一是要在思想上高度重视。中央巡视是政治巡视,接受中央巡视是一项政治任务，要从思想上、行动上切实提高认识。春季学期刚刚开始，大家手头的工作比较多，但一定要把迎接中央巡视作为重中之重，认真接受为期两个月的巡视。这既是完成党中央一届任期巡视全覆盖目标的政治任务，也是对学校全面从严治党工作的一次最严格的"体检"；是对贯彻执行党中央指示精神，特别是全面从严治党战略在各单位落实情况的集中检验。我们都要切实提高认识，深刻领会政治巡视的深刻意义，站在政治高度上真心诚意接受巡视监督检查。

二是要以平和的心态来看待巡视。我们将要接受的是十八届中央第十二轮巡视，也可能是党的十九大之前的最后一轮巡视。从之前的十一轮巡视中，大家也都能看到中央意在发挥巡视利剑作用的决心。因此，随着全面从严治党的不断深入和强化，巡视监督的内容和形式也在拓展和创新，此次巡视的要求只会更严、更高。习近平总书记在2013年就讲过"巡视工作就是要发现和反映问题"，对这一点我们要有清醒的认识。前期，通过群众路线教育实践活动、"三严三实"专题教育活动以及"两学一做"学习教育等，各单位都按照中央要求查找出了一些问题并着手整改，一些重点领域的自查自纠工作也紧锣密鼓地开展起来，这些工作都是有所成效的。虽然之前做了比较充分的准备工作，未巡先改、自查自纠也进行了一段时间，但全面从严治党永远在路上，没有最好只有更好。我们不能害怕被巡视出问题，因为肯定会有一些问题存在，但只要不是明知故犯，那完全可以坦坦荡荡。即使真的因为一些问题受到了调查甚至处分，按照现在的纪律和规矩，也完全可以通过更加认真投入地工作和严于律己的实践来消除这些影响，学校也会正确看待这些情况（处分）。希望大家要有正确的认识，要以巡促建，把接受巡视的过程变成发现问题、查找差距的过程，变成加强管理、完善制度的过程，变成凝心聚力、加快发展的过程。

三是要以积极的姿态来迎接巡视。虽然巡视工作有一条重要原则,就是不影响被巡视单位正常的业务运行和工作开展,但我们还是要充分重视巡视工作的特殊性,保持在未巡先改阶段的积极性,对巡视中的谈话环节、调研环节、现场检查环节等做好充分的准备。一方面,要把学校、院系近年来的良好发展态势和党委管党治党、办学治校的成果充分展示出来;另一方面,也要对潜在的问题和风险有十足的把握,不怕揭短亮丑,就怕遮遮掩掩,反而弄巧成拙。习近平总书记讲过"能不能正确对待、自觉接受党和人民监督,是衡量领导干部党性修养水平的一个重要尺度",巡视的过程是帮助我们体检诊断的过程,能够让我们更加健康地发展。因此在具体工作中,大家务必积极配合巡视,发现问题及时与党政办、纪委、组织部、宣传部等相关部门沟通,对一些明确存在和发现的问题,能整改的要即知即改、立行立改;短时间不能完成整改的,要有整改责任人和时间表。中央巡视期间,院系各级领导班子成员特别要以身作则,全职到岗,多到教学科研一线走走看看,多与师生员工交流沟通。书记要负起责任来,但院长绝不能置身事外。在对党政联席会议等重要制度建设查缺补漏的基础上,安排好党内政治生活的有序开展,形成一些基层管党治党的有效做法和有益经验,今后加以推广和实践。

四是要以诚恳的表态来回应巡视。中央强调"要切实运用好巡视成果,巡视监督具有催化剂作用、强化作用,对制度框架是否有效运转、对一把手是否认真履责、对纪检机构是否有效工作,都能起到点睛作用"。对巡视组提出的整改意见,要认真研究、即知即改、逐项落实,做到条条有整改、件件有着落。关系到院系的反馈意见,我们书记要带领班子高度重视、及时研究、形成工作方案、落实责任人、适时总结汇报。巡视不是走过场,巡视还有"回头看",巡视所形成的震慑作用要形成长效。因此,院系党政领导都要以高度的政治意识、责任感和事业心来对待巡视反馈的意见,并以此为契机加强制度化规范化建设,让制度更好地管权、管事、管人，为学校和全院师生员工扛起责任来。

　　总体上，希望大家能以正确的态度来对待这次巡视工作，调整好自己的心态、姿态、表态，并且贯彻落实到行动中。同时，也把今天我们会上的精神传达到各院系领导班子成员和其他负责同志，鼓励和督促大家在接下来的一段时间内加倍认真工作，谋划在前、统筹在前，完成好各项目标任务，为全年打下一个良好的基础。

　　同志们，2017年是党和国家历史上具有特殊重要意义的一年，是学校改革发展进程中举足轻重的一年，是"双一流"建设的关键年，让我们紧密团结在以习近平同志为核心的党中央周围，立德树人谋发展，扎根中国创一流，以优异的成绩迎接党的十九大胜利召开！

立德树人　扎根交大　争做"四有"好老师[*]

立德树人　扎根交大　争做"四有"好老师 *

（2017 年 7 月 12 日）

2016 年 12 月，中央召开了全国高校思想政治工作会议，习近平总书记在会上做了重要讲话。这是中国高等教育发展历史上具有里程碑意义的会议。今天，我侧重围绕学习领会、贯彻落实中央精神，以"立德树人 扎根交大　争做'四有'好老师"为主题和大家交流以下方面的想法。

一、深刻领会习近平总书记在全国高校思想政治工作会议上的讲话精神

在全国高校思想政治工作会上，习近平总书记对办好中国特色社会主义大学提出了明确要求，指明了高校思想政治工作关系高校培养什么样的人、如何培养人以及为谁培养人的根本问题。今天，我跟大家一起重温其中的若干重要论述。

高等教育发展水平是一个国家发展水平和发展潜力的重要标志。实现中华民族伟大复兴，教育的地位和作用不可忽视。我们对高等教育的需要比以往任何时候都更加迫切，对科学知识和卓越人才的渴求比以往任何时候都更加强烈。党中央做出加快建设世界一流大学和一流学科的战略决策，就是要提高我国高等教育发展水平，增强国家核心竞争力。

只有培养出一流人才的高校，才能够成为世界一流大学。办好我

---

* 本文是 2017 年 7 月 12 日在年度新进教师培训班上的报告节选。

国高校,办出世界一流大学,必须牢牢抓住全面提高人才培养能力这个核心点,并以此来带动高校其他工作。

我国有独特的历史、独特的文化、独特的国情,决定了我国必须走自己的高等教育发展道路,扎实办好中国特色社会主义高校。我们要扎根中国、融通中外,立足时代、面向未来,坚定不移走自己的路。扎根中国大地办高等教育同建设世界一流大学是统一的,只有扎根中国才能更好地走向世界。

每一代青年都有自己的际遇。现在高校学生大多是"95后",再过两年,新世纪出生的青少年也将走进高校校园。他们朝气蓬勃、好学上进、视野宽广、开放自信,是可爱、可信、可为的一代。对当代高校学生,党和人民充分信任、寄予厚望。

在历史和人民的选择中,马克思主义成为我们立党立国的根本指导思想,也成为我们高校的鲜亮底色。要下大决心培养一批立场坚定、功底扎实、经验丰富的马克思主义学者,特别是要培养一大批青年马克思主义者。在马克思主义指导下,应该提倡各种学术思想和学术流派切磋交流,提倡对各种思想文化广纳博鉴,形成百花齐放、百家争鸣、创新发展的生动局面。

我们强调学校教育、育人为本,德智体美、德育为先,就是说高校要成为锻造优秀青年的大熔炉。要把社会主义核心价值观贯穿于高校办学育人全过程,用社会主义核心价值观引领知识教育、引领师德建设,加强中华优秀传统文化和革命文化、社会主义先进文化教育,加强党史、国史、改革开放史、社会主义发展史教育,引导广大师生做社会主义核心价值观的坚定信仰者、积极传播者、模范践行者。

一所高校的校风和学风,犹如阳光和空气决定万物生长一样,直接影响着学生的学习成长。好的校风和学风,能够为学生学习成长营造好氛围,创造好生态,思想政治工作就能润物无声给学生以人生启迪、智慧光芒、精神力量。教师要精心从教、学生要精心学习,通过学问提升境界,通过读书学习升华气质,以学养人、治心养性。学习是学生的主要任务,学习过程也是学生锤炼心志的过程,学生的不少品行要在学习中形成。好校风、好学风来自师生的共同努力,而其基础在于学校办学方向和治理水平。

青年一代有理想、有担当,国家就有前途,民族就有希望。今天高校学生的人生黄金期,同"两个一百年"奋斗目标的实现完全吻合。亲自参与这个伟大历史进程,实现几代中国人的夙愿,实乃人生之大幸。当代学生建功立业的舞台空前广阔,梦想成真的前景无限光明。正确认识时代责任和历史使命,用中国梦激扬青春梦,为学生点亮理想的灯、照亮前行的路,激励学生自觉把个人的理想追求融入国家和民族的事业中,勇做走在时代前列的奋进者、开拓者;正确认识远大抱负和脚踏实地,珍惜韶华、脚踏实地,把远大抱负落实到实际行动中,让勤奋学习成为青春飞扬的动力,让增长本领成为青春搏击的能量。

高校思想政治工作实际上是一个解疑释惑的过程,宏观上是回答培养什么人、怎样培养人、为谁培养人的问题,微观上是为学生解答人生应该在哪用力、对谁用情、如何用心、做什么样的人的过程,要及时回应学生在学习生活、社会实践乃至影视剧作品、社会舆论热议中所遇到的真实困惑。提升思想政治教育的亲和力和针对性,满足学生成长发展需求和期待,是新形势下提高高校思想政治工作时效性的关键。

要注重文化浸润、感染、熏陶,既要重视显性教育,也要重视潜移默化的隐性教育,实现入芝兰之室久而自芳的效果。青年要成长为国家栋梁之材,既要读万卷书,又要行万里路。高校学生支教、送知识下乡、志愿行动等活动,都展现了学生的风貌和服务社会、报效祖国的情怀。许多学生正是在这样的社会实践和社会活动中树立了对人民的感情、对社会的责任、对国家的忠诚。

做好高校思想政治工作，要因事而化、因时而进、因势而新。要遵循思想政治工作规律，遵循教书育人规律，遵循学生成长规律，不断提高工作能力和水平。

教师做的是传播知识、传播思想、传播真理的工作，是塑造灵魂、塑造生命、塑造人的工作。教师不能只做传授书本知识的教书匠，而要成为塑造学生品格、品行、品味的"大先生"。教师教给学生的知识，多年以后可能会过时，可能会遗忘，但教给学生为人处世的道理则是学生一生的财富，会让他们终生难忘。教师要成为学生做人的镜子，以身作则、率先垂范，以高尚的人格魅力赢得学生的敬仰，以模范的言行举止为学生树立榜样，把真善美的种子不断播撒到学生心中。

高校思想政治工作队伍兢兢业业、甘于奉献、奋发有为，为高等教育事业发展作出了重要贡献。实践证明，这是一支不可或缺的队伍，也是一支值得信赖的队伍。各级党委、政府和高校要像关心教学科研骨干的成长一样关心思想政治工作队伍的成长，使他们工作有条件、干事有平台、待遇有保障、发展有空间，最大限度地调动他们的积极性、主动性、创造性。

以上重要观点和论述对我们贯彻落实全国高校思想政治工作会议精神具有重要的指导作用。除此之外，习近平总书记还有许多关于科技创新工作、人才工作、知识分子工作的重要讲话，都充分体现了习近平总书记治国理政新理念新思想新战略。大家要结合这一系列重要讲话精神，加强对高校思政工作会议精神的学习领会，学深悟透、学思践悟。这就是我今天讲的第一部分。

二、在创建中国特色世界一流大学的宏伟事业中实现人生价值

各位学员，你们已经是交大大家庭里光荣的一员，未来的日子，我

们将携手共进，工作在交大、奋斗在交大、成就在交大、情怀在交大。今天借此机会，向各位提几点希望。

（一）坚定理想信念，牢固树立对中国特色社会主义的道路自信、理论自信、制度自信、文化自信

理想指引人生方向，信念决定人生成败。党的十八大以来，以习近平同志为核心的党中央举旗定向、励精图治、迎难而上，带领全党全国人民开辟了治国理政新境界。五年来，我们做了许多过去认为做不到的事，解决了许多曾经认为解决不了的问题。在党的坚强领导下，中华民族伟大复兴势不可挡。

作为中管高校党委书记，我有幸多次现场聆听习近平总书记的报告，在报告中，总书记经常谈到坚定理想信念问题。总书记讲到，在改革开放之初，国门一打开，看到外面有一个与我们头脑想象完全不同的世界时，大家有点懵了，信念不那么坚定了，这个并不奇怪，但今天随着我们中国特色社会主义事业沿着改革开放的道路走了将近 40 年，我们有理由更加坚定对我们制度的自信，这个要求并不过高，这个要求也有它坚实的现实基础。所以，坚定理想信念首先就要体现在建立起对中国特色社会主义的道路自信、理论自信、制度自信、文化自信。我们高等教育工作者要坚持不忘初心、继续前进。在创建世界一流大学的征程中，全面加强党对高校的领导，坚持扎根中国大地办大学，坚持以开放包容的心态推进人才强校和国际交流合作，自信从容，彰显风范。

（二）做好"立德树人、教书育人"的本分

"立德树人、教书育人"是高校教师的本分，要以德立身、以德立学、以德施教，坚持"四个相统一"（即总书记在全国高校思政工作会议上指出，教师要坚持教书和育人相统一，坚持言传和身教相统一，坚持潜心问道和关注社会相统一，坚持学术自由和学术规范相统一）。我们今天在座有学术新人，也有教学新秀，也有思政、管理、教辅等各类岗位的老师，但"立德树人、教书育人"是大家的首要职责。交大究竟是不是世界一流大学，归根到底要看我们能不能培养出世界一流人才。在你们中间，有的很快就将成为硕士生导师、博士生导师，能不能通过你们的努力，使得你们的学生超越你们，从而站在更高的学术高峰上，这的确是对你们师德的最大检验。作为教育工作者，要把能教出比自己更强的学生作为使命。

有的老师把自己培养的学生当成自己科研上的主要助手，这个本身没有错，让学生参与科研活动之中，得到了真刀真枪的培养锻炼，对学生的成长很有好处。但你如果把学生单纯当成一个助手，你就难以实现让学生超越你自己。同样是四年学习，比如说读博士，你有没有能力并且舍不舍得把自己的学生送到世界上本领域中最好的大学或者教授那里去工作一年？这一年他可能对你本人的科研没有什么贡献，甚至你还要帮他提供一些经费，但是他将来就更有可能超越你。有多少同志有这样的胸怀，做出这样的努力呢？当然，学校也要在政策上对做出这种选择的好老师给予必要的鼓励和支持。

全国高校思想政治工作会议之后，经过 4 个月的酝酿和准备，学校在 2017 年 4 月 12 日召开了"立德树人、教书育人"部署推进会，在广大师生中产生了强烈反响。学校已经决定把"立德树人、教书育人"作为教师考核评价的重中之重，每一位教师在考核评聘过程中都要首先回答在教书育人上做了什么，这个可能是我们原来比较缺失的。学校要出实招、动真格，让在人才培养上贡献突出的教师在职称晋升、获奖评优、年度考核和薪酬待遇方面得到更多尊重和肯定。最近我们调整了学校奖励体系，核心是要树立教书育人的鲜明导向，我们建立了教书育人、科研成果和管理服务三大奖励体系。新设立的"教书育人奖"现在正在评选，主要是奖励奋斗在育人一线的各类教师，将思想引领和师德师风评价放在首位,大力弘扬教书育人是交大教师第一职责的导向。教书育人奖的奖励力度和强度与科研奖励相当,奖励结果将作为教师专业技术职务晋升、职级晋升、长聘体系与荣誉体系评聘、个人职业发展等方面的重要条件和依据,着力解决"重科研、轻教学"的问题。我们希望在座的同志,能够领会好学校党委的要求,在各自的岗位上为"立德树人、教书育人"做出自己的贡献。

在教书育人的过程中,老师们还要注重做好大学生思想政治工作。当前,我们既要从容自信地看待青年大学生的思想政治状况,又要旗帜鲜明地长期坚守大学生思想政治教育阵地,切实把价值引领贯穿于教育教学全过程和各环节。在育人格局上,我们现在提出要"七育人",就是形成教书育人、科研育人、实践育人、管理育人、服务育人、文化育人、组织育人,而且要形成长效机制。习近平总书记提出,对于课堂主渠道,每门课程都要守好一段渠、种好责任田。而且他说最好要精准滴灌,不要大水漫灌。要俯下身子、放下架子,走进学生、亲近学生、欣赏学生,努力提高思想政治教育的亲和力和针对性,找准切入点和共鸣点,把思想政治教育融入学生的学习科研、社会实践和服务保障等日常工作生活中去。

(三)不断提升能力素质,做有理想信念、有道德情操、有扎实知识、有仁爱之心的好老师

2014 年教师节前夕,习近平总书记在北京师范大学发表讲话时强调,教师要做"有理想信念、有道德情操、有扎实知识、有仁爱之心"的好老师。总书记的讲话,为提升教师素质、加强教师队伍建设指明了方向。所谓"学高为师",指的就是教师应在学识上高人一等。面对当今信息化时代,经济快速发展、社会日益多元、各种新知识不断涌现,做一名好老师确实压力不小,必须具备扎实的学识,努力提升自身的学识魅力,这样才能满足学生的求知欲,促进学生的学习发展和自身的专业成长。上海交大的学生是全中国乃至全世界最聪明、最优秀的学生群体之一，让这些孩子在学识上"吃得饱、吃得好"，挑战很大，但我们的教师必须义无反顾、全力以赴。教育是塑造人心灵的伟大事业，是一项"仁而爱人"的事业。希望大家努力提升理论素养和业务素质，早日成为教学名师、学术领军者以及科研、思政和管理服务的骨干。

同志们，今天的中国，正处在百年未有的大变革中。今日的交大，也正处在加速创建中国特色世界一流大学的征程之中。所谓"芳林新叶催陈叶，流水前波让后波"，新老交替是自然规律，也是我们事业继往开来的必然要求。一代人有一代人的使命，一代人更要有一代人的作为和贡献。

举全校之力吸引和培育优秀人才 *

（2019 年 7 月 10 日）

我校"尊重人才、爱惜人才、服务人才"氛围浓厚，在人事制度、人才队伍建设方面进行了有益的改革与实践，在人才强校工作上取得了实实在在的成效，也一直与国家的人才战略"同频共振"，这些都离不开全校上下、各个部门、各个院系对人才工作的高度重视，也离不开来自各位办学骨干、教学科研、管理服务一线老师们的共同努力。在此，我代表学校党委向大家表示衷心的感谢！借今天的机会，我再简要谈几点意见。

一、将人才引育的危机感、紧迫感转化为强大的工作动力，以更高的站位谋划推进人才工作

"千秋基业，人才为先"，我们比历史上任何时期都更加渴求人才。党的十八大以来，以习近平同志为核心的党中央对人才工作高度重视，陆续出台了一系列激发人才创新活力的重大政策。大家都切身感受到，信任、尊重、依靠知识分子和人才的浓厚氛围以及干事创业的大好机遇。拿我们学校来讲，做好人才工作是上海交大完成党和国家赋予的职责使命的必备前提和根本保障，也是"双一流"建设的重要内容，需要广大干部和教师集思广益、群策群力。

* 本文是 2019 年 7 月 10 日在上海交通大学人才工作会议上的讲话节选。

我们经常讲，交大是"因人才而盛"的。只有人才势头好，学校发展的势头才会好。我们要深刻把握党和国家事业发展的战略大势，上海改革开放再出发和长江三角洲区域一体化发展的战略机遇，学校"双一流"建设的战略任务，增强做好新时代人才工作的定力和自信。与此同时，尤其要增强人才引育的紧迫感和危机感。目前，我校的人才申报成功率在C9高校中偏低，冲击"杰青""长江"的人才储备不足，学术舞台活跃的人数不多，这反映出我校高层次人才的竞争优势存在被削弱的可能。这些问题不抓紧解决，不仅与清华、北大的差距会越来越大，而且会被其他兄弟高校逼得很紧。特别是有的院系在人才引育的显性成果上处于"零贡献""零收获"状态，值得我们深思。尽管大家都很努力，但长期收效甚微总是问题，要认真分析原因。从学校方面看，要加强人才工作的系统设计和整体布局，将高水平的人才引育作为学校各项工作的重要落脚点，举全校之力吸引和培育人才，加强组织协调和资源保障。

二、坚持"量质并举、以质为先"，打造悦而尽才、人尽其才的人才队伍和环境氛围

既要扩大高层次人才规模，更要提高质量。引进和培育有机结合，解放思想、开放包容、以用为本、强化贡献，既注重高层次人才的引进，又注重在校人才的培育、支持与发展。以学科为"靶向"，按需设岗、精准引进。牢牢跟学科建设结合起来，一体化设计整体推进，需要念什么"经"就引进什么样的"和尚"。

人才队伍状况是学校和学院事业兴旺发达的"晴雨表"。要充分发挥和落实院系引才、育才、用才的主体作用和主体责任。这既是院系的权力，也是院系的责任。总体而言，各学院在人才引育方面的主动性和

积极性还不够高,成效不够显著。不平衡的状况也较为突出。学校人才工作做得好不好,关键在学院;学院人才工作做得好不好,关键看院长、书记、学科带头人的眼界、气度、胸怀和能量,依靠领导班子的团结配合,依靠充分发挥教职员工的积极作用。各职能部门和院系要进一步明确和优化人才引育的顶层设计、责任体系、考核指标、绩效激励,全力营造尊重人才、爱护人才、服务人才、成就人才的良好发展生态。

各个学院、职能部门都要把识才的慧眼、容人的雅量、爱才的诚意具体体现在每一个细微环节,在全校形成敬一贤人而群贤毕至、相一良马而万马奔腾的良性效应。宽容包容人才个性,不求全责备,让"急人才之所急,想人才之所想"成为工作常态和共同的行动。不仅要照顾当下,解决好人才的"燃眉之急",更要着眼长远,使人才没有"后顾之忧",真正营造出请得来、留得下、干得好的人才发展环境。

我们要有这样的意愿,让海归师资二三十年后,既以自己为祖国的教育事业贡献了力量而自豪,也为自己的学术能力不逊色于在海外名校工作的同行而欣慰。校院两级领导和各办学骨干都要有这样的胸怀和雅量,求贤若渴,礼贤下士,为发掘人才甘为人梯。要形成以老带新、薪火相传、人才辈出的良好氛围和局面,让优秀的人才培养更优秀的人才,为搭建人才梯队、造就青年成才做出更大的贡献。

三、切实发挥人才作用,把人才优势转化为育人优势

充分发挥党组织在人才工作中的领导作用,贯彻好党管人才的原则,为人才队伍建设和人事制度改革保驾护航,加强思想引领,培养习近平总书记提出的"四有"好老师,把人才优势转化为育人优势。

人才培养、科学研究、社会服务和文化传承创新作为高校的基本功能,这几者之间有着内在的逻辑关系,不是此消彼长,而是相辅相成的

关系。人才培养是高校的根本，而人才培养关键也要依靠人才。没有高水平的师资队伍，没有高水平的学术研究，高校的人才培养工作就是无根之木、无源之水。

教书育人、人才培养，一方面是大学教师的应尽责任与根本任务；另一方面，能否讲好一门学科的基础课、专业课或者上好一门实验课，以及指导学生的科研探索、创新实践，既是检验教师自身理论基础、学问修养的"试金石"，也是促进其深化理论认知、提升学养水平的"磨刀石"。一位好的大学教授、科研骨干，应该不仅仅只局限于自己研究方向上的知识创造、技术革新，还应该对本学科的基础理论脉络有足够的掌握，对学科的整体发展方向、未来趋势有足够的洞见，为青年学子展示出学术研究道路和行业领域发展上更多的可能性和预见性，激发他们的学术兴趣、专业情怀，并以培养超越自己的学生这样一种博大胸襟和人格魅力，来引领青年一代的健康成长、全面发展。

学校和学院都要更加公正地评价、更大力度地支持各类教师在教育教学与人才培养方面的投入与贡献，要从评价机制、激励机制方面进一步完善制度设计，为将我们的人才优势真正转化为育人优势创造条件。

同志们，"进"者悦而尽才，远者望风而慕。让我们凝心聚力，以更高的站位、更宽的视野、更实的举措尊重人才、培养人才、成就人才，为早日建成中国特色世界一流大学做出新的更大贡献！

加强一流师资队伍建设
着力解决人才引育的关键问题 *

（2019 年 11 月 18 日）

为深入推进"不忘初心、牢记使命"主题教育,坚持围绕中心、服务大局,把开展主题教育与学校中心工作有机结合,切实履行为党育人、为国育才的政治责任,落实为民服务解难题的目标,进一步把主题教育抓实抓好抓出成效,根据党委的安排,我围绕教职工集中关注、亟待研究和解决的一些关键问题,通过有针对性的座谈交流等方式,广泛听取了各相关方面的意见。

一、调研情况概述

近期,在相关同志的配合下,我以不同方式收集到一些意见和建议,覆盖了学校多个方面的工作,经过梳理和归并,主要有 4 个方面 20 余条意见和建议。

在教师队伍建设方面,马克思主义学院教师队伍建设亟待加强;对于高层次人才引进和发挥作用的办法还不够多;对海归教师的政治引领工作仍需加强;学校在想方设法解决教师子女基础教育问题上还应继续努力;教师考核评价体系还需进一步优化;青年教师在引进和发展

---

* 本文是 2019 年 11 月 18 日在上海交通大学"不忘初心、牢记使命"主题教育调研成果交流会上的报告节选。

期面临住房困难、考核压力大等瓶颈问题希望有新突破；师德师风建设要有更加具体的制度化举措；等等。

在人才培养方面，发挥第一课堂对学生价值引领的作用强调不够；思政课排课还不够合理，教学班规模过大；把握学生成长关键期，做好生涯导航工作尚需努力；要更加重视工程伦理课程建设；改善教学设施和育人要注意听取学院和一线教师的意见；等等。

在学科建设方面，要进一步科学规划人文和社会科学学科的发展路径；加强学科交叉平台的建设；要进一步凸显文科对服务国家和社会发展的咨政建言作用；要加强大学文化建设；等等。

在管理服务方面，希望学校的信息化建设要有统一规划和集成平台；学校管理部门存在多头管理、职能交叉的现象；希望实验楼和网站的管理更加科学有序；等等。

经过进一步梳理分析，上述意见都有一定的参考价值，其中大部分问题可由学校相关部门作为责任单位，坚持即知即改，研究推进整改工作；对于部分因政策宣传解释不到位产生的误解，由相关部门细致深入做好政策解读，在执行中注重听取教师反馈，及时改进工作方法。在学校层面，聚焦贯彻立德树人根本任务，重点研究解决思想政治工作和教师队伍建设中的关键瓶颈问题，包括进一步推进"立德树人、教书育人"的若干举措，着力解决骨干教职工引进和发展期的住房及子女教育等瓶颈问题。

二、重点问题描述

（一）进一步推进"立德树人、教书育人"的若干问题

当前，我校教师思想政治素养总体情况良好，特别是党的十八大以来，广大教师的"四个自信"显著增强，在思想政治上能够同党中央保持高度一致，对"立德树人"使命要求形成了广泛共识。大部分教师能

够自觉树立"四个意识",并将"四个自信"体现在教书育人过程中;对党和国家取得的成就表现出较强的自豪感,爱国主义情感显著增强;认识到从事教书育人事业的使命感和荣誉感,普遍赞同加强教师思想政治工作和师德师风建设,坚决抵制不良教风学风和师德失范行为。面对新形势、新要求,有几个方面的工作仍需进一步加强:

第一,在国际化办学背景下,对海归教师的政治引领工作亟待加强。随着我校国际化办学水平的提升,越来越多的海归教师成为办学骨干。当前,学校对海归教师的政治引领还缺乏有力的工作抓手,在海归教师的引进把关、政治引领及党员发展等方面仍然相对薄弱。一是在引进海归教师时,如何有效地进行政治考察,还需要进一步研究完善;二是海归教师引进后,更多重视生活和工作上的关心,较少政治引领与关心,院系工作情况不平衡,相关工作机制需要建立和完善;三是在海归教师中发展党员需要进一步加大力度。

第二,对马克思主义学院和思政课建设的指导、投入需要进一步加强。思政课专职教师配备数量不足,兼职教师作用发挥不够明显;部分思政课教学班规模过大,影响课堂教学效果;马院经费科目设置不够明晰,专项经费需要进一步落实到位;招聘思政课教师的政治要求不够明确,新进教师党员比例偏低。

第三,教师思想政治引领工作的力度和举措需要进一步加强。广大教师距离"努力成为先进思想文化的传播者、中国共产党执政的坚定支持者、学生健康成长的指导者和引路人"这一要求仍有差距。党委教师工作委员会和党委教师工作部在调动各部门协同开展工作,以及指导学院具体开展工作中的作用需要进一步发挥,推动专业教师投入"三全育人""课程思政"的有效举措还不多。

(二)骨干教职工引进和发展期的住房及子女教育等瓶颈问题

我校目前在校教职工7 000余人,根据预估,今后几年新进教职工规模每年 500 余人,其中迫切需要提供教师公寓居住的骨干教职工每年有 200 余人。教师周转公寓的需求总量不足,住房矛盾日益突出。一是总量不足,现有公寓存量难以满足新进教师需求,排队人数日益增加。二是现有公寓的流转情况难以满足教师的需求,公寓过渡周期短,由于房价高企,教师购房资本积累周期延长,需要延长居住期限。三是户型匹配度低,住宿条件有待提升。

除住房问题外,子女教育问题也是影响青年教师引进和发展的一个问题。学校周边优质中小幼教育资源短缺,以及子女寒暑假期间的教育和生活照料问题,成为青年人才潜心投入教学科研的后顾之忧,削弱了学校对高层次人才的吸引力和凝聚力。学校目前已经采取了一些针对性措施,未来还需要进一步加强。

三、问题分析和改进方向

(一)进一步推进"立德树人、教书育人"的若干举措

我们认识到,教师是立教之本、兴教之源,传道者应该先明道信道。持续推进"立德树人、教书育人",事关为谁培养人、培养什么人的根本问题;抓好教师队伍建设和教师思想政治工作,事关学校改革发展的全局;加强马克思主义学院和思政课建设,事关学校中国特色社会主义大学的办学方向。

根据中央精神和上级要求,结合学校实际,我们形成了改进的方向和思路,提请学校党委常委会审议后,形成以下意见。

第一,多措并举,进一步加强马克思主义学院和思政课建设。成立马院建设发展领导小组,整合校内资源,协同推进思政课和学科建设。按照生均不低于 40 元的标准设置专项经费,用于思政课教师的学术交流、实践研修等。通过进一步做实兼职教师制度、培养本校思想政治工

作和党务工作骨干转岗担任马院教师、加快高质量招聘引进教师、返聘优秀的退休教师等方式,尽快充实马院师资力量,提升师资水平。由相关部门研究扩大招收本校思想政治工作和党务工作骨干在职攻读马克思主义学院博士学位、提高思政课兼职教师课酬等相关事项。

第二,加强对高层次人才和骨干教师的思想引领。充分发挥院系党组织在人才引进中的政治把关作用,对要引进对象的身份背景、思想政治、品德学风进行综合考察和把关。完善教师培训制度,健全各类教师培训体系,有组织、有计划、有目的地组织高层次人才和骨干教师赴红色教育基地进行短期培训,增强政治认同、思想认同、情感认同。切实做好教师(尤其是海归教师)入党工作。充分发挥高层次人才在人才培养中的作用,进一步加强"课程思政"的建设,引导并鼓励教师进一步提炼课程内容,并将思政元素有效融入,有计划地培育一批"课程思政"的精品课程。

第三,坚持"立德树人、教书育人"导向,加强对榜样的培育和弘扬。保证教书育人奖、科研成果奖和管理服务奖的评选质量和示范引领效果。充分发挥院系党组织的作用,主动挖掘、积极培育优秀教师典型。加大对典型的宣传和弘扬,加强在院系层面和学生层面的宣传,进一步营造浓厚的育人氛围。

(二)着力解决骨干教职工引进和发展期的住房及子女教育等瓶颈问题

我们认识到,在当前条件下,高昂的房价使得教师购房周期较长,尽管国家的住房政策收紧,房价逐步趋于稳定,但未来几年闵行校区周边新建商品楼盘可售量减少,可租量增多已成定局,新进教师购买自住房的周期拉长,教师公寓流转变慢。另外,提升闵行校区附近基础教育的水平也不是一日之功,完全依赖地方政府难以解决人才引进过程中子女高质量就读的需要。这些都是学校要应对的挑战。

结合实际情况，我们形成了改进的方向和思路，提请学校党委常委会审议后，形成以下意见。

第一，积极寻找房源，充分利用政府、社会资源，在校区周边通过整体租赁社会长租房源扩充公寓增量，不断扩大房源供给，供教师长期租住，实现体面居住。与新黄浦置业加强沟通磋商，推动整体租赁闵行校区附近的筑梦国际青年社区项目。

第二，完善管理方式，调整居住年限，延长专家公寓和家属公寓居住期，重点保障高层次人才和骨干教职工的户型需求。加快推进教师公寓装修改造工作，完善教师公寓小区公共空间配置，提升物业服务水平。

第三，充分盘活存量，调整租金补贴模式，提高公寓周转利用率。完善学校公寓管理规定，科学合理、分层分步解决教师居住问题。

第四，积极想方设法为广大教职工解决居住的现实需求问题，推出交大定制版的租房 APP，为教职工搭建个人租房平台，拓宽租房渠道，主动做好服务工作。

第五，加大对环闵行校区已有附属学校的支持和管理力度，同时扩大办学规模，区校共建环闵行校区新学校。

开放合作篇

世界城市与一流大学共生互动*

（2014 年 2 月 27 日）

世界城市和一流大学都具有高度开放、创新驱动等特点，两者之间具有相互依存、相互促进的必要与可能。然而，世界城市与一流大学的共生互动并不是自然发生的，也不是必然发生在同一个地理单元中。在知识经济和网络化时代，世界城市与一流大学的互动可以跨越空间，相互之间增添了更大的选择性和复杂性。只有视野开阔、目光敏锐、行动迅速、主动适应城市进步发展需要的大学，才能与进步中的城市产生共生效应。

上海迈向世界城市是国际经济大变革、大调整、大发展的必然趋势，也是中国崛起不可阻挡的历史潮流。近年来，上海按照中央的要求和部署，加快推进现代化、国际化大都市和"四个中心"建设，提出了创设中国（上海）自贸区等一系列创新理念和改革思路，给处在这个城市的大学带来巨大的发展空间和创新启迪。上海交大牢牢把握上海迈向世界城市的节奏和需求，致力于融入上海的进步与发展，努力把区位优势转化为现实发展成效和核心竞争力。

一、促进以人才为纽带的城市与大学共生互动

城市的活力在于人才，世界城市需要一流的人才素质和庞大的人才体量，需要世界级人才发展服务体系和人才聚集发展平台。大学与

* 本文 2014 年 2 月 27 日发表于《中国教育报》。

城市的共生互动首先体现在前瞻性的人才布局上，体现在发挥城市人才高地蓄水池的作用上。与上海建设"国际人才高地"相匹配，上海交大把人才强校作为主战略，大胆突破传统思维，强化人才成长机制创新，成规模引进高端人才。坚持以用为本、按需引进，不仅服务加快创建世界一流大学的战略目标，更服务国家和上海创新驱动发展、经济转型升级的迫切需求。目前，交大已在新能源、大飞机、先进重大装备、电子信息、新能源汽车、海洋工程、新材料、软件和信息服务业等学科领域引进了不少高层次人才。学校坚持育才、引才、用才并重，人才队伍在承担国家和城市发展重大任务，在解决中国发展进程的重大理论和现实问题中得到快速成长。

一流大学也是为世界城市源源不断培养国际化人才的源头活水。在上海大力推进对外开放的背景下，上海交大不断深化国际化战略，三分之一的本科生有海外游学经历，中欧国际工商学院、上海交大-密西根学院、上海交大-巴黎高科卓越工程师学院等成为中外合作办学典范。服务于上海建设国际金融中心的国家战略，在上海市的大力支持下，上海交大以全新的体制机制建立了上海高级金融学院，致力于培养城市发展急需的高端金融人才，成为国家金融体系建设的重要智库。面向产业结构转型升级，上海交大与中核电、中广核联合成立核电学院，与中航工业合作共建航空航天学院，开创了产学研联合培养高水平紧缺人才的新模式。

二、促进以知识为核心的城市与大学共生互动

世界城市体系正在从工业经济时代的全球生产网络走向知识经济时代的全球创新网络，为世界城市与一流大学的共生互动增添了更大的内在驱动力。上海正处在建设全球创新中心的关键期，未来将形成

以现代服务业为主体、战略性新兴产业为引领、先进制造业为支撑的新型产业体系,亟须依靠创新驱动经济转型升级。大学作为科技第一生产力和人才第一资源的重要结合点,积极面向世界学术前沿的同时,要不断加强产学研用的协同创新,主动适应、推动并引领经济社会的发展。大学与城市的共生互动,就是要促进创新活动从个体、封闭向流动、开放的方向转变,促进知识创新、技术创新、产品创新从分割状态向上中下游联合、贯通的方向转变。建立"问题导向"的协同创新平台,做大学科高原,做强学科高峰,在对接重大战略需求中不断提升核心竞争力和发展贡献力。

学校围绕国家和上海的战略需求,开展学科和科研超前布局。目前,上海交大共牵头培育建设 5 个协同创新中心,参与培育建设 27 个协同创新中心,这既体现了交大的学科优势,也对接了国家和上海的重大战略需求。学校在一系列关键核心领域取得了突破性进展:王振义院士团队攻克最为凶险的急性早幼粒细胞白血病;船建学院建成可以模拟 5 000 米深海工况,综合实验能力居亚洲第一、世界第三的海洋深水试验池;学校面向国家和上海产业转型需求,创建新兴产业技术研究院,成为致力于未来产业核心技术和关键共性技术研发的平台和科技成果转化平台,等等。此外,由上海交通大学与闵行区政府、上海紫江集团有限公司三方合作共同开发建设的紫竹科学园区,通过校企互动合作,充分发挥大学的科研和人才优势,在较短时期内实现快速发展,升级为国家高新区。截至 2012 年底,紫竹科学园累计吸引入驻区域总部、研发中心、风险投资公司及高科技制造企业 480 家。

三、促进以文化为引领的城市与大学共生互动

文化是城市软实力的重要基石和集中体现。大学文化以其特有的

超越性、超前性、多样性和开放性的特点，在城市文化的建构和城市精神的塑造中，起着重要的引领作用。一流大学是所在城市的璀璨明珠，是城市骄傲的名片。同时，城市文化也以潜移默化的方式滋养着大学。上海"海纳百川、追求卓越、开明睿智、大气谦和"的城市精神为一流大学的发展注入了强劲的精神动力。

诞生于1896年的上海交通大学，百余年薪火传承、风雨砥砺，铸就了上海交大"求真务实，努力拼搏，敢为人先，与日俱进"的精神品格，也成为上海城市文化的重要组成部分。学校把大学文化建设作为创建世界一流大学的重要组成部分，大力实施文化提升战略，在全国高校率先制定大学文化建设规划，积极拓展文化传播载体，不断提高文化原创能力和辐射能力。为适应上海国际文化大都市建设，学校以开放、联动、融合为理念，整合交大历史文化、人才资源和学科优势，积极为弘扬上海城市精神作贡献。城市科学研究院以"城市国际化"和"文化城市"等前沿领域为研究内容，积极建构我国城市化进程研究的主流文化体系，已成为国内重要的都市文化研究基地和公共文化平台。钱学森图书馆是建在高校内的全国爱国主义教育示范基地，至今接待近50万人次参观者，传承光大了钱学森"爱国、奉献、求真、创新"的伟大精神，也为上海这座国际化都市注入了特有的精神元素。

城市与大学呼吸与共，城市因大学而兴，大学因城市而盛。创新驱动发展的时代要求，为城市与一流大学共生互动注入新的内涵。抓住上海建设世界城市的战略机遇，坚持与国家发展同步，以服务求支持，以贡献谋发展，主动适应城市进步发展需要，与进步中的城市产生共生效应，必将能够走出中国特色世界一流大学的新路。

从中外合作到中国特色世界一流 *

（2015 年 10 月 23 日）

　　国际化是上海交大与生俱来的办学特质。早在 20 世纪二三十年代，交大的课程已与美国麻省理工学院（Massachusetts Institute of Technology，MIT）大体同步，并因培养质量上乘而被誉为"东方 MIT"。改革开放时期，上海交大率先推进对外开放，在中国高等教育史上留下了印迹。比如 1978 年秋，在中美两国正式建交前，上海交大组建了新中国第一个大学访美代表团，考察历时 52 天，开启了新中国高等教育对美开放的大门，可能也创下了教育代表团出访时间最长的纪录。1981 年，上海交大接受香港船王包玉刚先生向学校捐赠 1 000 万美元建造图书馆，开启了国内高校接受海外大额捐赠的先河。1992 年，经国家教委批准，上海交大成为国内第一所在海外培养 MBA 学生并授予中国学位的高校。

　　伴随着中国经济社会的快速发展，上海交大的中外合作办学模式也在不断演进，以下简要介绍交大三种办学模式的探索。

一、模式一：多方合作、异军突起的中欧国际工商学院

　　20 世纪 90 年代初期，根据中国政府和欧洲联盟的协议，上海市政府和欧盟委员会依托上海交通大学和欧洲管理发展基金会合作创办了

＊　本文是 2015 年 10 月 23 日在 2015 中国国际教育年会"中外合作办学国际研讨会"上的发言节选。

中欧国际工商学院（China Europe International Business School，CEIBS）。作为中外实质性合作办学的实验田和中国改革开放事业在教育领域的标志之一，建院20余年来，学院抢抓机遇、创新发展，办学水平快速提升，已成为国际公认的一流商学院，创建了国际管理教育领域的中国品牌。这是一个政府、国际组织和大学合作，在独立校区自主运行的中外合作办学典范。

中欧国际工商学院之所以能够在国内外商学院激烈的竞争中脱颖而出，其成功经验在于：有效实施制度创新、市场导向和国际化办学等策略，如高度自主办学的制度基础、国际标准的办学模式等。作为学院中方办学单位，上海交大也为中欧的发展不遗余力地贡献了力量和智慧。这是中欧快速和可持续发展的坚实基础。

当然，这种模式是在特定历史条件下形成的，与现行的中外合作办学的相关规定存在一定差异，因而整体的可复制性不高。

二、模式二：对标世界一流的校内"特区学院"

世纪之交，以"985工程"为标志，建设若干世界一流大学上升为国家战略。高层次中外合作办学作为快速引进世界一流大学教育模式和理念的重要纽带，开始发挥重要而独特的作用。上海交大依托长期积累的国际合作基础，相继成立了上海交大密西根学院、上海交大-巴黎高科卓越工程师学院等多样化的中外合作办学特区。

（一）交大密西根学院：创建能在中国土壤里生根成长的世界一流学院

2006年，上海交大在机械工程学院"密西根试点班"的基础上，与美国密西根大学（University of Michigan，UM）联合创办了上海交大密西根学院，目标是要创建一个能在中国土壤里生根成长的世界一流学院，定位为校内的二级学院。在校园内建设"特区学院",一方面是为了发挥该学院对其他院系的辐射和示范作用;另一方面也是为学院提供学科依托和人才培养的各类优质资源,支持学院健康发展,有效地促进学科交叉和资源共享。

经过九年多的成功探索,交大密西根学院实现了六个方面的突破:办学成本核算的突破;决策体制和过程的突破;职称聘任模式的突破;教师工资结构的突破;学制、学时和学分上的突破;教学模式的突破。交大密西根学院课程体系的设计,既对标了美国工程技术认证委员会(Accreditation Board of Engineer and Technology, ABET)提出的工科大学生应具备的能力要求,也体现了国家提升大学生的社会责任感、创新精神和实践能力的总体要求。我们认为,中外办学就是要将中外教育理念和体系中的精华有效结合起来,从而在中国土壤里培养出具有国际视野和国际竞争力的拔尖创新人才。

密西根学院取得了令人瞩目的办学成效。从国内视角看,在学费明显低于国外知名大学和中外合作的独立大学的情况下,培养质量达到国际一流水平。在该院2010—2015届本科毕业生中,70%被国际一流大学的研究生院录取。从国际视角看,学院面向全球招聘一流师资队伍,应聘申请绝大多数来自北美一流大学和研究机构。目前全院全职教师中非华裔学者占到57%。2014年,交大密西根学院获得了"海斯克尔国际教育革新奖"。这是该奖项设立以来第一次授予中国教育机构,主办方国际教育协会给出了这样的评价:"交大密西根学院是国际合作办学中已经成熟、并将持续发展的成功典范。"

(二) 交大-巴黎高科卓越工程师学院:探索中国工程人才培养的新模式

上海交大选择与法国巴黎高科技工程师学校集团(Paris Institute of Technology, Paris Tech)合作,以期将世界上最好的工程师教育模式引入中国。2013 年 4 月,时任法国总统奥朗德访问上海交大,并为上海交大-巴黎高科卓越工程师学院揭牌。在培养模式上,借鉴巴黎高科集团工程师教育的精英培养理念,设立了符合卓越工程人才培养特点的 6 年半本、硕、工程师连读学制。前不久,法国工程师职衔委员会(Engineering Title Commission, CTI)认证专家组到学院进行颁发工程师文凭的资质评估和认证考察,现已获得通过。这意味着交大-巴黎高科卓越工程师学院有权颁发法国认可的工程师学历证书。这张证书在法国也被视作金字招牌。

此外,上海交大与加拿大渥太华大学(University of Ottawa)合作创办了上海-渥太华联合医学院,这是我国临床医学本科教育领域第一个获教育部批准的中外合作办学项目。

这类与世界一流大学紧密合作的"特区学院",由于建设在校园内,与校内其他学院、学科、师生有千丝万缕的联系,有利于先进的办学理念、培养模式、管理结构的复制和推广,以及资源的共享。"特区学院"是把世界一流和中国特色结合得比较好的发展路径。

三、模式三：自主发展、创新引领的新型国际化学院

伴随着我国高等教育整体水平的提升,中外合作办学进入从外延发展向质量提升、从引进模仿向融合创新的转型升级阶段。以上海交大上海高级金融学院、上海交大致远学院为代表的新型国际化学院崭露头角,逐渐成为学校的办学高地。这些学院不是原先意义上的中外合作办学机构,但其国际化办学理念渗透在办学的方方面面。

为服务上海建设成国际金融中心的国家战略,7 年前,上海市人民政府依托上海交大创建了上海高级金融学院(Shanghai Advanced Institute of Finance, SAIF)。学院按照国际一流商学院模式办学,在课

程体系、培养方式以及学院的体制机制上大胆探索。目前,学院已形成了一支由 59 位教授组成的全职和兼职相结合的师资队伍,涵盖了北美一流商学院近一半的资深华人金融学教授。上海高级金融学院还建立起立足中国问题的国际合作研究体系,开展金融领域有组织的协同创新。

上海交大致远学院(Zhiyuan College)是一个致力于拔尖创新人才培养的国际化办学特区,学院本身不承担学科建设任务,但在学院成立伊始,我们同期成立了自然科学研究院,作为全校基础学科交叉研究平台和致远学院的支撑基地。研究院和学院不仅共享物理空间,而且在运行管理上也实现贯通。这种"学院+书院"的学习平台和"学院+研究院"的学术平台建立起了突破院系壁垒的"双院"培养模式,实现了教学、科研的自然融合,形成了"转身遇到大师"的国际化学术环境和"随处可见讨论"的开放式学习氛围,有效提高了学生的综合素质,走出了一条以高水平研究支撑高水平人才培养的发展之路。基于致远学院依托国际化办学培养拔尖创新人才的成功探索,学校在全校范围内推进实施"致远荣誉计划"。目前,学校各类拔尖创新人才培养计划已覆盖全校近 20%的本科新生。我们期待这一实践能够回答我校著名校友钱学森的"钱学森之问"。

截至目前,上海交大拥有经教育部审批核准的中外合作办学机构和项目共 10 项,这些办学项目已经或正在成为学校办学的亮丽名片和人才培养高地,其"溢出效应"日益显现。与此同时,校内一大批院系的国际化都实现了跨越,比如数学系入选国家首批"国际化示范学院"。目前,学校与世界上 150 多所知名大学签有校际合作协议,与 30 多所世界著名大学开展交流交换学生项目,与耶鲁、密西根、牛津等为代表的世界顶尖大学的合作局面也初步形成。国际交流合作日益频繁,2014 年全校出国(境)学术交流访问的教师超过 4 000 人次。与此同时,来校访学的海外学者大幅增多,2014年全年接近2 000人次,国际交流中的"逆差"逐步缩小。本科生海外游学比例逐年提升,从十年前的8%上升到2014年的38%。留学生招生数量与质量稳步提高,2014年学位留学生达到2 358人。师资队伍的水平和结构发生根本性改变,教师中拥有海外博士学位的比例超过1/4,有一年以上海外学习工作经历的比例超过六成,外国专家和外籍教师已经成为学校师资队伍的重要组成部分。2014年,国际合作科研经费达到1.24亿元,上海交大-新加坡国立大学重大国际合作项目"超大城市的能源环境可持续发展方案"取得重要进展,学校"代谢与发育科学国际合作联合实验室"通过教育部立项论证。在国际有影响的基本科学指标(ESI)中,上海交大在全部22个学科领域中有16个领域进入全球前1%,其中,工程学、材料学、计算机科学和数学4个学科领域进入全球百强。在全球三大权威大学排名中的位次进一步提升,均进入前150名,学校的国际影响力日益增强。

面向未来,中外合作办学方兴未艾。同时,要实现高质量的可持续发展,还需要付出更大的努力。在依法治国的新形势下,如何使依法办学与借鉴世界一流大学的成熟经验更好地结合起来,在招生录取、师资队伍建设、学期及课程设置、毕业证书核发以及多元化筹集办学经费等方面,发挥中外合作办学机构的示范作用,还需要各位同仁解放思想、探索实践。

我们有理由相信,我国高水平大学以中外合作办学为载体和窗口,面向世界,扎根中国大地,一定能够涌现更多的高等教育国际品牌,一定能够为探索中国特色世界一流的发展道路,为繁荣世界高等教育体系做出应有的贡献。

高校要为增强中国的国际话语权做出独特贡献*

（2015 年 12 月 5 日）

今天我想与诸位分享的主要观点是：中国的高水平大学及其智库，有责任也有能力为增强中国的国际话语权做出独特贡献。

当今世界，"中国崛起"已成为一个不争的事实。一方面，"中国道路""中国模式"日益成为国际社会热议的研究课题；另一方面，"中国主张""中国行动"也越来越深刻地影响世界的发展变化。因此，如何更有实效地向世界说明中国、如何平等互利地与世界对话，已成为实现"四个全面"战略布局的题中应有之意。

在过去十多年中，我先后在上海市和海南省分管过外事工作，还担任了多年的博鳌亚洲论坛理事，先后接待过上千位外国政要、商界领袖、专家学者和媒体精英，深切地感受到我们的国家逐步从世界大家庭的次要成员转变为主要成员之一。2014 年初，我调回母校工作，欣喜地看到，我国高水平大学多年来与国家的发展同向同行，进步显著，参与高等教育国际竞争与合作的能力和影响力大幅提升。

然而，我们必须看到，作为一个国家软实力的体现，在掌握国际话语权方面，中国的影响力仍然远未达到世界第二大经济体和第一大高等教育国家应有的地位。我国的高水平大学应该也必须发挥自身的综合性学科优势、科研优势和国际化优势，把建设与大国地位相适应的国际影响力和话语权作为使命与责任。对此，我有一些体会和思考与大

---

* 本文是 2015 年 12 月 5 日在中国高校智库论坛上的发言。

家交流。

一是弘扬人类命运共同体之理念，增强国际话语权。党的十八大以来，习近平总书记在重要国际场合数十次谈及"命运共同体"，向世界传递对人类文明走向的中国判断，表达了中国追求和平发展的愿望，体现了中国与各国合作共赢的理念。习近平总书记强调，迈向人类命运共同体，需要坚持各国相互尊重自主选择的社会制度和发展道路，尊重彼此核心利益和重大关切，客观理性看待别国发展壮大及政策理念，求同存异、聚同化异。这些重要观点得到了国际社会的积极回应，展示出"首脑外交"的重大影响力。

"命运共同体"是一个内涵丰富、意义深远的哲学思想，是应对全球化趋势和挑战的长远战略。要使之成为举国共识乃至全球共识，一方面需要强有力的"国家行动"来支撑，诸如"一带一路"倡议实施、中非合作、中国与中东欧国家合作等传统或新兴合作平台的扩大，在应对气候变化和打击跨国犯罪及恐怖主义方面参与国际合作，发起设立亚投行和金砖国家银行等重要举措，都为建设人类命运共同体注入了实质性内容，展现出良好的中国形象。另一方面，需要包括高校学者在内的理论家和宣传思想工作者从学理上深入阐释命运共同体与利益共同体、责任共同体的内在联系，以及与民族国家、意识形态之间的相互关系。据我观察，目前高校思想政治教育体系中，关于人类命运共同体的内容严重缺失。这对于培养具有广阔国际视野，能够理性、从容、自信、友善地与外部世界打交道的中国特色社会主义事业接班人，无疑是有所影响的，应当予以重视。

大学作为社会领域特殊的学术共同体，是跨文化沟通交流的桥梁，有责任以良好的学术研究基础、定量与定性相结合的研究方法、以国际社会易于理解的话语体系，阐释中国现实和中国主张。近年来，上海交通大学致力于探索基于学科交叉、面向决策咨询的人文社科发展理念；

重点建设了都市圈研究基础数据库、中国城市发展数据库、世界一流大学文献数据库、东亚边缘海数据库、船舶与海事数据库、海疆数据库、网络舆情数据库、国家形象数据库等，以这些数据库为支撑，使研究成果具有更高的知识含量，更加可信易懂，开辟出一条独特的学术资政之路。

二是深化国际交流合作，提升国际话语权。随着我国综合经济实力的增强和对外开放程度的提升，尤其是经过"211 工程"和"985 工程"建设，我国的高水平大学正在快速接近世界一流大学，已形成与世界著名大学之间的全方位交流合作。以上海交通大学为例。目前，学校与世界上 150 多所著名大学签有校际合作协议，与 30 多所世界一流大学开展交流交换学生项目及科研合作项目。2014 年，全校出国（境）学术交流访问的教师超过 4 000 人次。本科生海外游学比例逐年提升，从十年前的 8%上升到 2014 年的 38%。留学生招生数量与质量稳步提高。师资队伍水平和结构发生根本性改变，专任教师中有海外长期学习工作经历的比例已超过六成，有近百人次的教师担任国际重要学术组织的院士或 Fellow，外国专家和外籍教师已经成为学校师资队伍的重要组成部分。与此同时，来校访学的海外学者大幅增多，2014 年全年接近 2 000 人次，国际交流中的"逆差"逐步缩小。

在此基础上，中国高水平大学的国际影响力持续上升，在国际主流学术期刊上发表的论文数已位居全球第二，在国际学术会议上也有了更多的"中国面孔"和"中国声音"。中国高校不仅为人类进步贡献了"中国智慧"，而且显著地提升了国际社会特别是学术界对中国的了解，增强了我国在现有国际话语体系中的发言权。

然而，在我看来，中国高校在国际交流与合作方面还有很大的潜力，只要我们解放思想、善加引导、高校师生一定能在让世界了解中国和参与国际事务讨论中发挥更大的作用。因此，有必要将建设与大国地位相适应的国际话语权,作为大学国际化战略和高水平智库建设的重要组成部分,加强顶层设计,增强问题意识,创新话语体系,引领世界潮流。

三是鼓励创新实践,培育国际话语权。中国作为世界上发展最快、最具活力的国家,在快速发展过程中难免遇到一些问题,这些问题的形成既有中国特定历史文化的因素,也有世界各国普遍面临的背景。从科学、理论上解释和从技术上解决中国改革发展的重大问题,能够在若干方面引领世界,培育形成"以我为主"的国际话语权。

以世界高等教育领域为例,上海交通大学世界一流大学研究中心发布的世界大学学术排名(Academic Ranking of World Universities,ARWU),就是一个有益的探索。我是两年前偶然从布热津斯基的《战略远见：美国与全球权力危机》一书中知道 ARWU 这个排行榜的,他的那部著作摘引了大量统计资料,许多结论出自定量分析。回到学校工作后,我才知道这个排行榜在国际高等教育界大名鼎鼎。虽然也存在争议,但它备受相关方面的重视。在近两年接待来访的外国大学校长和外国政府教育官员时,经常有人提出要会见 ARWU 的负责人刘念才教授。

ARWU 是世界范围内首家多指标的全球性大学排名,于 2003 年首次发布。ARWU 以国际可比的科研成果和学术表现作为主要指标,并且只采用客观指标和第三方数据,排名体系透明客观、结果相对稳定。ARWU 的成功看似无心插柳,却也是水到渠成。当时的背景是国家实施"985 工程"之后,国内不少大学提出了创建世界一流大学的奋斗目标和时间表。然而,世界一流大学是否存在一些可作为判定依据的客观标准,我国高水平大学在世界大学比较中分别处于什么位置？这些问题迫切需要回答。为此,有必要对各大学依据一些具有国际可比性的指标进行量化和排名。ARWU 就这样应运而生。令人意想不到的是,排名结果不仅引起国内高水平大学的普遍重视,而且引起了国际社会的广泛关注,美洲、欧洲、大洋洲等主要国家的主流媒体、欧盟等一批机构以及大批世界名校进行了报道或引用,甚至影响到一些国家的高等教育结构政策和资助政策,这也成为中国高等教育界创设国际话语权的一个范例。顺便报告一下,在 ARWU 的排名中,上海交大在 2015 年进入世界第 136 位。我们希望到 2020 年前后,学校在几大主要全球性大学排名中能够先后进入世界百强。

我们有理由相信,我国高水平大学与国家发展紧密相连,一定能够涌现更多的一流智库,一定能够为增强中国特色社会主义的道路自信、理论自信和制度自信,为增强中国的国际话语权做出独特的贡献。

大学校长对话：东西方教育思想的差异*

（2016 年 3 月 22 日）

问： 拥有数千年悠久传统的东方教育，有哪些独特的价值和传承？

大家可能知道，经济合作与发展组织（OECD）在 2009 年（42 个国家和地区参加）和 2013 年（65 个国家和地区参加）先后两次对几十个国家和地区的 15 周岁在校生阅读、数学和科学等领域的"素养"进行了测评，结果作为中国观测样本的上海学生两度名列榜首，而新加坡、韩国、日本以及中国香港、中国台湾的学生名次也都居前。这个结果在某种程度上说明，中国等东方国家在基础教育方面有值得继承的传统和应当发扬的特色，比如，注重基础知识的传授，注重行为规范的养成，鼓励勤奋刻苦地学习，等等。

当然，以 15 周岁学生的学业能力来推测他们未来应对经济和社会生活的能力未必完全可靠。人才培养相当于一个中长跑，在前半程领先并不能保证领先跑过终点。我们不应该简单地评判东西方教育思想和教育实践的优与劣以及对与错。既不要盲目自满，也不必妄自菲薄。

问： 东西方家庭教育存在哪些差异？

东方家庭尤其是中国家庭在子女教育上存在过度关怀的问题，一定程度上影响了学生的创新精神和实践能力的提升。在中国，望子成龙、"不能让孩子输在起跑线上"以及对考试成绩过度关注都是客观

---

* 本文是 2016 年 3 月 22 日作为博鳌亚洲论坛理事在出席博鳌亚洲论坛 2016 年年会"大学校长对话：东西方教育思想的差异"上的访谈。

现实。

问：无论是东学西渐还是西学东渐,随着全球化进程的深入,东西方教育思想在哪些方面实现了融合?

无论是东方还是西方,高等教育都是社会进步的推手和支撑。

早在 20 世纪二三十年代,上海交大就被称为东方的 MIT。上海交大校友钱学森在交大本科毕业后,进入 MIT 就读研究生,他发现,交大的课程与 MIT 几乎是一样的。近年来,上海交大与 MIT 在人才培养和科学研究上也多有合作。MIT 也是上海交大进行国际化对标的大学之一。

两年前,耶鲁大学的校长 Peter Salovey 出席上海交大研究生毕业典礼,接受了我校授予的名誉博士学位,并与近 5 000 位毕业研究生分享了他当年研究情商的经历。目前,我们共同成立了上海交大-耶鲁联合中心,在科学研究、教育教学等领域开展深入合作。目前,上海交大每年到耶鲁大学深造的各类学生达 110 名左右。越来越多的耶鲁师生也来到交大校园合作研究或学习。

今天,上海交大与世界上 150 多所知名大学签有校际合作协议。在上海交大校园内,我们相继成立了上海交大密西根学院、上海交大-巴黎高科卓越工程师学院、上海-渥太华联合医学院等多样化的中外合作办学特区,在中国校园内实现了东西方不同教育理念和教育实践的汇聚融合。

上海交大确定学生培养的目标是,有全球视野,有跨文化理解、交流与合作能力的国际化创新人才。"人类命运共同体"是一个内涵丰富、意义深远的哲学思想,东西方教育在长期目标上是趋同的,那就是都在为建设人类命运共同体而培育人才。

问：亚洲地区大量学生出国留学,不知道来自中国大学的领导者怎么看?

近年来，随着中国经济的快速发展，不少相对富裕的中国家庭已具备了支持子女出国留学的经济能力。在中国大陆，也出现了日本、韩国以及中国台湾、中国香港等国家和地区出现过的留学热潮。尽管人数众多，但比例不是很高。在出国的留学生中，的确有不少优秀学生，但对中国大学生源质量的影响有限，尤其像清华、北大、上海交大这样的学校，我们的招生质量可以达到世界一流水准。而且，在国际化时代，年轻人如果能够到发达国家的一流教育机构，接受跨文化教育，开阔视野、提升能力，从长远看也是有益的，在他们的职业生涯中能够体现回报，物有所值。目前，我校 38% 的本科生在求学期间有出国游学的经历，很多学生本科毕业后也会到国外一流大学继续深造，学校也鼓励和支持研究生求学期间参加国际学术会议和交流。

一方面，中国的大学要有自信，我们虽与世界一流大学客观上有差距，但在国家重点建设战略支持下，我们的办学水平快速上升。中国教育处在从"跟跑者"向"并行者""领跑者"的历史性转变中，我们在生源上具有独特的先天优势，在办学体制上具有组织优势。中国的大学对最优秀的生源具有越来越强的吸引力。

另一方面，如何提高学生的"教育增值"，是我们最重要的使命。我们在 2015 年提出了"学在交大"，就是按照"以学生健康发展为中心"的理念，改革和完善人才培养、科技创新的体制机制，最大限度地实现学生的"教育增值"。

融合创新　探索工程教育创新
人才培养的新模式 *

（2016 年 6 月 30 日）

　　14 天前,我所尊敬的前中国驻法大使吴建民先生不幸辞世,令人痛惜。这也让我想起他为中法友谊包括教育文化交流所做的贡献。14 年前,我作为上海市副市长和中国政府特使到访巴黎,与吴大使一起会见了数十位法国政商学界知名人士,得到了法国方面对中国上海申办 2010 年世博会的有力支持。大家可能知道,历时半年之久的上海世博会非常成功,接待了 7 000 多万人次参观者,而其中的法国馆是最受欢迎的展馆之一,展出了法国文化艺术的精华。

　　上海交通大学是中国历史最悠久的大学之一,也是中国最优秀的大学之一,很荣幸受大会邀请就合作、创新与工程教育以及国际化人才培养做论坛发言。我主要结合上海交大在这方面的实践探索,与大家分享一些体会和思考。

一、上海交通大学与法国教育界有着深厚渊源和长期合作

　　创建于 1896 年的上海交通大学在建校之初就曾借鉴过法国国立桥路学校等 6 所法国高校的章程和学科设置。而交大医学院的前身之

＊　本文是 2016 年 6 月 30 日在巴黎举行的中法高级别人文交流机制第三次会议系列活动之一"中法高等教育论坛"上的报告。

一也是1911年由法国人创建的。中国改革开放以来，上海交大与法国高校的合作发展很快，成果丰硕。

在医学人才培养方面，1980年，交大医学院恢复了临床医学法语班教学。1997年，该项目正式纳入中法两国政府文化教育合作框架，成为对法交流的主干合作项目。近20年间，法方选派了227位医学教授来交大授课，交大有262名学生赴法参加住院医师培训。现在交大瑞金医院的很多外科医生，从缝针的疤痕上一眼就能看出是法国医生的风格。此外，交大医学院的王振义、陈竺、陈赛娟、戴尅戎四位院士同时也是法兰西外籍院士。

在工科人才培养方面，从1996年起，交大就成为教育部和法国4所中央理工学校合作（"4+4"项目）以及和巴黎高科工程师学校合作（"9+9"项目）的创始成员。仅这两个项目至今已派出约350名学生赴法留学，数量居中国高校前列。而且交大学生在法国也受到了欢迎，每年的法国国庆阅兵，综合理工的方队中都会有交大学生。2000年以来，交大接收了2290名法国学生，现在有296名法国学生在交大就读。

目前，上海交大已经和30多所法国著名高校，以及赛峰、法雷奥、标致雪铁龙、法液空、施耐德电气、道达尔油气等大公司建立了卓有成效的合作关系。

二、借鉴法国精英教育模式，强强联手、优势互补，探索工程教育创新人才培养的新模式

2013年4月，时任法国总统奥朗德访问上海交大，为上海交大-巴黎高科卓越工程师学院揭牌。学院借鉴巴黎高科集团工程师教育的精英培养理念，形成了"重数理学习，夯实基础；重实践环节，培养个性化创新能力；重培养质量，小班教学；重国际交流，开拓视野；重素质教育，

人文环境熏陶"五大培养特色。

2015 年 11 月,学院顺利通过法国工程师职衔委员会(CTI)认证和欧洲工程教育(EUR–ACE)认证,这意味着交大–巴黎高科卓越工程师学院有权颁发法国认可的工程师学历证书。从 2015 年至今,交大已选拔 33 名学生赴法国合作学校攻读工程师学位,已经在法国交换学习的学生,学习成绩名列前茅,得到了校方的高度评价。学院全体学生都有机会参加国际交流。多位学生在美国国际大学生数学建模大赛中获得佳绩。学院的人才培养质量得到广泛认可。

通过合作办学,学校努力让工程创新人才培养模式产生溢出效应。通过中法双导师制,从校内各工科学院聘请了 94 名教授参与工程师培养改革,同时举办包括企业参与的双边交流会促进产学研融合。例如,电信学院与法国电信学校成立了信息安全联合实验室,能源研究院与法国标致雪铁龙成立了联合实验室。学校还建立了法国文化活动中心,成功举办了中法科学文化月等中法建交 50 周年系列活动、上海法语青年论坛、法语节等活动,极大地促进了中法人文和教育交流,已成为华东地区最重要的中法文化交流平台。

读懂中国：卓越全球城市上海*

（2016 年 11 月 16 日）

形势与政策课是同学们的必修课。从上学期开始，学校把"读懂中国"确定为这门课的主题，重点是帮助大家理解中国特色社会主义的来龙去脉和奋斗历程，而主要的方法是开展案例教学。

了解上海是读懂中国的重要窗口之一。入学后有些同学参加了学校组织的"新生看上海活动"，大家对今日之上海已有了初步的印象。但上海的昨天是怎样的？上海的明天又将走向何方？这段发展史给我们什么启发？带着这些问题，让我们一起走入解读上海之旅。

一、春天的故事——浦东开发开放

在座的同学，不论你去没去过外滩，对黄浦江东岸的陆家嘴地区都不会陌生。这是上海最具国际影响力的标志，但是 25 年前的陆家嘴还近乎不毛之地。当时，上海流行一句俗语："宁要浦西一张床，不要浦东一间房。"

新旧对比，反差真大。这一幢幢摩天大厦都比各位还年轻。就在短短 20 多年中，一个与曼哈顿 CBD 可以比肩的陆家嘴金融贸易区拔地而起。这不能不说是个奇迹。

大家知道，中国的改革开放始于 20 世纪 70 年代末期，在随后的十多年时间里，上海的主要角色是担当改革开放的后卫。其原因是改革

＊ 本文是 2016 年 11 月 16 日给上海交通大学 2016 级学生上形势政策课时做的报告。

开放尚处于摸着石头过河的阶段,当时的综合国力还很薄弱,人均国民收入处于全球后列,大约是发达国家平均水平的 1/50(按购买力评价法换算也不足 1/10)。当时的上海在中国经济发展中举足轻重,财政收入曾占到全国的 1/6,容不得出现大的闪失。然而,上海当时对全国的贡献是以透支自身力量的方式支撑的。城市建设和人民生活方面欠账越积越多。最困难的时候,上海的人均居住面积仅为 4.5 平方米,而且大部分都是危房、棚户和简屋。上海公交车撤掉了大部分座位,在高峰时段,每平方米空间能站 13 个人,而 13 双鞋子是无法放进 1 平方米空间的。

随着全国改革开放渐次展开并取得了明显成效,如何突破上海发展困局被提上了中央的重要议程。其中有两位重要推动者都是我们的学长,即 20 世纪 80 年代前半期的汪道涵市长和 80 年代后半期的江泽民市长(1987 年后晋升中央政治局委员、上海市委书记)。据史料记载,早在 1984 年,汪道涵市长(也是汪学长)就正式确定了"研究浦东开发"的课题。1985 年,当江泽民学长接过市长的接力棒之后,他恭请汪学长领衔开展浦东开发的全面研究,经过几年的努力,开发开放浦东的宏伟计划逐步成熟。

从 1988 年起,邓小平同志连续七年到上海过春节。在沪期间,他认真听取上海市委领导的汇报,体察上海发展的状况,并在 1990 年春季向中央提议开发浦东。当年 4 月,中央宣布了开发开放浦东的战略决策。1992 年新春之际,邓小平同志发表了著名的"南方谈话",吹响了中国新一轮改革开放的号角,上海浦东开发也由此迎来了"一年一个样,三年大变样"的快速发展时期。可以说,没有邓小平同志的有力推动,就没有浦东的今天。

2003 年 3 月 1 日,古巴领导人菲德尔·卡斯特罗在中国国家主席江泽民的亲自陪同下参观考察了浦东新区,当时我担任了上海市副市长兼浦东新区的区委书记和区长。接待两位国家元首令我有些紧张。

我是在上海科技馆汇报的,开场白是：欢迎卡斯特罗主席再次考察浦东新区,欢迎江泽民主席担任总书记之后第 15 次视察浦东。这两句话都是事实,但也有用意,因为卡斯特罗第一次考察浦东新区是在 1995 年。当时,他对中国特色社会主义道路还是有疑虑的,对浦东开发开放也有所保留。当时浦东新区的负责人是上海市委常委、副市长赵启正,他后来担任过国务院新闻办主任和全国政协大会新闻发言人,是一位擅长向世界说明中国的杰出领导。上个学期,他也为你们的学长上过形势与政策课。在介绍浦东情况时,赵启正回答了卡斯特罗的一些疑虑,气氛并不是很轻松。但 8 年过去了,卡斯特罗看到的是中国特色社会主义走出了光明之路,浦东开发开放取得了举世瞩目的发展。他不仅高度评价中国改革开放的巨大成就,还特别在我代表市政府送他离沪时说,"我会让劳尔·卡斯特罗带一个大的代表团到浦东新区学习交流。"后来劳尔·卡斯特罗真的带了 100 多人组成的代表团来华考察访问,并促成了两国在旅游、医药等方面的实质性合作,包括在浦东陆家嘴金融区建造了一座哈瓦那大酒店,这也是古巴当时最大的海外投资项目。

今天的浦东新区已成为国人的骄傲和全球的焦点。党的十八大以来,以习近平同志为核心的党中央对上海的新要求是当好改革开放的排头兵和创新发展的先行者,而浦东新区则是排头兵中的排头兵、先行者中的先行者。上海自由贸易区、张江科技创新核心区都是承载着国家使命的改革发展试验田和新高地,而浦东经济、社会、文化和城市建设与管理的新进展更令人目不暇接。作为曾经在那块热土上工作过的"浦东人",我心中充满兴奋。

二、传世的杰作——上海世博会

世博会又称万国博览会,可能同学们还记得,我在开学第一课中曾讲到,交通大学历史上曾参展过 4 次万国博览会,并在 1904 年美国圣路易斯万国博览会上获得了金奖。据说我国的茅台酒也是在某次参展时因不慎打破了瓶子,结果香飘四溢而名声大振。但后来,自日本侵华战争起,中国曾有半个世纪之久与世博会失去联系。直至 1982 年,中国才以中国贸易促进会名义代表国家重回世博会大家庭。当时,我们的老学长汪道涵就提议过上海申办世博会事宜。他形象地说,广交会是战术性的,办一届影响一年,而世博会是战略性的,办一次影响 50 年。

2000 年,在北京申办 2008 年奥运会取得成功之前,上海申办世博会的准备工作已悄然开始。其后,北京申办奥运成功,根据中央统一部署,上海申办 2010 年世博会的战役正式打响。我作为上海申办 2010 年世博会组织委员会副主任,亲身参与了历时一年多的申办过程,特别是 2002 年 9 月至 11 月,我作为中国政府特使之一和上海市副市长先后带队赴 8 个国家及国际展览局开展游说。

后来大家耳熟能详的上海世博会的主题"Better City, Better Life"就是那个时候明确的。申办世博会,国际竞争很激烈,特别是我们刚刚获得了 2008 年北京奥运会的承办权,紧接着就申办上海世博会,两个"高大上"的盛会都在中国举行,国际社会能支持我们吗?

在对申办形势进行深入分析的基础之上,我当时参与拟定了对国际展览局各成员国的游说口径,至今还记忆犹新,包括:① 中国政府全力支持上海举办世博会,江主席、朱总理已联名致函国际展览局表明申办意愿并派出特使争取各成员国支持;② 中国民众普遍支持上海举办世博会,盖洛普(中国)咨询有限公司的民意调查显示,包括港澳台地区在内的中国民众支持率达到 90%;③ 上海有举办大型国际活动的能力,已成功举办 APEC 领导人峰会等若干重大活动;④ 上海世博会的主题"城市,让生活更美好",具有独创性和普遍性;⑤ 上海世博会选址科学,设计和布局合理,后续利用也在落实;⑥ 中国有丰富的客源基础,参观人数将超过 7 000 万人次,创造世博会历史之最;⑦ 中国政府鼓励各国前来参展,并将提供 1 亿美元支持发展中国家参展。最后,我们还专门针对每一个国家的期待,制定了促进彼此经贸合作和文化交流的具体内容。

由于准备充分,在中央的正确领导和外交部、中国贸促会等部门的有力支持下,游说效果明显,2002 年 12 月 3 日,在摩纳哥举行的国际展览局第 132 次会议上,中国上海以压倒多数的优势战胜韩国、俄罗斯等 4 个国家的候选城市。

申办成功只是一个阶段性的胜利,更大的考验还在后面。首先要在 7 年多的时间里全面重建黄浦江两岸 5 平方公里以上的世博园区以及与之配套的城市基础设施。其次要确保各参展国以最佳状态展示世博会主题。更困难的是,要确保半年的展馆开放时期安全运转,从容接待超过 7 000 万人次中外参观者。另外,世博园区的后续利用也要提前谋划。

令人欣慰的是,上述方方面面都有条不紊地顺利推进,2010 年世博会堪称"完美",得到了世界各国的广泛响应和认同,创造了难以打破的世界纪录。

世博会的成功举办,给上海城市发展注入了新的活力,推动了上海民生的改善和环境品质的提升。

当年,世博会选址在黄浦江两岸,市里是有前瞻性的考量,我们先给自己定了一个小目标,用 20 年时间,投入上千亿打造滨江 45 公里水岸,以举办世博会为契机对沿江区域进行了重点建设与改造。到 2020 年,将建成高品质城市公共空间(类似于泰晤士河、塞纳河等国际上大城市黄金水道的建设,也都经历了这样的过程)。现在还有四年时间,我们的这个小目标一定能够实现。

　　还有世博园区和场馆的再利用,按照国际上世博会举办的惯例,70%场馆属于临时建筑,会后拆除。那么,拆除后,其周边区域如何开发利用? 按规划,原来的世博园将建成集文化博览创意、总部商务、高端会展、旅游休闲和生态人居等功能于一体的上海标志性公共活动中心。现在,在世博 B 片区央企总部集聚区,28 栋现代化办公楼拔地而起,2016 年底将整体竣工。上海对世博场馆的后续开发利用主要以陈列中华艺术瑰宝、传承中华文明、滋养城市灵魂、服务人民大众为使命。世博中国馆"华丽转身"成为文化新地标——特大型美术博物馆"中华艺术宫";同样曾是世博场馆的城市未来馆,已更名为上海当代艺术馆。这也是上海建设文化大都市理念的践行。

　　世博会不但给上海城市发展带来了物质上的改变,还给这座城市留下了宝贵的精神财富。北京奥运会后,人们用"鸟巢一代"来描述"80 后",这是因为奥运会年轻的志愿者是整个奥运会最具象征意义的标志,他们的开朗、自信和服务的精神引起了世界的瞩目。而上海世博会的志愿者则开始出现了被誉为"海宝一代"的"90 后"年轻人,他们作为园区志愿者,因为穿着一身白绿搭配的服装而被形象地称为"小白菜",我们交大志愿者被称为"交大小白菜",简称"小菱白"。广大志愿者成为世博会文明的形象大使,体现了上海海纳百川、追求卓越的城市精神。

三、定位的跃升——迈向卓越的全球城市

　　改革开放以来,上海的城市定位和城市功能发生了深刻变化,其中既有浴火重生的考验,也有高屋建瓴的布局。如果单从经济总量的角度考察,上海在国内的占比已从改革开放之初的 7.5%左右下降到现今的4.2%左右,但它已成长为全球第一大航运枢纽、第二大股票市场中心

和期货市场中心以及全球最大的黄金现货交易中心等,成为名副其实的国际经济中心之一,对中国经济乃至世界经济的影响力和贡献度无疑是大大增强了。而这正是国家对上海的期待。

同学们,近年来上海的发展变化也是我国繁荣富强历程的一个缩影,相信大家也都有亲身感受,这也正是今天我们的课程以上海为窗口,来读懂中国的意义。

第一,上海发展得不慢,但全国的发展更快。改革开放极大地促进了我国生产力的解放,使我国从全球十强开外的经济体迈向世界第二大经济体,而且与排名第三的日本拉开了 2.5 倍的差距。我查了一下,2015 年广东省的 GDP 已超过了排名全球第 14 位的西班牙,直逼加拿大、澳大利亚这样的世界大国。山东、江苏如果参与排名,也能列在全球第 15 位或第 16 位。这一点可能超出大家的想象。另外,异军突起的深圳已成为国内第四大经济体,其 GDP 总量就有望在 2016 年底超过香港。再看我国的西部地区,自从国家实施西部大开发战略以来,西部各省市区的经济增长率保持在略快于全国平均值的水平上,基础设施建设也有了很大的提高。再加上财政转移支付和基本公共服务均等化政策的实施,西部地区人民群众的实际生活水平得到了稳步提高。有专家认为,按常住人口统计分析,我国东中西部的发展差距有所缩小。当然,我们也看到了市场经济所伴生的贫富差距问题,我们不应掩盖它,但也不应夸大它,而是要积极地解决它。近年来,习近平总书记亲自推动新的精准扶贫攻坚工程力度空前,我们有理由相信,在社会主义制度下,实现共同富裕的理想能够实现。

第二,上海已从相对独立的经济中心城市转变为长三角城市群的核心城市,发挥出极大的区域性经济辐射作用。最新定义的长三角城市群覆盖到 26 个城市共计 21.17 万平方公里的国土面积,经济体量相当于印度,总人口约 1.5 亿人。上海为长三角城市群的迅猛发展提供了全方位的功能支持，包括金融、贸易和航运服务等。这也是 1999—2020 年上海城市总体规划所确定的核心功能，现在看起来，这一规划目标得到了很好的实现。我当时在市政府工作，参与了该规划的编制。我们的主要着力点还是偏重于上海城市的经济发展和空间形态。当然，对文化和环境也有所涉及。2001 年 5 月，国务院常务会议审议了上海城市总体规划。我作为市政府秘书长列席了审议会。审议会由时任总理朱镕基主持，国务院领导同志在赞同上海城市总体规划的同时，都强调了生态保护，尤其是崇明岛的生态保护问题，这也直接导致了过去 15 年中上海市委、市政府严格实行对崇明的保护性开发，并在新一轮上海城市总体规划中进一步明确了"生态崇明"的定位。

第三，上海建成卓越的全球城市值得期待。不久前，上海面向 2040 年的总体规划编制完成。上海市委常委会和市人大常委会先后进行了审议，现已正式上报国务院批准。该规划提出到 2040 年，以全球卓越城市为愿景，要将上海建成"令人向往的创新之城、人文之城、生态之城"，建成具有全球竞争力和影响力的世界级综合性全球城市、全球城市网络体系中发挥枢纽作用的核心节点城市、彰显中华文化特质和引领现代文明的全球城市。我在参与审议的过程中，明显感到新规划的立意高远、视野广阔，编制方法更加科学严谨，实施步骤更加切实可行。

当然，我们也应看到，与纽约、伦敦、东京等全球城市比较，上海仍有不小的差距，比如文化还不够强，科技创新能力还有很大的提升空间等。对这些短板，在本轮总体规划中都有具体的解决方案。我们有理由乐观地预测，到 2040 年，上海一定能实现全球卓越城市的目标愿景，不仅会成为世界最重要的国际经济中心之一，而且还将会成为更具有文化魅力、充满创新活力、开放繁荣的宜居城市。

为了能够为上海的城市发展提供更多的智力支持，直接参与到上海城市治理的实践，学校日前在上海市人民政府的支持下创立了多学院、多学科的交叉平台——中国城市治理研究院，由我担任首任院长，有近百位上海交大教授参与其中，也建立了广泛的国际联系以及与市政府相关部门的合作机制，十分欢迎有兴趣的同学积极参加研究院的活动。

各位同学，通过今天的课程，我们可以总结出三点：

一是走好中国特色社会主义之路，是实现中华民族伟大复兴的正确选择。我们要坚定对中国特色社会主义的道路自信、理论自信、制度自信和文化自信。

二是只要坚持改革开放、创新发展，上海的明天就会更美好，中国的明天就更美好。

三是只有志存高远、视野开阔，才能正确地规划未来，成就精彩的事业和人生。

各位同学，我们坚信，在以习近平同志为核心的党中央领导下，中华民族伟大复兴的宏伟蓝图一定能实现。到 21 世纪中叶，你们才年过半百，能赶上承担重任、拼搏事业、奋发有为的黄金年代。作为上海交通大学的学生，希望你们将个人的发展融入国家强盛、人类进步的伟大事业中，让你们的人生从成功走向卓越。我坚信，你们届时在给更年轻的一代讲述中国的发展故事时，会像我今天一样说："要珍惜，今天来之不易；要坚信，未来更加美好。"

坚定不移推进教育对外开放和
中英大学高水平合作[*]

（2017 年 12 月 6 日）

很高兴参加今天的会议,上海交大是中国最著名的大学之一,也是牛津大学毕业生、英国前首相卡梅伦 2013 年访华时唯一访问的大学。2016 年 10 月,中国 C9 联盟与英国罗素集团圆桌会议暨签约仪式在上海交大举行。2017 年 5 月,由上海交通大学、英国爱丁堡大学共同建立的上海交通大学中英国际低碳学院也正式成立了。近年来,中英人文领域的合作与交流日益频繁。2011 年 6 月,时任总理温家宝与英国首相卡梅伦就建立中英高级别人文交流机制达成共识,在刘延东副总理与亨特大臣的亲自指导和关心下,2012 年至今已成功举行了五次中英高级别人文交流机制会议,成为两国交流与合作的重要支柱。对两国教育乃至全球教育已经产生而且必将进一步产生深远影响!

借此机会,我想从高等教育发展的视角,就中英高等教育领域的国际合作谈一些想法,简单概括为三个"坚定不移"。

一、坚定不移推动人类命运共同体建设

构建人类命运共同体是习近平新时代中国特色社会主义思想的重

＊ 本文是 2017 年 12 月 6 日在第二届中英大学人文智库论坛上的发言。

要组成部分,对于高等教育发展具有重大指导意义。要全面准确把握构建人类命运共同体的科学内涵,自觉践行构建人类命运共同体视野下的新时代高等教育使命担当,以开放共赢的姿态大力推动高水平大学在构建人类命运共同体事业中做出新的贡献。当今世界正处于大发展大变革大调整时期,世界多极化、经济全球化、社会信息化、文化多样化深入发展,高等教育对人类文明进步的先导和推动作用更为显著。高等教育要把握新使命、积极推动人类命运共同体建设,为创造人类的美好未来添砖加瓦。

未来各国相互联系、相互依存的程度将进一步加深,人类同住地球村,生活在历史和现实交汇的同一个时空里。在这样的时代,更多地需要"共同体思维",而不是"独善其身思维"。人类命运共同体思维倡导整体而非局部地、开放地而非狭隘地思考人类面临的共同机遇和挑战。高等教育不仅要基于本国、本民族的立场和利益,而且要基于全球和全人类的利益。

高等教育是理论创新的摇篮,是先进文化的传播源。世界高等教育发展史表明,任何国家民族意识的苏醒与崛起,创新文化的产生与发展,以及将本国的优秀文化和先进主张向外推送和传播,都离不开高等教育的关键作用。中英两国大学要加强构建人类命运共同体的话语体系建设,积极引导师生参与人类命运共同体的构建和研究上来。

二、坚定不移在开放办学中深化中英大学高水平合作

上海交通大学是中国历史最悠久的高等学府之一,经过 121 年的不懈努力,已成为一所"综合性、研究型、国际化"的国内一流、国际知名大学,在国际三大全球性大学排名中已经进入或接近世界前 100 名。交大发展至关重要的一条经验便是坚持开放办学、走国际化道路。早

在创校之初,交大即首设上院、中院、外院和特班,其后,借鉴西式课程设置,延揽中外名师,引进原版教材,始得"东方 MIT"之美誉。改革开放以来,上海交大积极担当中国高等教育改革开放的马前卒、创新发展的探路者。1978 年,上海交大首派教授代表团访美,开启了"中美高等教育界的破冰之旅";1981 年,上海交大率先接受来自海外的巨额捐赠,开创高校办学引进外资之先河;率先实施国际化战略,先后与 150余所国际著名大学建立了合作交流关系,其中,1994 年在上海市政府的支持下,与欧洲管理发展基金会联合创办的中欧国际工商学院已经成长为名动海内外的国际合作办学的典范。2017 年,中欧国际工商学院 MBA 课程在英国《金融时报》2017 年度全球 MBA 百强排行榜中排名第 11 位,排亚洲第 1 位。

目前,上海交大共与包括剑桥大学、牛津大学、帝国理工大学、诺丁汉大学、纽卡斯尔大学、曼彻斯特大学、伯明翰大学等多所英国著名高校建立了长期合作关系。自 2012 年以来,上海交大已派出 600 余位教师、100 余名学生去英国各大学短期访问或留学,共接待来访的英国专家学者 800 多名、学生 500 余名。

2016 年,C9 联盟与英国罗素集团圆桌会议暨签约仪式在上海交大举行后,我们对中英顶尖大学的发展有了更多的关注。我们从英国 24所顶尖高校组成的罗素集团选取 9 所高校(R9)与中国 9 所顶尖高校(C9)进行比较,得出一些实证结论。中国 C9 高校在过去 13 年间的国际学术排名(ARWU)普遍上升了 200 位以上,目前已经接近罗素集团的平均水平。在论文方面,2007—2011 年,C9 的 ESI 论文总数与 R9 基本持平;2012—2016 年,C9 的 ESI 论文总数是 R9 的 1.6 倍;2007—2011 年,C9 的 ESI 论文被引次数是 R9 的 70%,2012—2016 年,二者基本持平。在学科方面,C9 和 R9 的 ESI 前 1% 学科数分别为 141 个和169 个,前 1‰学科数分别为 38 个和 28 个。在学生总数上,C9 为 31 万余人，R9 为 21.8 万余人；在留学生比例上，C9 普遍不超过 6%，最高不超过 7%，R9 普遍超过 20%，最高达到 40%。这启示我们，中英高水平大学合作具有很好的基础，也有很大的空间。

要坚定不移地在开放办学中深化中英大学高水平合作。积极推进和深化中英高水平大学的战略伙伴关系建设，共同举办一系列高级别国际学术活动和会议，共同引导和参与全球大学高层对话机制；促进中英高水平大学的高层次专家互相流动或柔性聘用；提高中英互派留学生的规模和质量，拓展中英高水平大学国际暑期项目，积极建设高质量中英合作办学机构；加强中英高水平大学联合培养学生的力度，积极推进联授学位工作。

三、坚定不移在互鉴共赢中推进中英大学一流学科建设

没有一流的学科就没有一流的大学，在全球高等教育发展历程中，世界一流大学普遍高度重视学科建设，以学科建设带动学校办学水平的整体提高。2015 年 11 月 5 日，中国发布了《统筹推进世界一流大学和一流学科建设总体方案》，其核心是推动一批高水平大学和学科进入世界一流行列或前列，我们称为"双一流建设"。以一流为目标，以学科为基础，以绩效为杠杆，以改革为动力，目前已经确定了 42 所世界一流大学创建高校和一批世界一流创建学科。

我觉得大学本身就是一个国际化的产物，因为大学的使命就是传播知识、研究知识，而知识是没有国界的。世界一流大学，无论是现在处于一流还是正在创建一流，都必须重视国际合作。

我们要坚定不移地在互鉴共赢中推进中英大学一流学科建设。一是在大学改革发展的顶层设计上，牢牢抓住师资队伍建设这个牛鼻子，激励中英大学教师互相"走出国门"和"请进家来"，推动中英大学教师

队伍的互鉴互融，为中英合作提供人力资源保证。二是加强中英大学学科建设上的强强联合和优势互补。通过共同开展学科点建设和设立高水平联合研究机构，推进中英高校学科建设上的互鉴共赢。三是在科研业绩评估上，积极倡导中英大学学科团队合作，加强对中英大学科研合作产出的激励，促进高质量国际合作研究的开展。

大雁之所以能够穿越风雨、行稳致远，关键在于其结伴成行、相互借力。女士们、先生们、朋友们，"欲穷千里目，更上一层楼"，让我们共同努力，携手创造中英大学高水平合作更辉煌的明天！

推动构建人类命运共同体
努力开创高等教育新时代 *

（2017 年 12 月 20 日）

建设人类命运共同体是习近平新时代中国特色社会主义思想的重要组成部分,具有重大的理论价值和实践意义。在刚刚闭幕的中国共产党第十九次全国代表大会上,习近平总书记在大会报告中对此进行了深刻系统的论述。高等教育界应当在深入领会其精神实质的基础上,大力弘扬并积极践行这一重要理念,为中国特色社会主义事业发展和人类社会进步做出不负时代的贡献。

一、时代意蕴：全面准确把握构建人类命运共同体的科学内涵

（一）人类命运共同体理论是马克思主义时代化的重要成果

与时俱进是马克思主义的理论品质。一个半世纪以前,马克思和恩格斯在创立马克思主义学说之初,就把人的自由全面发展作为共产主义社会的本质特征,体现出其对人类前途命运的高度关注和科学预见。170 年来,世界历史在曲折中发展,人类社会在生产力的显著提高中前进。特别是进入 21 世纪以后,由中国共产党领导的改革开放伟大实践,不仅深刻地改变了中国的面貌和人民的境遇,而且极大地推动了

＊ 本文 2017 年 12 月 20 日发表于《中国高教研究》。

马克思主义的新发展。中国共产党第十九次全国代表大会庄严宣告，经过长期努力，中国特色社会主义进入新时代。这是我国发展新的历史方位。这个新时代既是全体中华儿女奋力实现中华民族伟大复兴中国梦的时代，也是我国日益走近世界舞台中央，不断为人类作出更大贡献的时代。在党的十九大报告中，习近平总书记明确指出，"中国共产党始终把为人类作出新的更大的贡献作为自己的使命"。"我们不能因现实复杂而放弃梦想，不能因理想遥远而放弃追求。没有哪个国家能独自应对人类面临的各种挑战，也没有哪个国家能退回到自我封闭的孤岛。"人类命运共同体理论丰富和发展了马克思的世界历史思想和21世纪科学社会主义理论，是对马克思主义的坚守和发扬，应当成为新时代中国共产党人高举的一面旗帜。

（二）构建人类命运共同体的理念体现了中华优秀传统文化之精髓

中华文明绵延数千年，有其独特的魅力和价值。在全球化趋势不可逆转，但逆全球化思潮甚嚣尘上的时代背景下，中华文明的重要使命之一就是同各国人民创造的多彩文明一起，为人类提供正确的精神指引。中华文明历来倡导和衷共济、和而不同，崇尚"己所不欲，勿施于人"。走和平发展的道路，一直是中华民族的精神追求，我们在外交实践及国际合作中一贯坚持亲诚惠容，追求和谐共赢。习近平总书记提出，"尊重世界文明多样性，以文明交流超越文明隔阂、文明互鉴超越文明冲突、文明共存超越文明优越"，展示了中国共产党人作为人类文明的传承者和弘扬者的真诚意愿和博大胸怀。构建人类命运共同体的理念对于增强中华文明对国际社会的亲和力具有重要意义。

（三）构建人类命运共同体日益成为当今世界的普遍共识

党的十八大以来，习近平总书记在许多重要场合郑重提出并不断深入阐发构建人类命运共同体的理念和实施路径，强调推动构建人类命运共同体，需要坚持各国相互尊重各自选择的社会制度和发展道路，尊重彼此核心利益和重大关切，求同存异、聚同化异，积极发展合作共赢的新型国际关系。这一系列重要观点得到国际社会的广泛认同。与此同时，我国以高度负责的姿态深度参与全球治理、应对气候变化、维护国际和平等全球化议程中，并在"一带一路"国际合作，加大对发展中国家的无私援助，以及支持多边贸易体制，推动开放型经济发展等重大战略实施中发挥引领作用，赢得了国际国内的普遍赞誉。随着我国国际地位的大幅提升，构建人类命运共同体理念已经载入了联合国多项决议中，这一具有中国智慧的解决方案，正在成为许多国家应对全球化趋势和挑战的选择。

综上所述，在全党和全国人民尤其是青年一代中进行构建人类命运共同体理念的教育引导十分重要，高等教育要承担起这份责任。要积极开展理论研究，切实地澄清一些模糊认识，进一步凝聚共识，增强行动自觉。要使全党同志深刻认识到，构建人类命运共同体，不是阶段策略而是长远战略，不是权宜之策而是整体方略，不是部门任务而是全局工作，是我们党和国家的崇高追求和郑重承诺。

二、使命担当：构建人类命运共同体呼唤新时代

新时代的中国高等教育要把握新使命，积极推动人类命运共同体建设，为创造人类美好未来添砖加瓦。

（一）用人类命运共同体理念促进世界高等教育新发展

回顾世界高等教育发展历史，柏拉图时代的教育是为了培养统治者；中世纪大学的诞生确立了知识传授的地位；19世纪初叶，以柏林大学为代表的高等教育确立了科学研究的功能；20世纪初期，威斯康星理念引导高等教育的职能从教学、科研扩展到社会服务。其后，随着时代的发展，高等教育的文化传承与创新、国际交流与合作的功能日渐凸

显。展望未来,各国相互联系、相互依存的程度将进一步加深,人类同住地球村,生活在历史和现实交汇的同一个时空里。在这样的时代,更多地需要"共同体思维"。人类命运共同体思维倡导整体而非局部地、开放地而非狭隘地思考人类面临的共同机遇和挑战。高等教育不仅要基于本国、本民族的立场和利益,而且要基于全球或全人类的利益。对中国高等教育而言,要在推动构建人类命运共同体方面承担引领责任,为世界高等教育的发展做出中国贡献。

(二)大力培育青年学生人类命运共同体意识

教育兴则国兴,教育强则国强。我们留给后代什么样的世界,关键取决于我们留给世界什么样的后代。人才培养是高等教育的核心使命,应当按照"价值引领、知识探究、能力建设、人格养成"的培养理念,造就中国特色社会主义事业的合格建设者和可靠接班人。我们要以习近平新时代中国特色社会主义思想对广大学生进行全面系统的价值引领,其中也包括对大学生开展人类命运共同体意识的教育引导。要积极培养热爱世界和平,自信、开放、包容,具有全球视野和跨文化沟通能力以及善于分析解决人类面临的共同难题的新一代,使青年学生在不同文化之间相互理解和尊重的前提下,通过文化对话相互学习和借鉴,推动人类文明进步。

(三)积极推动人类命运共同体的文化向世界传播

高等教育是理论创新的摇篮,是先进文化的传播源。世界高等教育发展史表明,任何国家民族意识的苏醒与崛起,创新文化的产生与发展,以及将本国的优秀文化和先进主张向外推送和传播,都离不开高等教育的关键作用。中国高等教育要坚持中国特色,坚持党的领导,在文化自信和教育自信的基础上,加强人类命运共同体理论研究,强化国际话语权,诠释中国理念、发出中国声音。高等教育要主动研究切实可行的国际传播机制和传播影响因素,引导高校师生参与人类命运共同体的国家话语体系建设中来。

三、开放共赢：高水平大学推动构建人类命运共同体的实践路径

人类命运共同体理念为我国高等教育发展提出了新的具体要求。尤其对于高水平大学而言，以构建人类命运共同体的理念深化教育改革，进一步发挥大学功能与作用，是应有之责，刻不容缓。

（一）培育全球优秀人才，主动顺应人才培养国际化趋势

改革开放以来，我国高水平大学建设取得显著成就，参与高等教育国际竞争与合作的能力和影响力大幅提升。以上海交通大学为例，2016年，本科生毕业前有赴海外游学经历的比例超过40%，毕业后赴海外知名大学深造的比例接近1/3。与此同时，有6 000多人次的海外学生在上海交通大学攻读学位或非学位课程。在高歌猛进的国际合作交流中，我们的人才培养工作也面临着新的挑战和任务，需要主动应对生源国际化和留学普遍化的趋势。具有全球影响力，吸引世界各地优秀学子来校求学是高水平大学的重要标志。以建设世界一流大学和一流学科为目标的中国高水平大学，理应创造更好的条件，吸纳更多欧美、亚非拉，特别是"一带一路"国家和地区的优秀生源，也包括吸收港澳台地区的优秀学子。随着越来越多的国际学生进入高水平大学就读，对相应的教学课程安排、教育教学方法都提出了新的要求，亟须转变教育观念、提升教育内涵。对于国际学生的教育，不仅要提供高水平的知识传授和专业教育，还要加深其对中国的发展历程和制度选择的了解，使其成为知华友华力量。围绕构建人类命运共同体设置相关课程，能够在价值理念上找到最大公约数，让国际学生更好地体认和接受中国主张，更多地关注和支持全人类共同利益的实现。在全球化时代，我国实现"两个一百年"奋斗目标，需要培养更多具有全球视野和国际

竞争力的创新人才。为适应这一要求,高水平大学中的学生在求学期间乃至工作之后,有海外研修经历的比例将会继续增长。如何让他们具有跨文化理解、交流与合作能力,从容自信地适应国外环境,积极有效地传播中国声音,不断改善中国国际形象是高水平大学人才培养的重要内容。所谓具有全球视野和国际竞争力的人才,不能简单地理解为外语好、专业能力强、素质过硬,更要有智慧、有担当、有胸怀,不仅要扎根中国,更要关注世界、关心全人类;不仅要参与、融入国际事务,更要影响、引领国际事务。用构建人类命运共同体的思想理念武装新时代的青年十分必要,将之有机融入相关课程,乃至探索设置与国际学生共同修读的课程,有助于提升价值引领的说服力、感染力和针对性。

（二）加强高水平国际合作,提升国际影响力和话语权

高水平的国际合作交流,有力地推动了我国高等教育加速发展。至今,我国已与 180 多个国家和地区建立了教育合作关系,与 47 个国家和地区签订了学历学位互认协议,中国的学历教育由此走向国际。在新的历史方位下,高等教育领域特别是高水平大学要以更加自信、开放、积极的姿态深入推进国际合作与交流,在取长补短、学习借鉴的同时,向世界推介中国高等教育的成果和经验,推动资源共享,在构建人类命运共同体的共识中,实现全球高等教育的共同发展,具体实施举措包括:加强与世界高水平大学间的教师互派、学生互换、学分互认和学位互授与联授;吸引更多世界一流专家和学者来校从事教学、科研和管理工作,有计划地引进海外高端人才和学术团队;办好若干所示范性中外合作学院和一批中外合作办学项目,在办学模式上逐步实现由依附型向主导型转变;积极加强与国外高水平大学或学术机构的合作,建立教学科研合作平台,联合推进高水平基础研究和高新技术研究,积极参与全球科学计划,共同研究全球性重大问题,解决科学前沿问题。同时,高水平大学要更加积极参与全球高等教育治理,提升议题设置能

力,推动国际组织教育政策、规则、标准的研究和制定,从而为全球高等教育发展提供中国智慧和中国方案。要鼓励教师在国际学术组织兼任学术职务,加强教育研究领域和教育创新实践活动的国际交流与合作。

（三）维护世界文明多样性,努力营造中国特色世界一流的校园文化氛围

传承和发展什么样的文化,是一所大学精髓和底蕴的体现。对于高水平大学,要特别重视以文化人、以文育人,必须以先进的思想文化武装人、引导人和塑造人,通过先进文化的创造、诠释和传播,促进学生的全面健康成长。习近平总书记在党的十九大报告中指出"没有高度的文化自信,没有文化的繁荣兴盛,就没有中华民族伟大复兴","发展中国特色社会主义文化,就是以马克思主义为指导,坚守中华文化立场,立足当代中国现实,结合当今时代条件,发展面向现代化、面向世界、面向未来的,民族的科学的大众的社会主义文化,推动社会主义精神文明和物质文明协调发展",这为新时代大学文化建设指明了方向,注入了新的内涵。一方面,要旗帜鲜明地坚持党的领导,坚持社会主义办学方向,牢牢掌握意识形态工作主导权,以道路自信、理论自信、制度自信、文化自信引领大学改革发展;另一方面,要尊重世界各国文明,鼓励百花齐放的学术创新,繁荣大学文化。当前,随着"双一流"建设的全面展开,中国正从高等教育大国迈向高等教育强国,这意味着中国的高校尤其是高水平大学既要立足中国,传承和发扬中华优秀传统文化和自身的历史传统,也要有胸怀世界、关注人类的视野和情怀,在世界文明史上留下重要印记。在大学文化和大学精神的培育上,要坚持立德树人,树立良好学风,培育创新精神,也要弘扬人类命运共同体的理念,以"各美其美,美人之美,美美与共,天下大同"的态度,积极倡导"尊重世界文明多样性,以文明交流超越文明隔阂、文明互鉴超越文明冲突、文明共存超越文明优越"的文明观,为人才培养、科学研究以及国际合作与交流营造更加兼容并蓄、海纳百川、开放包容的文化氛围。世界潮流,浩浩荡荡,顺之则昌,逆之则亡。当今世界的每一秒钟都是马克思所说的世界历史中的全球性时刻,推动构建人类命运共同体乃大势所趋、人心所向,也是中国高等教育落实"四个服务"的应有之义和推进人类文明进步的分内担当。新时代,我国高水平大学应该而且一定能引领世界潮流,积极推动构建人类命运共同体,为实现人类幸福美好的明天做出更大贡献!

与改革开放同行
为建设世界一流大学而奋斗[*]

（2018 年 12 月 12 日）

一、他与上海交通大学的故事

陈志文： 您参加了 1977 年高考,并考入了上海交通大学机械工程系液压传动与气动专业。您觉得上海交通大学是一所怎样的大学？上海交通大学的精神又是什么？

姜斯宪： 上海交通大学的办学历程可以追溯到 122 年前,学校的前身南洋公学诞生于甲午战败的硝烟和觉醒之中。历经新中国成立初期的院系调整、部分西迁,交通大学对共和国的高等教育发展做出了重要贡献。改革开放以来,交大一直保持快速发展的势头,综合实力稳居国内高校第一方阵。如今已成为向中国特色世界一流大学进军的排头兵。因此我们常说,交通大学"因图强而生,因改革而兴,因人才而盛"。

百余年的薪火传承、风雨砥砺,铸就了上海交大"求真务实,努力拼搏,敢为人先,与日俱进"的精神品格。与此同时,对国家和民族的热爱,也是交大人最深层、最根本、最永恒的情怀。新中国成立之初,百废待兴,我们的学长钱学森毅然回到祖国。他说:"我将竭尽努力,和中国人民一道建设自己的国家,使我的同胞能过上有尊严的幸福生活。"正

---

* 本文是 2018 年中国教育在线为纪念改革开放 40 周年推出的"见证教育大国崛起"系列专访《40 年 40 人》之一。

是因为以钱学长为代表的几代人的不懈努力,我们既赢得了世界的尊重,也收获了美好的生活。

陈志文： 在读大学时,上海交通大学给您留下最深的印象是什么?

姜斯宪： 印象最深的就是发奋读书吧。我进大学的时候,26个英文字母都认不全,不会解一元二次方程,也不知道什么叫有机化学。就是在这样一个起点上,我们77级学子开启了惜时如金的学习生涯。

说起来令人难以置信,当时我们每周用于学习的时间竟然高达80多小时,而这些时间是靠千方百计"挤"出来的,挤掉了周末和节假日,挤干了娱乐和社交活动,挤扁了吃饭和睡觉时间。"学霸"就是这样炼成的。我的一位室友,家就住在离学校几公里的地方,可他硬是一个学期只回了3次家,而3次加起来还不足一整天的时间。还有同学无论是在餐厅就餐排队,还是外出乘车,甚至是课间休息,都要拿出一叠英语单词卡片默记一番。如此艰辛的学习却让我们乐此不疲,主要是因为我们都有长达十年的时间没有坐在安静的教室里了,所以我们非常珍惜这来之不易的求学机会。

我研究生时同班毕业的20位同学,有15位出国继续深造,都在国外获得了博士学位。就从这一点来看,勤奋是多么有意义！记得在母校83周年校庆大会上,一位老校友在历数自己的数位恩师之后,讲了一句"走出交大,天下考试都不怕"的话,引起全校师生的强烈共鸣。我相信今天的交大学子也会发扬勤奋向学的传统。

陈志文： 在我们国家的高等教育发展历史上,77级有许多区别于其他年级的特点。

姜斯宪： 是的,确实有很多特点。比如,77级有很强的集体认同感,无论当年考进了哪所学校,只要是77级,彼此就十分亲切。又比如,77级同学的年龄相差悬殊,我所在的那个班,最小的16岁,最大的30岁。后者上初中时前者还没出生,生活阅历自然相差很多。

陈志文： 您这一代大学生可以说是读了两个大学，社会大学和知识大学。您觉得现在的大学生与您当时读书时有什么不同？

姜斯宪： 如您所说，我们这一代大学生经历了社会的历练，也为之付出了极大的代价。而现在的大学生，处在改革开放的新历史时代，视野非常开阔，基础特别扎实。他们也有很多渠道接触和了解社会。当然，他们经历的艰苦磨难不如我们当年，但我认为这不影响他们的健康成长。有时候，我也会与他们分享年轻时的一些感悟和困惑，能找到很多共同语言。

陈志文： 您认为上海交通大学带给您的影响是什么？

姜斯宪： 首先，上海交通大学培养了我，如果没有上海交通大学，我很难成为一个有一定知识素养、能够为国家做一些贡献的人。其次，上海交通大学也为我提供了在奉献中发挥才能、实现人生价值的舞台。

陈志文： 您最初进入上海交通大学时，其办学条件是怎样的？2014 年您再次回到上海交通大学任职，与 1994 年您离开时相比，感觉又有什么不同？

姜斯宪： 初入学时，上海交通大学是一所以工科为主的名校，尤其是在与船舶建造相关联的学科方向上实力很强，但理科、人文社科还不太强。当时整个国家百废待兴，学校的办学条件还较为艰难，校园很小，办学空间只有 400 多亩。

1994 年我离开上海交通大学时，"211 工程"刚开始实施。那时，我们面临的问题是，教育经费捉襟见肘，难以保证高水平的人才培养和科学研究。

2014 年我回到学校，发现有翻天覆地的变化。随着改革开放的深入和国家经济的发展，高校的办学条件得到了大幅度改善。我们现在需要考虑的问题是，怎样把国家给高等教育提供的强大支撑转化成人才培养的巨大优势，培养出高水平的人才。

陈志文：　在人才培养方面，您觉得上交大这些年来有怎样的变化？

姜斯宪：　我觉得上交大的人才培养能力有了大幅度的提升，并且已经实现了向研究型高校的转变，研究生的数量增长了很多倍。我硕士毕业那一届，上海交大总共有 189 名研究生毕业，包括 186 名硕士和 3 名博士。2014 年，我回到母校后参加的第一次研究生毕业典礼上，有 5 000 多名毕业生获得了研究生学位。而且，就质量而言，如今研究生的平均水准肯定不逊色于我们当年的水准。

陈志文：　您有丰富的从政经历。这些经历对您有什么改变，对您办学有怎样的帮助？

姜斯宪：　在上海市工作的十余年中，我经历了 6 次大跨度的工作岗位变动，曾经有人问我：这些工作岗位变动是你主动争取的，还是被动接受的？我的回答是没有主动争取过，但也不是"被动接受"的，应该说是欣然接受组织上给我的机会和挑战。无论调我去哪个岗位，我都努力争取在新的岗位上主动学习，主动发挥作用。总之，我感谢组织对我的信任和给我的机会，我也从中增长了知识和才干。

另外，也正是这十余年的从政经历，使我回到高校后，更进一步真切地认识到，高校应该为社会经济的发展提供人才支撑。我认为，应该鼓励高校的学者们接触社会，用科学知识和深刻见解，为社会的健康发展做出贡献。

二、一流大学与一流城市的共生互动

陈志文：　在您看来究竟怎样才算是世界一流大学？

姜斯宪：　世界一流大学既有共性特征，又具有个性化的发展道路。从共同特征看，比如都拥有一流的师资、一流的学科，都培养了大批一流的人才、涌现出大批一流的研究成果等。

与此同时，各所大学的发展模式又是千差万别的，没有哪所一流大学是靠生搬硬套模仿其他大学而建成的。可以说，每一所一流大学都拥有自己独特的发展道路。中国高等教育抓住了改革开放的历史机遇，实现了从规模到质量的全面提升，也为国家的繁荣富强做出了重要贡献。一批高水平研究型大学在"211工程""985工程"以及"双一流"建设等国家重点计划支持下，各类可比的办学指标迅速达到或接近世界一流大学，有的已经进入世界前列。在日趋激烈的世界高等教育竞争中，这十分不易。

但我们也需要反思，与论文、项目、经费等科研指标快速增长相比，我们在创新人才培养上如何成为真正的一流？从根本上来讲，培养一流人才，是大学永恒的核心使命，人才培养质量是世界一流大学的"本真"。看一所大学办得怎么样，关键还是要看它培养出了什么样的人才。从这一核心使命出发，我们还任重道远。

陈志文：习近平总书记指出，"办好中国的世界一流大学，必须有中国特色"，"我们要认真吸收世界上先进的办学治学经验，更要遵循教育规律，扎根中国大地办大学"。您怎样理解中国特色的世界一流大学？

姜斯宪：探索中国特色世界一流大学的建设之路，一定要立足中国国情、扎根中国大地、服务中国需求，发展模式要体现中国智慧，可比指标要达到世界一流。

中国的世界一流大学必须坚持中国特色。在建设世界一流大学过程中，我们要做的，不是照搬哪一所世界一流大学的发展模式，而应充分借鉴世界一流大学的有益经验，准确把握世界一流大学的本质特征，抓住历史机遇，走出自己的路。

首先，世界一流不等于西方标准。世界的目光越来越关注崛起的亚洲。亚洲包括中国的世界一流大学不会是哈佛大学或剑桥大学的复制品。我们要看西方标准，但不唯西方标准，要破除"符合西方标准就行、不符合西方标准就陈旧落后"的错误认识，正本清源而不亦步亦趋。要自信而又坚定地面向世界科技前沿，面向国家重大需求，面向国民经济主战场，在数量上提高，在质量上提升，为世界一流大学注入中国元素，丰富和繁荣世界高等教育。

其次，中国特色不代表另起炉灶。建设中国特色世界一流大学，是党和政府在总结新中国成立以来尤其是改革开放以来我国高等教育发展规律的基础上提出的高等教育发展方略。中国特色不是去国际化，更不是抛开行业标准另搞一套标准。得不到国际认可的一流大学不能叫作世界一流大学。所谓中国特色，是在坚持世界一流水平的前提下更加符合中国现实发展需要，是扎根中国大地的探索和实践。中国特色世界一流大学建设之路，是将中国经济社会发展需要同世界高等教育发展规律深度融合在一起的独特道路。

陈志文： 刚刚您提到了一流人才的培养，当前关于高等教育"重科研、轻教学"现象的讨论比较多。从人才培养的角度来说，您怎么看待两者之间的关系？

姜斯宪： 如果仅仅是以"零和游戏"思维在这两者之间做平衡选择，那不可能破解这一难题。人才培养、科学研究、社会服务和文化传承创新都是高等学校的基本职能，它们之间有着内在的逻辑关系，不是此消彼长的关系，而是相辅相成的关系。强调人才培养的中心地位，并不是要弱化其他职能。学校发展每一个方面的进步都会体现为办学水平的提升，最终也必然会转化为人才培养质量的提升。没有高水平的师资队伍，没有高水平的学术研究，高校的人才培养工作就是无根之木、无源之水。所以，我比较同意一个说法，科研是源、教学是流。

对于高等学校而言，我们应当进一步澄清对学术研究成果表现形式的认识，发表论文、转化为现实生产力是学术成果的表现形式，向学生传授知识同样也是学术研究成果的表现形式，而且应当是一流大学学术研究最为基础的成果体现形式。

陈志文： 您怎么看待高校与所在城市之间的关系？上海是一个发展非常迅速的国际化大都市，作为地处上海的"双一流"建设重点高校，上海交大又是怎么融入这个城市的发展的？

姜斯宪： 我认为一所大学应该很好地融入一流城市的成长之中。城市与大学呼吸与共，城市因大学而兴，大学因城市而盛。上海无疑是跻身世界一流的大都市，需要有更多的世界一流大学。作为高水平研究型大学，上海交大努力配合区域经济社会的发展，紧密围绕国家重大需求和上海建设具有全球影响力的科创中心目标开展了有组织的科研工作，产生了一批又一批重要成果。

陈志文： 上海市教育大会明确提出了到 2020 年总体实现教育现代化，到 2035 年实现更高水平、更高质量的教育现代化，建成与具有世界影响力的社会主义现代化国际大都市相匹配的一流教育的奋斗目标。那么，上海交大又有哪些举措？

姜斯宪： 第一，坚持以全面提高人才培养质量为核心。近年来，上海交大坚持以培养优秀的社会主义建设者和接班人为使命，实施了价值引领、知识探究、能力建设、人格养成"四位一体"的人才培养模式。立德树人的鲜明导向不断强化，"学在交大"的共同追求深入人心，培养拔尖创新人才的不懈努力结出硕果。"选择交大，就选择了责任"成为交大毕业生的集体记忆。特别是在人工智能、海洋科技、智能制造、生物医药等战略性新兴产业领域，一批上海交大毕业生崭露头角，成为引领行业发展的中坚力量。

第二，坚持以深入推进综合改革为根本动力。2014 年岁末，经国家教改办正式批准，上海交大综合改革方案正式实施。综合改革的目标是建立以制度激励为核心的现代大学治理体系和探索以部市协同为支撑的高校自主发展道路。我们把坚持和完善党委领导下的校长负责制作为根本，逐步形成了中国特色现代大学治理体系；围绕人才强校主战略，持续深化"多元评价"改革，营造"'进'者悦而尽才"的良好氛围；贯彻落实"放管服"，持续推进"院为实体"改革，形成校院协同发展、充满活力的发展态势。

第三，坚持以服务国家和上海发展为重要使命。作为高水平研究型大学，上海交大紧密围绕国家重大需求和上海建设具有全球影响力的科创中心目标开展有组织的科研工作，产生了一批又一批重要成果，荣获国家级和上海市级科技奖项数量一直名列全市高校第一。在反映原始创新能力的国家自然科学基金项目上，上海交大连续九年名列全国高校第一。2018年，在上海市政府和国家有关部委的支持下，李政道研究所、张江科学园破土动工。上海交大与临港集团共同建设的上海智能制造研究院进入实体化运行。上海交通大学人工智能研究院、医疗机器人研究院、航空发动机研究院挂牌成立，转化医学等高水平交叉研究平台相继建成。上海交大与市政府发展研究中心合作的中国城市治理研究院取得了许多高水平的咨政建言成果。

第四，坚持以高水平的对外开放为发展路径。经过长期努力，上海交大已汇聚了2 000余名具有海外长期学习或工作经历的优秀师资；本科生求学期间赴国外知名院校游学的比例逐年上升。与此同时，外籍教师来我校工作的比例稳步上升，留学生的生源质量显著提升。上海交大密西根学院、中欧国际工商学院、上海交大-巴黎高科卓越工程师学院以及上海高级金融学院等国际化办学特区声誉卓著，并产生了良好的溢出效应。上海交大已经成为"以我为主"的国际合作办学高地。

面向2020年，上海交大将初步建成中国特色世界一流大学。我们将倾力打造中国特色、上海气派的世界一流高等教育，努力实现让国人不出国门就能上世界一流大学的愿望。同时，我们将积极向世界彰显中国大学的风采，吸引世界一流的留学生来我校接受学历教育和深度访学，努力提升中国高等教育的世界竞争力和上海的城市魅力。

陈志文： 上海交大与海南省签署了战略合作协议，这个战略合作协议会对双方产生怎样的影响？

姜斯宪： 参与海南建设和发展是上海交大积极响应党中央、国务院号召，在教育部、海南省的直接关心和支持下做出的重要战略选择。

近年来，上海交通大学与海南的合作进展迅速，在医疗卫生、高等教育、科技创新等方面取得了一定成绩。此次战略合作协议的签署，是以优势互补、互利共赢为原则，以协同创新发展为主线，立足实际，着眼长效，建立战略合作伙伴关系，发挥上海交通大学引领作用及所长，服务海南自贸区和中国特色自由贸易港之所需。双方将继续在教育、医疗卫生、人才培养、科技创新等领域开展深入合作，上海交通大学将在三亚崖州湾科技城设立研究生院、研究院、重点实验室、科技成果转化孵化中心等分支机构，构建产学研用一体化创新平台，从而进一步促进国际国内一流的人才汇聚海南、服务海南，为海南发展提供更多更好的支持，进一步为海南发展贡献力量。

三、坚定不移地推进国际化战略

陈志文： 您还有一个国际组织的头衔，海南博鳌亚洲论坛咨询委员会成员。

姜斯宪： 是的。2006 年 11 月我转任海南省副省长，后又担任三亚市委书记，这期间分管过多个领域的工作。其中，从 2007 年开始，我已连续参加了 12 次博鳌亚洲论坛年会，并深度参与了论坛的组织和服务保障工作；在 2010 年年会上，我荣任博鳌亚洲论坛理事，直至 2015年年会上转任论坛咨询委员会委员。

陈志文： 此前参与的这 12 次年会，您所感受到的变化是什么？

姜斯宪： 如果要总结一下这些年所感受到的变化的话，那就是中国真的有了世界强国的地位了。当今世界人无问东西、国不分大小，都在关注中美关系的演变，都期望能达成双方可接受的解决方案。这与改革开放之初真有天壤之别了，与 1998 年亚洲金融危机、2008 年全球金融危机时，也不可同日而语。各国政要、企业家、学者交口称赞中国大而不骄、强而不霸、居安思危，构建人类命运共同体的重要理念。

我首先明显地感觉到，国际社会普遍认为中国的崛起不可阻挡，世界各国对中国的重视程度显著提升，在很多国际场合，中国的声音很有影响力。

陈志文： 世界从来没有像今天这样瞩目中国。

姜斯宪： 中国自古就推崇，"天下为公""协和万邦"。在当今世界处于大发展大变革大调整时期，各个国家、不同文明之间的交流互鉴、相互依存的程度也前所未有，这就需要当代的青年，要能够海纳百川、放眼全球，以"达则兼济天下"的胸襟和担当，"为世界进文明，为人类造幸福"！

陈志文： 这可以说是改革开放的伟大成就。那么，对于改革开放以来中国高等教育的发展，您怎么评价？

姜斯宪： 首先，中国高等教育的规模迅速扩张和质量不断提升是毋庸置疑的。中国高等教育毛入学率从 20 世纪 70 年代末的不足 2%上升到 2018 年的 48.1%。不敢肯定"后无来者"，但绝对是"前无古人"。与此同时，中国高等教育的质量显著提高。上海软科发布的世界大学学术排名显示，中国内地知名大学在过去 13 年间的国际学术排名普遍上升了 200 位以上。《美国新闻与世界报道》发布的"2016 年全球顶尖大学排行榜"中，中国内地有 29 所大学跻身全球前 500 强，超越日本（15 所）成为亚洲龙头。这类排行未见得十分准确，也不应成为我们建设中国特色世界一流大学的指挥棒，但它所反映的发展趋势则是不争的事实。

其次，中国高校师资队伍水平和结构发生了深刻变化。以上海交大为例，在近 3 000 名专任教师中，约有 2 000 人具有一年以上的海外学习或工作经历，其中约 800 人具有海外知名大学博士学位。每年还有数百位外籍教师到交大来长期或短期授课或合作研究。我们的老师通过发表学术论文、参加学术会议、开展合作科研及联合培养研究生等多种方式，开展了广泛的国际交流合作，走在了国内高校前列。

最后，学生的国际化程度空前提高。在校本科生中有接近 50% 具有海外游学经历，这种国际化程度在 40 年前是不可想象的，而这种国际化进程对提升学校的办学水平是至关重要的，对于学校早日建成世界一流大学是不可或缺的。

陈志文："上海之所以发展得这么好，同其开放品格、开放优势、开放作为紧密相连。"2018 年在首届中国国际进口博览会的开幕式上，习近平总书记向来自 172 个国家、地区和国际组织的首脑这样推介上海。同样，我觉得上海交通大学是我国改革开放以来发展最快的大学之一，其中很重要的一个原因是坚持了国际化的发展战略。

姜斯宪：我觉得国际化是高等教育发展所趋。培养一大批有全球视野，具备跨文化理解、交流与合作能力的国际化创新人才，是上海交大的使命。

目前，交大与 150 余所著名大学签订了校际合作协议，每个学院都有高水平的国际合作。近 50% 的同学在本科期间就有海外游学经历，而研究生赴海外接受联合培养、出席国际会议或参加合作研究也是常态。

交大密西根学院、交大-巴黎高科卓越工程师学院，分别以优异表现通过了国际认证（ABET、CTI、EUR－ACE），这有力地推动了学院乃至全校与世界顶尖大学开展学分互认、联合培养等深层次合作。

交大安泰经济与管理学院、中欧国际工商学院、上海高级金融学院已成为国际商学院中的翘楚。

再如致远学院,2016年获得了全球教育创新奖,"致远荣誉计划"在全校覆盖面越来越广。

这些特区学院的溢出效应已经明显地体现在全校各院系国际化程度的提高和培养创新型人才的探索上。

陈志文: 随着高校国际化的发展,您是怎么看待高等教育中意识形态问题的?

姜斯宪: 我认为,高校要旗帜鲜明地坚守意识形态阵地。高校党的干部要有坚定的理想信念,都不能在意识形态工作中当旁观者。我们要更加旗帜鲜明地阐释我们的立场、观点和制度安排,在意识形态领域加强正面引导。

陈志文: 我了解到,您坚持给学生们上思政课,并且得到了广泛的好评。在新时期,高校应该如何对待大学生思想政治教育? 上海交通大学有哪些方面的尝试?

姜斯宪: 当今的大学生群体,与其父母辈相比,视野更加开阔,心态更加成熟,对国家的未来更有信心,对中国共产党更有期待。这样的深刻变化并不是突然的跃升,而是改革开放持续发展的结果,也是高等教育界坚持社会主义办学方向的结果。

其中,大学生思想政治教育起到了至关重要的作用,既是维护高校政治稳定、健康发展的"压舱石",也是培养大学生思想政治素质的"主渠道"。我们既要从容自信地看待青年大学生的思想政治状况,也要实事求是地分析高校思想政治教育方面存在的问题,更要旗帜鲜明地长期坚守大学生思想政治教育阵地。

近年来,上海交通大学在大学生思想政治教育方面进行了以下四方面探索：

一是坚持价值引领与培育学术精神相统一。要把增强广大师生对中国特色社会主义的"四个自信"有机地融入知识探究、能力建设和人格养成的全过程中。

二是加强第一课堂和巩固第二课堂相统一。从战略高度和长远效果上看待思想政治课的价值，并努力提升各类思政课的质量。我们坚持十余年由党委书记在开学当天为全体大一新生上第一堂课，我曾自告奋勇去上"两课"，从中既切身体会到上好"两课"之不易，也增强了支持"两课"建设的责任感。同时，努力发挥开学典礼和毕业典礼等特殊时刻以及各类讲座、报告、主题活动、社会实践和学生党团组织的作用，在潜移默化中提升学生的思想政治素质，特别是家国情怀与使命担当意识。

三是夯实线下教育和加强网络思政教育相统一。充分运用网络等新媒体、新工具、新方式开展思想政治工作。运用新媒体、新技术使工作活起来，把深刻的道理通过鲜活的教育载体与表现形式讲得透彻、讲得生动、讲得有效，增强时代感和吸引力。

四是强化队伍建设与推进全员育人相统一。多年来，学校逐步打造出一支专兼结合、素质过硬的辅导员队伍，专职辅导员核心作用显著。另外，学校也加强了对教师的思想政治引领。传道者自己首先要明道、信道。教师的教育教学、日常言行，对学生有重要影响。我们努力营造全员育人的整体氛围，充分发挥研究生导师、班主任、任课教师教书育人的作用以及管理和保障部门服务育人的作用，努力调动全校教职员工、广大校友以及各界人士关心学生成长成才的积极性。

陈志文： 在未来，您准备带领上海交通大学走向哪里？

姜斯宪： 现在上海交通大学正在建设世界一流大学。我希望，在这一进程中，能够发挥自己的一点点作用。

我们定了一个小目标,就是在 2020 年成为世界公认的百强大学之一。同时,我们也确立了在 2035 年进入世界一流大学前列、2050 年建成顶尖的世界一流大学的长远目标。我们将接续奋斗,把交大建成全球人才的向往之地、重大科技创新的策源之地、思想文化的引领之地。而要实现这一目标,必须坚持走好中国特色世界一流的交大之路。

坚持国际化办学　培养中国金融领导者[*]

（2019 年 4 月 8 日）

一、融入国家战略，坚持国际化发展

问：　在上海交大发展变革的战略版图中，对于上海高级金融学院（以下简称高金）的创建与发展有着怎样的定位和思考？

姜斯宪：　上海交通大学是我国改革开放以来发展最快的大学之一，其中很重要的一个原因是我们坚持了国际化的发展战略。早在1978 年，上海交大就组成了新中国第一个高等教育代表团访问美国，后来又陆续创办了中欧国际工商学院、上海交大密西根学院等享誉海内外的中外合作办学实体，还在新加坡成立了国内高校的第一个海外研究生院。可以说，上海高级金融学院的创办也是上海交大坚持推进国际化办学的新篇章。

目前，上海交大3 000 名左右的专任教师中，约有2 000 人具有一年以上的海外学习或工作经历。在校本科生中有接近50%具有海外游学的经历或直接来自海外，这种国际化程度在 40 年前是不可想象的，而这种国际化进程对提升学校的办学水平是至关重要的，对于学校早日建成世界一流大学是不可或缺的。我们定了一个小目标，就是在 2020 年成为世界公认的百强大学之一。而要实现这一目标，必须坚定不移地推进国际化战略。

---

*　本文是 2019 年 4 月 8 日在上海交通大学上海高级金融学院 10 周年院庆时的专访。

问： 在上海交大推进国际化战略的过程中，为什么会争取与上海市政府共同创办高金？

姜斯宪： 高金是上海交通大学主动向上海市委、市政府请缨创办的。事实上，作为教育部的一所重点高校，上海交大完全有权自主创办一所金融学院。我们也有条件与国外一流商学院联合来创办一个金融学院。但当时学校党委领导班子经过慎重的研究之后，向上海市提出希望共同来创办一所金融学院。

我认为当时领导班子的决策是深谋远虑的。因为只有把我们的金融学院充分融入上海建设国际金融中心的国家战略之中，我们的金融学院才能直接获得上海市的有力支持，实现更好、更快的发展。高金这十年来的办学实践，也证明了当时的决策是正确的。当然，学校只是提出了共同办学的希望。而真正实现这个希望，是因为市委、市政府领导高瞻远瞩，做出了这样的重要决策，并且组成了一个由市政府相关领导和学校负责同志构成的理事会，来精心地指导高金走过过去十年的路。

问： 经过十年的努力，高金是否达到了当初创办时的预期？

姜斯宪： 围绕建成国际一流金融学院这样一个奋斗目标，在市委、市政府主要领导和相关委办局，以及上海交大的大力支持下，在高金全体师生的不懈努力下，高金十年的发展进步可圈可点，成绩喜人。

一般而言，一个世界一流的学院总是离不开四个主要要素：要有一流的师资队伍，要有一流的生源，要有好的教学体系和课程设置，要产生一流的研究成果。就高金来看，我们在金融教育领域里集聚了一批优秀的教师，总体的生源质量始终保持在高位，而且越来越高。在课程体系和学术研究方面，高金也做了很好的探索和积极的努力。

当然，要做好这四方面的工作，也离不开制度创新和制度保障。这些年，高金也在不断地探索，如何在体制机制上找到一条更加适合在中国本土建设一个世界一流金融学院的发展道路。这个探索也取得了较好的阶段性成效。

二、扎根中国，坚持两个"毫不动摇"

问： 高金的发展即将迈入新的十年。根据交大建设"中国特色世界一流大学"的战略目标，您对高金的未来有何期望？

姜斯宪： 面对今后十年，乃至更长的时间，我希望高金能够坚持两个毫不动摇：一是早日建成世界一流的金融学院，毫不动摇；二是培养中国特色社会主义的建设者和接班人，毫不动摇。

这两个"毫不动摇"，其实我们在过去十年里也是一直坚持的，但是在新的时代我们仍然要与时俱进。

首先从建设国际一流金融学院的角度来说，十年前，创办这个学院的时候，我们走在了前面。当时设计的一些课程，比如另类投资、行为金融、衍生证券等，给人留下了耳目一新的感觉。我们勇立当时全球金融教育的潮头，所以就抢得了先机。但是到了今天这个时代，有些内容可能已经成为金融从业人员的常识了。我们拿什么继续走在前列？这是需要高金广大教职员工慎重思考的。

十年前，我们更多的是要借鉴国际金融发展，包括金融教育发展的先进理念，来提升我们金融从业人员，特别是金融管理人员的水平。而今天我们除了要继续学习借鉴、提升以外，更多的还要关注中国金融发展所提出的一些重大课题。比如说如何防范系统性金融风险？怎样在上海自贸区实现金融创新？这些课题已经不仅仅是中国的题目，也是世界的题目，我们要在回答这些问题时做出高金的独特贡献。

另外，十年前我们招生时，主要是在中国范围内选拔可造之才。而在考虑高金未来的时候，我们需要研究如何吸引来自世界各地的精英，他们在高金能够得到哪些独特的收获，这些都是创建世界一流金融学院的应有之意。

其次，是毫不动摇地坚持社会主义的办学方向，培养中国特色社会主义事业的建设者和接班人。

对于这个问题，近年来习近平总书记在不同的场合都有深刻的论述，怎样在我们学院的人才培养中深入贯彻这个要求，是需要深入思考和不断实践的。

从交大的层面来说，我们现在提出了价值引领、知识探究、能力建设、人格养成"四位一体"的人才培养理念。这对高金同样是适用的。尤其是价值引领，怎样增强金融高级从业者的家国情怀、责任担当，避免变成精神贵族和金钱至上者，我们要有切实有效的探索。

另外一个就是在学院的工作中要努力发挥好党组织的政治保证作用。我们的老师来自世界各国，学院的党组织要让他们在了解我国国情的基础上增强对我们制度的尊重和认同。我们以后还会有越来越多的国际学生，我们希望他们能够通过在这里的求学过程，深刻了解真实的中国，成为知华友华的力量。这也是高金不能回避的任务和挑战。

问： 在未来的发展中，上海交大还将为高金的发展提供哪些空间和支持？

姜斯宪： 我认为，高金未来要取得更大成功，一定要更加有效地利用学校作为一个综合型大学的总体优势，来推动学院自身的成长，这方面的课题和机会有很多。

现代金融的发展，越来越依托于技术进步所提供的一些机会。比如金融科技这个概念，现在大家也都耳熟能详。但是究竟通过哪些努力能够使我们未来的学生在金融科技这个领域中更加游刃有余，可能需要高金教授们自身的努力，也可能需要和学校其他相关学科的教授共同努力。高金现在也在推动关于金融大数据方面的一些研究，这方面交大其他一些院系也有很好的基础，如果各方合作推动，我觉得可以做得更好。同时，在金融、经管学科领域内，交大的高金、安泰以及中欧国际工商学院彼此之间也可以有更好的合作，通过资源共享，实现多赢。

另外，要成为世界一流的金融学院，需要形成更大的学术影响力和政策影响力，而这种影响力必须以高水平的研究为支撑。高金作为上海市政府依托交大创办的学院，要把上海国际金融中心作为最重要的研究对象，要响应市政府的期待，主动资政建言，有为方能有位。

我相信在未来的十年，高金在市政府的精心呵护和帮助下，在交大的大力支持下，一定能够取得新的、更好的发展，真正办成与上海国际金融中心地位相称的世界一流金融学院。

发挥市校合作平台优势
助力长三角一体化研究 *

（2019 年 4 月 20 日）

习近平总书记在首届中国国际进口博览会发表主旨演讲时宣布将支持长江三角洲区域一体化发展并上升为国家战略，这是党中央立足全国发展大局做出的重大部署。我们要发挥多学科、跨部门、跨行业的综合优势，服务于长三角一体化战略，充分发挥上海市在长三角地区的龙头和带动作用，为长三角地区实现一体化高质量发展做出新的贡献。中国城市百人论坛作为一个城市领域的公益性、学术性的多学科交流平台，自 2014 年成立以来已经成为我国城市领域引领理论创新、服务政府部门决策、推进新型城镇化进程的权威性智库平台。我非常荣幸受邀在此与各位专家同仁交流一些想法。

2016 年 10 月，经上海市政府同意，由市政府秘书长和我共同担任院务委员会主任的上海交通大学中国城市治理研究院成立。通过这一市校合作平台，集聚了一批城市治理相关领域的专家，产出了一批资政启民的成果。其中，与长三角一体化相关的研究课题已完成 30 余项。例如，提出上海应通过外联苏州、无锡、杭州等城市，打造最具全球影响力的长三角创新都市圈。又如，提出长三角一体化环境基础设施共建共享共治的规划思路。再如，提出从浙江嘉兴"管道接力"，将千岛湖水

* 本文节选自 2019 年 4 月 20 日在"中国城市百人论坛 2019 春夏研讨会"上的发言。

引入上海供市民直饮的方案。另外，2018 年下半年，中国城市治理研究院还组织了"长三角城市治理最佳实践案例评选"活动，在 79 项申报案例中选出了 20 项有复制推广价值的案例，包括上海的土地全生命周期管理、浙江衢州的"最多跑一次"行政审批、江苏南京的民意"110"、安徽铜陵的社区治理体制改革等，产生了良好的社会效果。

2018 年 11 月，习近平总书记在上海进博会上向全世界宣布，支持长江三角洲区域一体化发展并上升为国家战略。我校部分学者研究后认为，这是继浦东开发开放之后，中央在长三角地区打出的又一张王牌。特别是随着长三角一体化示范区（青浦、吴江、嘉善）浮出水面之后，大家的期待值进一步上升。围绕如何在这样一个经济发展相对滞后的两省一市交界区和水源生态保护区培育环境友好的高增值产业，形成又一个经济增长极，大家各抒己见。其中较为一致的看法是要遵循新发展理念，突破行政区划的限制，实行高效开发体制和高度开放政策，以在全球范围内吸引长期资金、一流人才、新兴产业和创新成果为目标，建立有国际竞争力的制度体系，努力提高经济密度。要以示范区带动都市圈建设，进而推进长三角一体化国家战略的落实。

一些学者还提出，城市群和都市圈都是中央近年来反复强调的概念，两者既相互联系又各有侧重。城市群是新型城镇化的主体形态，是支撑全国经济增长、促进区域协调发展、参与国际竞争合作的重要平台。都市圈是城市群内部以超大特大城市为中心，以一小时通勤圈为基本范围的城镇化空间形态。从这一概念出发，长三角一体化示范区应当更多地从构建新的高水平都市圈的角度予以规划。要打破既有行政区划限制和原有地区规划限制，大刀阔斧、从快从速地重新编制示范区高水平总体规划。这并不违背一张蓝图绘到底的发展理念，而是审时度势、螺旋上升，宣示坚持改革、扩大开放的战略决策。

共谱开放合作新篇　同创高等教育未来[*]

（2019 年 11 月 28 日）

　　11 月的新加坡依然绿意葱茏，生机勃勃。今天，我们相聚在美丽的狮城，隆重举行上海交大新加坡研究生院揭牌典礼。首先，我代表上海交通大学向各位嘉宾的莅临，表示最诚挚的欢迎！对上海交通大学新加坡研究生院的成立，表示热烈的祝贺！向一直关心和支持交大与新加坡合作发展的新加坡政府、教育部、国家研究基金会、新加坡各个兄弟高校及各界朋友，向中国政府、教育部、中国驻新加坡大使馆，也向广大的交大海内外校友，表示崇高的敬意和衷心的感谢！正是因为有各方面的坚定支持、帮助和厚爱，上海交大与新加坡才能够"共谱开放合作新篇，同创高等教育未来"，这也是我今天演讲的主题。

　　上海交大与新加坡情缘深厚、联系紧密。前年，我曾率交大代表团访问新加坡国立大学、新加坡国家研究基金会等机构，与基金会总裁 Low Teck Seng 教授、中国驻新大使陈晓东、南洋理工大学荣誉校长徐冠林等进行了会晤和交流，并和吴作栋先生亲切会面，他对上海交大与新加坡长期以来紧密的合作关系及诸多合作成果，给予了高度肯定。我们还举行了"南洋之声"音乐会世界巡演的首秀，以新加坡为起点，向世界传递交大乐章。今天出席典礼的很多嘉宾都曾共享那场音乐盛宴，相信大家和我一样都还记忆犹新。此次再赴狮城，有幸与各位嘉宾高朋共同见证交大新加坡研究生院的揭牌，不胜欣喜，也希望和大家一

* 本文是 2019 年 11 月 28 日在上海交通大学新加坡研究生院揭牌典礼上的讲话。

同开启交大与新加坡开放合作、共建共赢的新篇章。

上海交大是一所"因图强而生，因改革而兴，因人才而盛"的大学，也是中国改革开放以来发展最快的大学之一。1978年，中美建交尚在酝酿，交大率先组成新中国高校访美代表团，打开中美高等教育交流的大门。20世纪80年代，交大率先开展管理体制改革，得到中国"改革开放总设计师"邓小平的肯定，交大的改革经验历史性地被写入政府工作报告；率先规划建设新校区，占地近5000亩的闵行新校区，兴建于上海的母亲河——黄浦江畔，景色秀丽、开阔大气、功能齐全，为学校长远发展注入了生机和活力，为交大建设世界一流大学奠定坚实基础。从20世纪90年代起，学校率先推进中外合作办学，开创了若干国际化办学特区。1994年，中国政府与欧洲联盟分别指定的项目执行单位上海交通大学和欧洲管理发展基金会签署了《中欧国际工商学院办学合同》，宣告了中国第一所中外合作的国际化商学院的成立。进入21世纪以后，交大与密西根大学合办的"上海交通大学密西根学院"，在中国率先开设跨国双学位高等教育项目，以高质量的办学赢得了良好的国际口碑，交大密西根学院曾获得"海斯克尔国际教育革新奖"，为中国高校国际化办学发挥了示范作用。2012年，上海交大与法国四所顶尖工程师学校合作创立了"上海交大-巴黎高科卓越工程师学院"，办学成效显著，享誉海内外，被两国政府评为"中法大学合作优秀项目"。

有开放合作、交流互通的胸怀和意愿才有共享共赢的格局，才能携手创造美好的明天。今天的上海交大坚持在开放合作中融入全球格局、追梦世界一流。

近年来，上海交大的国际声誉不断提升。在国际公认的ARWU、USNews、QS等权威大学世界排名中表现不俗。2019年，ARWU全球排名中交大位列第82名，比2004年的461名跃升了300多名；QS最新全球排名中交大位列第60名，比2010年的151名跃升了近100名。交大始终保持上升势头,大体上都在百强左右。

学科国际影响力越来越强。交大有 19 个学科入围 ESI(国际有影响的基本科学指标)全球前 1%,7 个学科为 ESI 全球前 1‰学科,工程学是 ESI 全球前 1‰学科。最新 QS 学科排名中,交大有 10 个学科入围全球前 50 名(其中,会计与金融位列第 41 名,统计运筹学位列第 43 名,工商管理位列第 45 名),25 个学科入围全球前 100 名。特别要提及的是,近年来,交大管理学科收获了良好的国际声誉。上海交大安泰经管学院获得了 AMBA、EQUIS 和 AACSB 三项国际顶级权威管理教育体系认证,是中国大陆首家同时获得三项国际认证的商学院。在英国《金融时报》于 2019 年 11 月发布的全球 MBA 百强排行榜中,上海交大安泰经管学院跃居全球第 14 位,蝉联亚洲第一。我在很多重要场合跟政府官员打交道时,虽然他们对高等教育了解可能并不多,但是一讲到我们安泰的 EMBA 项目亚洲第一,他们印象就十分深刻,赞赏有加。

近年来,学校创新卓越人才培养成效显著。上海交大学子三次问鼎 ACM 国际大学生程序设计竞赛全球总冠军,在这项被誉为"全世界最聪明的人的比赛"之中,交大学子与来自哈佛大学、麻省理工学院等世界名校和清华、北大等国内名校学子同台竞技,6 次取得赛事金牌。越来越多的交大优秀毕业生获得国际一流大学青睐。每年近千名出国的本科生中,约有 40%进入世界排名前 30 位的大学,约有 70%进入世界排名前 100 位的大学。在人工智能创业领域,涌现出以商汤科技、第四范式、依图科技等多个独角兽企业创始人为代表的年轻一代交大校友。

师生科研创新硕果累累。交大一大批科研团队聚焦世界科技前沿问题和关键技术,取得突破性进展。2017 年底,李政道研究所在上海交通大学成立,瞄准玻尔研究所、普林斯顿高等研究院等"世界顶级前沿科学研究所",努力成为影响世界的科研机构,汇聚一批全球顶尖科学家，产出重大原始创新成果。暗物质直接探测实验取得重要进展，上海交大 PandaX 团队奋斗在四川锦屏山深达 2 500 米的地下，利用液态氙探测器开展暗物质直接探测实验，在激烈的国际竞争中处于领跑地位。

高水平智库与社科基地积极发挥资政启民作用。上海交通大学中国城市治理研究院立足一流大学与全球城市共生互动，与联合国人居署、世界银行等国际组织和咨询机构积极合作，问诊城市治理难题，凝聚全球专家智慧，凝练、形成和推广超大型城市治理的上海经验，并连续四年成功举办由新加坡等多个国家和地区代表参加的全球城市论坛。

近年来，我们与世界一流大学的交流合作不断增加，合作层次持续深化。上海交通大学与全球 150 余所著名高校签订了合作协议，并与多所一流高校设立了学术交流基金项目，联合培养本科生、硕士生和博士生，包括与新加坡国立大学合作开展的联授博士项目。2018 年，交大本科学生海外访学比例近 50%，同年来校的国际学生逾 7 000 人次（其中学位生约占四成）；在 3 000 余名专任教师中，约有 2 000 人具有一年以上海外学习或工作经历，约有 800 人在海外取得博士学位，在国际学术组织担任 Fellow 的有 160 人次。每年有超过 1 万人次师生到世界知名大学讲学、合作研究、出席学术研讨会或修读课程。同时，也有超过 1 万人次海外师生来上海交大从事同类活动。交大学者与世界一流大学学者科研合作渐成常态。过去 5 年（2014—2018 年），上海交大与哈佛大学合作发文 1 208 篇，与密西根大学合作发文 906 篇。上海交大与新加坡高校合作论文的数量也相当可观。在近 5 年内，交大与新加坡国立大学合作发文 450 篇，与南洋理工大学合作发文 236 篇。

上海交通大学与新加坡高等教育界友好合作源远流长，成果丰硕。早在 1992 年，上海交通大学管理学院就在新加坡探索实施教学项目，成为最早在海外开展 MBA 教育的国内高校之一。几十年来,我们聚集了一批名师、培养了众多高端管理人才,凭借优秀的办学质量,赢得了新加坡各界的好评。我们与新加坡多所大学都有着多年的友好合作关系。合作领域不仅包括学生交流与联合培养、举办 MBA 与 EMBA 项目、科研合作等,还在城市治理、机械、能源环境等领域开展深入合作。上海交大于 2012 年 2 月 22 日与新加坡政府、新加坡国立大学签署"E2S2(超大城市的能源环境可持续发展方案)"项目合作协议,这是由时任新加坡总统、新加坡国家研究基金会(简称 NRF)主席陈庆炎先生主导的,旨在成为引进国际智慧、通过多学科联合攻关研究解决全球性重大科技问题的"卓越研究与技术企业学园(简称 CREATE)"计划的一个重要组成部分。项目执行 7 年来,开展了卓有成效的工作,项目一期已经完成,双方合作发表论文 350 篇,研究成果获得了国际专家委员会和新加坡政府的高度评价,有力地推进了城市水体新生污染物风险管控"全覆盖"和城市废弃物能源资源化利用"趋零废弃"。

上海交通大学校领导与新加坡大学之间的访问、交流绵延不断,常常能互相启迪、通力合作。2011 年 9 月 9 日,陈祝全校长率新加坡国立大学董事会代表团一行访问我校。2013 年 3 月 20 日,我校张杰校长一行访问了新加坡国立大学。2017 年 5 月 28 日,新加坡国家研究基金会执行总裁刘德成、新加坡国立大学副校长陈祖翰一行访问我校。2017 年 11 月,林忠钦校长访问了新加坡国立大学、南洋理工大学、新加坡管理大学,并出席 2018 年 CREATE 项目董事会议。这种密切交流互鉴,不仅推动了双方实质性的合作,还增强了友谊,为中新文化交流做出了积极贡献。

当前,中新关系稳步前行,务实合作持续深入推进。2015 年,习近平主席对新加坡进行国事访问,两国宣布建立与时俱进的全方位合作伙伴关系。新加坡建国 50 多年来取得了令世人惊羡的发展成就,其创新能力、竞争力都居世界前列。新加坡的成功，一个重要原因就是长期实行对外开放政策。上海交大的发展成就也是在不断开放合作中取得的，我们坚持在开放合作中分享发展机遇和经验，既发展自己，也携手包括新加坡高校、科研机构、企业在内的国际伙伴，为相关国家、地区乃至世界和人类进步作出贡献。正是秉承这一理念，我们成立新加坡研究生院，既是对过去以安泰学院为主在新加坡开展的系列卓有成效工作的承继，也是开启学校与新加坡合作新的征程。深化与新加坡合作、办好新加坡研究生院在我校国际化办学篇章中举足轻重，因此学校派出了以彭颖红为院长的优秀管理团队。

回首几十年，上海交大与新加坡关系深耕厚植、硕果累累。展望新时期，以交大新加坡研究生院为纽带，上海交大与新加坡的合作必定欣欣向荣、前景广阔。

最后，衷心祝愿各位嘉宾、各位校友、各位同学身体健康，万事如意！我也代表交大诚挚邀请各位在方便的时间莅临上海交通大学访问！美丽的上海交大欢迎来自各方的高朋好友！我们期待着同友好的新加坡政府、高校、企业界及社会各界携手努力，为开放合作、共享共赢开创更美好的未来！

创立城市治理高校智库
为城市发展添砖加瓦 *

（2020 年 12 月 10 日）

2014 年初，我从海南省调任上海市人大常委会副主任、上海交通大学党委书记。经过前期学校与市政府办公厅等相关部门的多轮研商、沟通，2016 年，在时任上海市市长杨雄同志的全力支持下，由我与上海市政府秘书长共同担任院务委员会主任的上海交通大学中国城市治理研究院挂牌成立，我同时担任研究院院长。四年以来，我亲历了研究院从无到有、从小到大的历程，研究院在服务我国城市区域发展特别是上海城市治理体系和治理能力现代化方面贡献了一些力量，我感到非常欣慰。

一、聚焦城市治理领域，高起点谋划特色新型智库

研究院的创立具有深刻的时代背景，一方面，城镇化带动我国经济社会快速发展的同时，也使得"城市病"集中爆发，亟须高等院校组织跨学科、跨领域及跨国界的专家学者深度协同参与；另一方面，近年来我国高度重视中国特色新型智库建设，国家经济社会发展需要有根有据、合情合理的研究。

2015 年 1 月，中共中央办公厅、国务院办公厅印发《关于加强中国

＊ 本文是关于上海交通大学创建中国城市治理研究院的回顾。

特色新型智库建设的意见》，提出"统筹推进党政部门、社科院、党校行政学院、高校、军队、科研院所和企业、社会智库协调发展，形成定位明晰、特色鲜明、规模适度、布局合理的中国特色新型智库体系"。在此背景下，2015 年 10 月，在中国城市治理论坛上，上海交通大学国际与公共事务学院成立了城市治理研究院，希冀能以响应城市未来发展需求为目标，把握当下城市治理的关键议题，致力于积极推动城市研究的多学科发展。该研究院正是中国城市治理研究院的"前身"。

2015 年 12 月 20 日，时隔 37 年后，中央城市工作会议再次召开，明确强调"转变城市发展方式，完善城市治理体系，提高城市治理能力，着力解决城市病等突出问题，不断提升城市环境质量、人民生活质量、城市竞争力，建设和谐宜居、富有活力、各具特色的现代化城市，提高新型城镇化水平，走出一条中国特色城市发展道路"。中央城市工作会议召开后，"城市治理"的重要性凸显起来。

值此当口，我所在的上海交通大学内部经过多次讨论，形成了中国城市治理研究院建设方案，并于 2016 年 5 月在学校党委常委会讨论通过研究院建设方案。根据该建设方案，上海交大希望可以和上海市政府合作，在交大国际与公共事务学院城市治理研究院的基础上，共建中国城市治理研究院，将其打造成为国际一流中国特色新型智库、优秀人才汇聚培养基地及高端国际交流合作平台，加快推进中国城市治理体系与城市治理能力的现代化，不断提升中国在全球城市治理领域中的话语权。

2016 年 3 月，我向杨雄市长正式汇报了成立中国城市治理研究院的想法。杨市长明确表示，希望学校能够借助这一平台，与市政府各部门进行长期合作，提升政府科学管理水平，特别是积极推动智慧城市建设、推动有关部门数据的使用和共享。根据这一指示精神，我与时任上海市政府秘书长肖贵玉同志及市政府发展研究中心负责同志认真研究了中国城市治理研究院的创办思路,强调研究院要和市政府各部门形成长期合作,研究院专家要更加深入地参与政府工作实践之中;研究院应努力精准地提供咨政建言成果,切实推动城市发展,不断提高治理水平;另外,全上海在大数据方面的优势要转化为研究城市治理的重要资源,与城市治理相关的部门应多参与研究院的工作。

2016年4月和5月,市政府先后召开两次专题会,研究市委宣传部、市发展改革委、市教委、市财政局等各相关部门支持交大中国城市治理研究院建设的具体方案。2016年6月,上海市人民政府批准上海交通大学中国城市治理研究院建设方案。2016年10月30日,在2016全球城市论坛开幕式上,杨雄市长与我共同为中国城市治理研究院揭牌。至此,中国城市治理研究院正式成立。

回顾以往,中国城市治理研究院的成立可谓恰逢其时,责任重大,需求迫切,具体来说可以概括为四个"需要"。

第一,完善城市治理体系,提高城市治理能力的需要。21世纪是城市的世纪。2015年末,我国城镇化水平已达56.1%。但近年来,环境污染、交通拥堵、住房保障、医疗健康、公共安全、应急管理等城市治理问题日益成为城市治理中的焦点和难点,严重影响了人民生活质量和政府公信力的提升,同时也引起了各界的高度关注。从纽约、伦敦、巴黎等全球城市治理实践看,各个国际化大都市都将大数据的精准分析、跨部门的协同响应、社会主体的多元参与作为"城市病"诊疗的重要举措。

第二,讲好中国故事,提升国际话语权的需要。2015年底召开的中央城市工作会议,明确提出城市是我国经济、政治、文化、社会等方面活动的中心,在党和国家工作全局中具有举足轻重的地位;会议强调,不断提升城市环境质量、人民生活质量、城市竞争力,建设和谐宜居、富有活力、各具特色的现代化城市,提高新型城镇化水平,走出一条中国特色城市发展道路。实施中国城市治理研究"走出去"战略,讲好"中国故事"，唱响"中国声音"，打造中国城市治理的国际话语权。

第三，推广上海城市治理经验，破解城市治理难题的需要。作为具有全球影响力的国际化大都市，特别是作为改革开放的排头兵、创新发展的先行者，上海一直积极推进城市治理体系与治理能力现代化，建设有温度、人民有获得感的城市，要积极总结、推广上海的先进经验，为党和国家制定重要决策提供理论依据；同时要针对上海城市治理中突出的各类矛盾和短板，进行系统性、全方位研究。

第四，发挥百廿交大的学科优势，为城市治理贡献智力支持的需要。上海交通大学经过 120 多年的发展，已经成为国际知名一流综合性大学，有软硬结合的多学科优势，拥有一批国际知名的专家学者和遍布世界的海外知名校友，且与一批国际知名的城市治理专家建立了广泛而深入的联系，理应为上海乃至中国的城市治理做出相应的贡献。

二、发挥体制机制优势，为城市发展提供智力支持

中国城市治理研究院是在上海市人民政府的支持下，由上海交通大学和上海市人民政府发展研究中心合作建设的，积极探索了上海交通大学和上海市相关部门协同运行、上海交通大学举全校之力兴办的新体制。研究院实行院务委员会领导下的院长负责制。院务委员会主任由我和上海市人民政府秘书长兼任，委员由上海市 17 家委办局的分管领导、中国金融信息中心的领导以及上海交通大学相关负责人兼任；院长由我兼任，第一副院长由上海市人民政府发展研究中心主任兼任。

中国城市治理研究院院务委员会的委员们，每年通过院务委员会会议、院长办公会议等平台为研究院的发展建设出谋划策，平时则通过走访、调研、课题研讨、党课交流等多种形式与研究院密切互动。目前，中国城市治理研究院已先后召开了 5 次院务委员会会议。每一次院务

委员会会议,都有上海市政府秘书长及 10 多家委办局的分管领导参会,足见市委、市政府对研究院的厚爱。这让我在感动的同时,也深感中国城市治理研究院的责任重大。

研究院的组织体制独具特色,也就注定了其建设过程的极不平凡。在创建之初,研究院遇到的难题便是如何有效地将高校专家的研究成果转化为适合于党政领导阅读的咨政建言。当时,学校绝大部分的学者习惯于撰写学术论文,并不擅长撰写内参。对此,我产生了"请学者型官员负责研究院咨政建言转化工作"的想法,经过和市委组织部门沟通,邀请学者型官员徐汇区人大常委会原主任陈高宏同志来研究院任职。陈高宏同志曾长期从事政研室工作,熟悉内参工作的同时又热爱研究,是负责研究院咨政建言转化工作的"不二人选"。果不其然,在陈高宏同志担任研究院的副院长后,研究院的咨政建言工作逐渐走上了正轨且屡创佳绩,成为研究院的核心品牌。截至 2019 年底,研究院共报送咨政建言 256 篇,批示和采纳 138 篇次,其中副国级以上领导批示 34 篇次;正部级领导批示和采纳 26 篇次;副部级领导批示和采纳 45 篇次。

中国城市治理研究院的另一品牌当属全球城市论坛。研究院自 2016 年起固定承办"世界城市日"主题活动之全球城市论坛。该论坛每年由世界银行、联合国人居署、上海市政府发展研究中心、上海市住建委以及上海交通大学共同主办,由中国城市治理研究院作为主要承办单位。目前,全球城市论坛已经成功举办 4 届,联合国副秘书长、人居署执行主任华安克洛斯等多位重量级外宾,杨雄市长和多位副市长,国家住房和城乡建部等部门的官员,国内外顶尖专家如多伦多大学校长 Meric Gertler、哈佛大学肯尼迪学院 Steven Kelman 教授等先后参加全球城市论坛,分享城市治理经验。每年的全球城市论坛我都会出席并致辞,并为真实还原专家学者演讲发言精彩内容的全球城市论坛实录系列图书作序。

一流的高校智库需要一流的学术影响力，高端系列研究著作是形成一流学术影响力的重要举措。因此，自 2017 年起，我担任总主编组织编写了"城市治理理论与实践丛书"。目前，该丛书已出版著作 16 本，其中包括"中国城市治理研究系列"著作 10 本，从不同领域考察了改革开放以来中国城市治理 40 年发展的特殊道路，在深度探讨中国城市治理 40 年、构建中国特色的城市治理理论基础等方面，进行了有益探索。此外，还包括贯彻落实 2017 年 3 月 5 日习近平总书记"上海这种超大城市，管理应该像绣花一样精细"讲话的实践系列著作，如《像绣花一样精细：城市治理的徐汇实践》《像绣花一样精细：城市治理的金山实践》《像绣花一样精细：城市治理的浦东实践》等，展示了上海城市精细化治理的探索与经验。

三、不忘初心砥砺前行，致力于推动城市治理现代化

经过 4 年时间的建设，中国城市治理研究院成效初显，在决策影响力、国际国内影响力、体制机制影响力、人才吸引力、学术影响力等方面持续扩大。2018 年，研究院荣获中国智库索引（CTTI）2018 年度大学智库百强、上海社科院《2018 中国智库报告》"中国特色新型智库"新智库提名。2019 年，研究院入选"上海高校智库"一类智库。2020 年，研究院入选首批上海市重点智库。展望未来，希望研究院不忘初心砥砺前行，争取纳入国家高端智库，努力建设成为国际一流中国特色新型智库、优秀人才汇聚培养基地和高端国际交流合作平台。

一是建成国际一流中国特色新型智库。打造展现中国特色、贡献中国智慧的城市治理智库。研究院要打造符合国际惯例，贡献体现中国特色、中国风格、中国气派的学术体系和话语体系。研究院要把握当

代,体现以上海为代表的中国特大型城市的特点;体现中国这个发展中大国,在经济快速增长背景下新型城镇化的特点,从时间维度、地理维度系统分析,总结经验和规律,提出具有中国特色的主体性、原创性的理论。研究院要面向未来,前瞻性、预见性地提出适应上海成为全球城市以及中国新型城镇化进程中的指导性理论,为全球城市治理贡献智慧。

构建多学科紧密整合、协同创新的开放式新型城市治理智库。研究院将基于上海交通大学现有的社情民意调查中心、第三部门研究中心、公共政策与地方治理创新中心、大都市文化研究中心、改革创新与治理现代化研究中心、环境评价研究所等研究基地,通过文、理、工、管、医、农等多学科紧密整合,进一步带动上海交通大学学科交叉与创新协同,为系统解决城市治理难题奠定基础;研究院将以更开放的胸怀和机制面向校内、校外,国内、国外,形成政、产、学、研、用紧密结合的城市治理创新平台,打造城市治理的智库群,巩固上海城市治理研究的领先地位,塑造中国城市治理研究的国际品牌。

二是建成优秀人才汇聚培养基地。利用"旋转门"机制汇聚城市治理的研究人才。研究院以城市治理研究的具体内容为旋转枢纽,通过双聘机制使校内院际、校际、政府实践部门的人员,国家间以及其他高端智库的专家都可"旋转"到研究院,使国内外一流尖端人才汇聚在研究院,构建多个城市治理的核心研究团队。

服务国家、上海市城市治理的战略需要,培养城市治理的高端、紧缺、复合型实践人才。研究院根据全国与上海市对现代化城市管理高端人才的紧迫需要,通过整合校内外不同学科以及政府、咨询公司的师资,充分发挥育人高地的优势,培养城市治理多层次的高端人才,面向城市治理实践部门工作人员提供岗前培训、职业进修等非学历教育培训。

三是建成国际交流合作平台。对外宣传中国城市发展道路、理念和实践，塑造中国城市治理的话语体系。研究院依凭上海的地理位置优势，动员上海乃至全国资源，在深入研究城市治理理论的基础上，实施中国城市治理研究"走出去"战略，加大国际学术交流，唱响中国声音，打造国际化的中国城市治理研究团队。

对内引进国际城市治理的先进经验，破解城市发展的难题。创办国际学术论坛、国际城市市长论坛、与国外学者或国际咨询机构展开合作项目研究等，搭建多种国际合作交流渠道，致力于吸引国际一流城市治理人才、机构和组织汇聚上海、了解中国，贡献国际城市治理的先进经验，探讨上海与中国城市治理发展大计。

作为中国城市治理研究院的创建者之一，我对这家高校智库饱含感情，在建设中倾注了一定的时间精力，也对其未来寄予厚望。在研究院筹建阶段，我曾以"开放与创新、合作与共享、集成与交叉"作为中国城市治理研究院的建院理念。现今，在研究院处于机遇与挑战并存的时期，我愿意投入更多精力带领研究院更上一层楼，也期待研究院为我国的城市治理现代化贡献力量。

主动服务国家战略　支持海南建设发展*

（2020 年 12 月 20 日）

　　海南是我国最大的经济特区，是我国对外开放的重要"窗口"和体制改革的"试验田"。近年来，党中央赋予海南经济特区新的重大责任和使命，对海南改革开放发展寄予厚望。上海交通大学积极响应国家号召，充分结合海南省区位、资源、政策等优势和上海交通大学人才、教育、科研等优势，共同促进省校合作，服务国家发展战略。三年来，我见证了双方一系列卓有成效的合作逐步深入的历程，为上海交大能在海南快速发展中贡献一份力量而欣慰。

一、支持海南，主动服务和融入国家发展战略

　　2018 年 4 月 13 日，习近平总书记在庆祝海南建省办经济特区 30 周年大会上发表重要讲话，明确强调"要发展海洋科技，加强深海科学技术研究，推进'智慧海洋'建设，把海南打造成海洋强省"。中共中央、国务院提出，要"鼓励国内知名高校和研究机构在海南设立分支机构"。为贯彻落实习近平总书记这一重要讲话精神和中央要求，教育部召开支持海南深化教育改革开放推进会，要求上海交通大学等涉海高校，按照共建共享的理念在海南建设国际一流的海洋教育科研及成果转化平台。

---

* 本文是关于上海交通大学与海南省开展校地合作情况的回顾。

在此背景下，我于 2019 年 2 月中旬带领学校近 20 位部门负责人和办学骨干再次赴海南调研，重点对三亚市崖州湾深海科技城、大学城等地进行了实地考察，并与三亚市委、市政府和海南省教育厅、科技厅、卫生厅等相关部门代表进行深入交流。2 月 18 日，我与海南省沈晓明省长一起证签了海南省政府与上海交大的战略合作协议。根据协议，海南省政府和上海交通大学将坚持以主动服务国家发展战略为导向，以优势互补、互利共赢为原则，以协同创新发展为主线，立足实际，着眼长效，建立战略合作伙伴关系，发挥上海交通大学之所长，服务海南自贸区和中国特色自由贸易港之所需。双方将在教育、卫生医疗、人才培养、科技创新等领域开展深入合作。

上海交大与海南的合作是全方位的，双方在医疗卫生、科教合作、干部培训、深海科技等领域都有着扎实而持久的合作基础。与海南省签署战略合作协议是上海交大积极响应党中央、国务院号召，在教育部以及海南省的直接关心和支持下做出的重要战略选择，既势在必行，又恰逢其时。

二、优势互补，高质量建设三亚深海科技研究院

我曾在海南工作多年，担任过三亚市委书记，与三亚有着不解之缘。同时，我也高度认可海南省和三亚市发展海洋经济和海洋科技事业的雄心。

2019 年 4 月 9 日，三亚市代表团到上海交通大学访问，我和交大的同事们与他们进行了深入的交流讨论，形成了双方深化合作的共识。双方决定携手同心，着力将三亚崖州湾深海科技公共平台打造成全国深海科技领域研发的开放式共享基地，力争形成国家深海科技人才集聚地和深海科技研发高地。该公共平台将以超前规划布局深海装备和

技术发展,探索构建集科技与产业连接器、科技成果转化助推器、创新创业孵化器和应用型人才哺育器等功能为一体的发展格局,推动三亚高新技术产业发展。

2019年4月29日,上海交通大学党委常委会研究决定,成立上海交通大学崖州湾深海科技研究院。2019年8月15日,上海交通大学三亚崖州湾深海科技研究院成立大会暨管委会第一次会议在崖州湾科技城举行,我受聘担任第一届管委会主任。三亚崖州湾深海科技研究院是三亚市人民政府与上海交通大学共建的事业法人单位。三亚市人民政府为研究院开展科学研究、人才培养和产学研合作等工作提供全面支持,上海交通大学提供技术支撑和人员支持,双方建立了定期协商、决策机制。上海交通大学新设专门办公室与三亚崖州湾科技城管理局进行具体工作对接,协调整合双方资源,加强统筹合作工作,落实工作任务。

双方合作的优势和特点非常鲜明。三亚有适宜深海科技研究的自然地理条件、国家示范区的特殊政策,以及"两船"(原中国船舶工业集团有限公司、原中国船舶重工集团有限公司)、兄弟高校等合作伙伴的聚集。交大不仅有一批敢于扎根创业的领军人物和知名教授,还有全国首屈一指的船海学科和综合性大学的支撑条件,在科技创新方面一直表现不俗。交大2018年的科研经费突破36亿元,并以第一完成单位获国家科学技术奖10项,位居全国高校第二。交大2019年的科研经费达到40亿元,并在国家科技奖方面取得新的重大突破:以上海交大为第一完成单位的"海上大型绞吸疏浚装备的自主研发和产业化"项目获评国家科技进步特等奖。上海交大在船舶海洋学科领域具有深厚的积淀,学科排名位居国内之首和世界第一。牵头落实在三亚深海科技领域的研究工作既是上海交大服务国家战略、服务海南和三亚发展的担当,也是践行"把论文写在祖国大地上"

的责任,同时,也是我们保持海洋领域学科优势的重要机遇。三亚在深海科技发展方面具有地理、资源、政策等得天独厚的优势,与上海交大在深海工程和科学研究上的优势可以形成"1+1>2"的化学反应。

三、发挥体制机制优势,干出海南特色、交大速度

上海交通大学以优势互补、互利共赢为原则,以协同创新发展为主线,立足实际,着眼长效,针对海南发展需求,围绕教育合作、卫生医疗、人才培养、科技创新等领域开展深度合作,服务海南自贸区和中国特色自由贸易港建设及发展,取得了显著的阶段性成果。

一是加强教育合作,推动整体水平提升。上海交大对口合建海南大学,重点在法学、信息与通信工程等学科群建设中加强合作;对口支援海南医学院,在学科建设、人才培养、科研创新等方面给予支持;深度参与海洋尤其是深海领域发展,探索在三亚崖州湾科技城设立研究生院、研究院、重点实验室、科技成果转化孵化中心等分支机构,构建产学研用一体化创新平台。上海交通大学还在确保培养质量的前提下,务实推进以三亚崖州湾科技城为主要基地的海南专项研究生培养工作,完成了 2020 级 109 名专项研究生招生,并制定了下一步专项研究生的招生与培养计划。

二是加强卫生医疗合作,形成结对帮扶机制。上海交大参与海南博鳌乐城国际医疗旅游先行区等区域的开发建设,推动沪琼两地合作发展医疗健康产业;鼓励所属医疗机构进入海南医疗旅游服务领域,加强对海南各级各类医院的托管、帮扶和合作,在海南建立分院或专科医院,提升医疗服务水平并吸引更多的海内外医疗旅游游客;支持所属医疗机构参与并指导海南医疗机构在科研项目申报、技术路线设计等方

面的实施,协助海南医疗机构开展知觉新技术、新项目的引进;对海南省住院医师、专科医师进行代培,与海南省住院医师规范化培训基地建立结对帮扶关系,加强与海南在住院医师、专科医师规范化培训工作方面的交流与合作。2020年5月8日,上海交通大学、爱丁堡大学、全健康研究中心与海南博鳌乐城国际医疗旅游先行区管理局签署了合作备忘录,将促进全健康相关产学研的合作和成果转化,带动"健康海南"的建设。

三是共同搭建人才培养平台,蹄疾步稳。支持海南省选派高校骨干教师和管理干部到上海交通大学挂职锻炼、培训交流。合作举办MPA项目等人才培养、培训项目,支持海南省中青年党政干部、企事业技术骨干等人才队伍建设,鼓励上海交通大学专家学者做客座教授或兼职教授,开展冬季小学期授课。上海交通大学国务学院于2019年先后和海南省多家单位合作举办10个班次的干部非学历培训班,累计培训1 600人次。培训班的开办产生了良好的社会影响,进一步提升了上海交通大学的社会声誉。在国家政策允许的范围内,根据海南省经济社会发展对人才的需求,上海交大将调整优化在海南的招生专业及招生计划。

四是坚持科技创新,助力深海科技研发。崖州湾深海科技研究院对接海南发展战略,坚持科技创新,服务三亚产业发展,2019年在所有入驻高校中率先承担海南省科技厅重大科技专项,并且承担了崖州湾科技城先导项目和咨询服务合同多项,开展深海海底多金属结核采集装置研制、为崖州湾科技城规划海上试验场等研究工作。研究院牵头的"深海装备海上实测运维系统技术转化与应用"项目获得2019年度海南省科技厅重大科技专项立项;研究院还获得崖州湾科技城管理局立项支持5个科技先导项目和3个咨询服务项目。

2019年11月10日,中央政治局常委、国务院副总理韩正考察三亚崖州湾科技城，听取了林忠钦校长汇报崖州湾深海科技研究院的建设情况，韩正同志强调，要发挥海洋科研"国家队"作用，推动海洋科技全面发展，为加快建设海洋强国作出更大贡献。

我坚信上海交大与海南省、三亚市的合作一定会结出丰硕成果，一定能实现省校双赢，我愿为此竭尽绵薄。

党的建设篇

凝心聚力　深化改革　坚定不移
走中国特色世界一流大学之路[*]

（2015 年 3 月 14 日）

　　中国共产党上海交通大学第十次代表大会,是在我校创建世界一流大学的关键时期召开的重要会议。本次大会的主题是:全面贯彻党的十八大、十八届三中、四中全会和习近平总书记系列重要讲话精神,紧密围绕"四个全面"战略布局,团结和动员全校共产党员和全体师生医务员工,坚持道路自信,抢抓发展机遇,深化综合改革,推进依法治校,提高办学质量,加快内涵发展,坚定不移地走中国特色世界一流大学之路,为实现中华民族伟大复兴的中国梦而努力奋斗!

一、九次党代会以来的工作回顾

　　自 2008 年 12 月以来,学校党委认真落实第九次党代会提出的目标任务,团结带领全校师生医务员工,坚持社会主义办学方向,聚焦质量和内涵建设,砥砺奋进、勇攀高峰,形成了综合性、研究型、国际化的办学格局,整体实力稳居国内高校前列,国际影响力和竞争力显著提升。

　　百年交大,因图强而生,因改革而兴,因人才而盛。回顾九次党代

---

[*]　本文是 2015 年 3 月 14 日在中国共产党上海交通大学第十次代表大会上的报告节选。

会以来的工作，我们深深地感到，上海交通大学比历史上任何时期都更有信心、更有能力实现建设世界一流大学的历史性奋斗目标。

九次党代会以来最宝贵的经验和体会是：

一是始终坚持立足中国、面向世界。我们坚持以国家强盛、民族复兴为己任，把服务国家作为内在的价值追求，在对接国家战略和上海需求中把握机遇、赢得发展。我们秉持海纳百川、有容乃大的理念，持续推进国际化战略，以世界一流为标杆，对接国际学术前沿，引进高层次国际化人才，开展高水平科学研究，全面提升学校的国际竞争力和影响力。

二是始终坚持聚焦质量、内涵发展。我们自觉遵循高等教育发展的一般规律，循序渐进、蹄疾步稳地推动改革和发展，不动摇、不折腾。我们坚持规模、质量、结构和效益相统一，推动学校逐步从外延发展向内涵发展转变，从重数量指标向重质量水平转变，走以提高质量为核心的内涵式发展之路。

三是始终坚持改革创新、敢为人先。我们把改革作为学校发展的根本动力和活力之源，尤其重视内生驱动的自我变革，创新体制机制，推动转型发展。经过近一年的努力，我校成为继北京大学、清华大学之后，首家获准实施综合改革方案的单位，再次赢得了改革的先机。

四是始终坚持文化传承、与日俱进。我们传承交通大学百年文脉，恪守"饮水思源，爱国荣校"的校训，积极培育并充分发挥大学文化的凝聚、引领和辐射作用，让"选择交大，就选择了责任"成为凝结在交大人血液中的一种精神，使"欲成第一等学问、事业、人才，必先砥砺第一等品行"成为交大人的行为风范。

五是始终坚持党政同心、昂扬奋进。我们始终坚持并不断完善党委领导下的校长负责制，形成了团结一心、求真务实、奋发有为的党政领导班子。党委专注于把握方向、决定大事、用好干部、鞭策党员，全校上下始终保持一种精诚团结、昂扬向上的精神状态。

"行百里者半九十。"我们必须清醒地认识到,我们的工作与创建世界一流大学的目标、与党和人民的期待还有不小的差距,还存在一些亟待解决的问题:人才培养的中心地位还缺乏有力的制度支撑和政策保障;学科发展还不平衡,学科交叉集成的体制机制还没有实质性突破;重大原创能力、学术声誉、国际影响力与世界一流还有较大差距,引领行业和社会发展的标志性成果还不多;具有全球影响力的顶尖人才数量还偏少,引进高层次人才的创新引领效应还未充分体现;评价体系存在"重科研、轻教学,重个人、轻团队,重论文发表、轻社会贡献"的倾向;适应学校管理重心下移的治理结构还不够完善,教师参与学术决策的机制和渠道还不多;激发自主创新的文化生态还未形成;部分办学骨干的改革意识和创新精神还跟不上新形势、新任务的要求。

二、主要思路和战略目标

早日建成世界一流大学,是全体交大人的共同梦想,更是国家赋予交大的光荣使命。我们要发扬无须扬鞭自奋蹄的进取精神,乘势而上、顺势而为,努力把机遇转化为加速再出发的新优势。

(一)学校改革发展面临的形势

从现在起到 2020 年,是我国实现第一个百年目标的攻坚阶段,也是国家继续推进世界一流大学建设的关键时期。在新的历史条件下,我们要从世界竞争、国家发展、上海建设的大背景、大格局中科学谋划学校发展。

面向科技革命迅猛发展的新趋势。信息、生物、新能源、新材料等科学技术交叉融合,正引发新一轮科技革命和产业变革,并与社会转型发展形成历史性交汇。作为高水平研究型大学,我们应当发挥综合性学科优势，优化战略布局，加强学科交叉，加强与地方及行业的紧密合作，积极对接海洋强国、"一带一路"等国家战略和倡议，有力支撑上海建设具有全球影响力的科技创新中心。

面向全面深化综合改革的新使命。地处改革开放最前沿的上海交大，要充分发挥"先行优势"，积极稳妥地实施学校综合改革方案，更加注重发挥学术权力的作用，更加注重激发院系的办学活力，更加注重以人为本的文化建设，着力构建自主自律、充满活力、富有效率、更加开放的现代大学治理体系，争做高等教育改革的先行者和冲击世界一流大学的排头兵。

面向依法治国基本方略的新蓝图。我们要发挥大学章程的引领和推动作用，将依法治校作为大学治理体系和治理能力现代化的核心内容，以法治思维和法治方式，推动发展和改革。加强制度规则体系和决策程序建设，建立更加符合中国高等教育发展规律的现代大学制度。加强高水平决策咨询研究，为建设法治中国贡献交大智慧。

面向改进作风从严治党的新常态。坚持党要管党、从严治党，是我们党保持先进性和纯洁性的高度自觉。加强党对高校的领导，增强基层党组织的凝聚力和战斗力，是办好中国特色社会主义大学的根本保证。我们要牢固树立政治意识、大局意识、服务意识和忧患意识，持之以恒地加强党的思想、组织、作风、制度和反腐倡廉建设。

（二）指导思想

扎根中国大地，与国家发展同向同行，是中国大学的比较优势，也是交大腾飞的不竭动力。处在伟大变革时代，我们理应有更大的责任与担当，坚持把立德树人、提高质量作为根本任务，把服务国家、造福人类作为价值追求，把内涵发展、深化改革作为工作主线，把依法治校、制度激励作为根本保障，积极探索中国特色世界一流大学的交大之路。

面向 2020 年，我们的指导思想是：坚定不移地坚持社会主义办学方向,贯彻党的教育方针,培养一流人才。按照"勤学、修德、明辨、笃实"的要求,把全体学生培养成中国特色社会主义事业的合格建设者和可靠接班人。坚定不移地服务国家创新战略,研究中国问题、推动社会发展。自觉置身于国家发展的大舞台,着力解决经济社会发展面临的重大理论和现实问题,做出推动人类文明进步的重大原创性成果。坚定不移地融入全球竞争与合作,坚持道路自信、贡献中国智慧。坚持开放办学,积极打造具有全球影响力的学术和文化品牌,探索具有中国特色、交大特征的办学模式,丰富世界高等教育制度文明。

(三)发展目标

到 2020 年,顺利完成"三步走"战略中第二阶段目标任务,实现从"重点突破、优势凸显"向"全面提升、整体一流"发展阶段的转变,综合实力和办学质量显著提升,在若干权威世界大学排名中跻身百强,形成卓越的创新人才成长体系、科学技术创新体系、社会服务支撑体系、文化传承创新体系,初步建成英才辈出、贡献卓著、制度规范、文化先进的"综合性、研究型、国际化"世界一流大学。

到建校 150 周年,全面实现建成世界一流大学的历史性奋斗目标,使学校成为世界级学术大师荟萃的人才集聚地,前沿学术科技的创新主阵地,引领社会进步的思想策源地,各国优秀学子的求学目标地。

(四)发展战略

为了实现这一宏伟目标,我们要着力推进三大战略:

一是人才强校主战略。坚持党管人才。坚持以人为本,育引并举,为各类人才成长发展创造更好条件。坚持以用为本,完善多元人才评价体系,有效激发各类人才队伍的发展动力和创新活力,为学校早日跻身世界一流大学提供有力支撑。

二是协同发展战略。将协同理念渗透在学校内涵发展、综合改革的各环节。人才培养强化合力育人,科学研究强化协同创新,学科建设强化交叉集成,对外交流强化合作双赢,学校管理强化共同治理,服务社会强化校地共进。

三是文化引领战略。以培育和践行社会主义核心价值观为根本,弘扬"求真务实,努力拼搏,敢为人先,与日俱进"的交大精神,传承百年交大的文化传统,坚持文化自信,不断增强全体交大人的责任感、使命意识和担当精神,用交大精神和创新文化引领学校发展与社会进步。

三、主要建设任务

面向 2020 年的发展目标,我们要紧紧围绕内涵发展、质量提升的工作要求,积极稳妥推进学校综合改革,全面提升学校核心竞争力。

(一)完善治理结构,加快现代大学制度建设

加强制度体系的顶层设计,逐步实现学校治理体系和治理能力的现代化,建立以制度激励为核心的现代大学治理体系,探索以部市协同为支撑的部属高校自主发展道路。

健全具有中国特色的现代大学管理体制。坚持和完善党委领导下的校长负责制,贯彻实施《上海交通大学章程》。落实院为实体的校院管理体制,完善院系党政联席会议制度。

完善科学的学术决策与学术评议体系。树立"共同治理"理念,加强学术委员会体系建设。理顺行政管理和学术管理的关系,使二者相互协调、相互支撑、相互促进。提升战略管理能力和日常管理水平。合理划分校院两级责权利,建立健全各项内部管理制度和监察审计机制。建立健全教学质量监控、科研质量保障、教师发展评价、学科专业动态调整、国有资产规范化管理等内部质量保证体系,建立常态化的院系中长期国际评估,形成目标明确、过程可控、执行有力的战略管理体系。

（二）深化人才培养模式改革，着力培养拔尖创新人才

坚持立德树人，坚持学生为本，进一步牢固确立人才培养的中心地位，完善创新人才培养体系建设，深化具有交大特色的拔尖创新人才培养模式改革，以"学在交大"为目标，全面提高人才培养质量。

加强学生的精英意识和综合素质培养。推进人才培养特区建设，实施"致远荣誉计划"等各类人才培养试点项目。深入推进研究生分类培养和本硕博贯通培养，完善研究生培养质量保障体系。着力推进生涯发展和就业引导工程。健全教师教学工作的激励和约束机制。进一步完善教学优先的制度设计，落实教书育人是教师的第一职责的理念。切实加大教学投入，使献身教学、成效显著的优秀教师得到激励。充分发挥高层次人才在提升教学质量方面的作用，建立健全教育教学内部质量控制体系。充分发挥多方合力育人功能。整合利用各类资源，统筹协调各方力量，实现全程育人、全员育人、协同育人的大格局。充分发挥思政教师、辅导员、班主任及导师对学生成长的引领作用。充分发挥高水平科研优势，促进科研与教学互动。充分发挥国际化办学优势，拓展学生的国际视野，提高学生跨文化交流能力。充分发挥全校各部门，以及全体教职医务员工的合力，多为学生成长成才着想，构建良好的育人环境。

（三）深化人事制度改革，打造世界一流的师资队伍

坚持"师德为先、教学为要、科研为基"的总要求，加快建设具有中国特色的现代大学人事制度体系，着力培养有理想信念、有道德情操、有扎实知识、有仁爱之心的好老师。

完善高层次人才培育和引进机制。加强高层次人才工作的前瞻性研究，更加精准地引进高层次人才，增强高层次人才对中国特色大学的制度认同，使之在学科建设等方面充分发挥引领作用。推进"同台竞技、同轨运行"的师资队伍建设新机制。强化人才引进、培养、考核、晋

升等方面的分类管理,加快建立能充分激发各类教师创新活力的评价体系。完善学术荣誉体系建设,按照"两步走"的原则推进长聘体系师资队伍建设。加强优秀青年人才队伍建设。建立青年教师职业导师制度,营造团结和谐、公平竞争的青年教师成长环境,进一步完善有利于优秀人才脱颖而出的生态环境和支撑条件。优化教学科研支撑队伍结构。完善专职研究队伍激励机制,建成富有创新活力的优秀专职科研队伍。建设优秀的教学科研辅助队伍和管理服务队伍。建立多元化的人才评价体系。形成教师、专职科研人才、教学科研辅助队伍、管理服务人员等不同类别人才的评价机制。推行分类指导的薪酬收入体系。

(四) 强化学科高峰建设,加快世界一流学科的建设步伐

调整优化学科布局结构,提升学科建设的整体水平,促进学科协调发展,使一批骨干学科跻身世界一流行列。

着力加强学科高峰建设。按照学科、科研、人才、基地四位一体的建设思路,谋划学科发展方向,创新发展机制,强化建设绩效。优化学科分类建设机制。遵循学科发展规律,分类设置建设目标,建立学科分层建设和动态调整机制。进一步巩固和提升处于国际先进地位的学科。加强国家级基地和高水平新型智库建设。强化交叉学科推进政策。打破院系壁垒,组建跨学科团队,建设一批问题导向的跨学科综合交叉平台。建立并完善交叉学科的跨院系教师双聘机制,营造学科交叉的文化氛围。

(五) 深化科研体制机制改革,全面提升科技创新和服务能力

加强学校科技创新体系建设,在上海建设具有全球影响力的科技创新中心中发挥重要作用,为构建国家创新体系,实现创新型国家战略目标作出贡献。

完善学术创新组织体系。积极对接国家科技体系改革,构建以"人才团队、科研项目、基地平台、重大成果"正反馈环为目标的科研发展模

式,强化校院联动。完善以团队为单元的评价考核与资源配置机制,建立以提升质量为核心的基地管理体制和运行机制,加强国防科技创新体系建设。积极推进成果转化与技术转移,加强知识产权管理专门机构建设,研究制定职务发明创造的使用、处置与收益分配管理办法。拓展对外科研合作新模式,构建国际科研合作体系。

改进学术创新激励机制。进一步完善学术评价机制,充分体现不同领域研究成果的质量、学术品位、社会贡献和业界影响,引导教师从重视数量和指标走向重视质量和贡献。开创校地合作新局面。建立健全学校与地方政府、行业企业、社区合作的长效推进机制,强化学校与市、区两级政府和机关委办局的合作。完善外省市地方研究院的布局和管理,助力区域创新体系建设。强化和拓展学校与国家重点行业、大型企业的合作,服务产业发展,协力完成有重大影响的项目,为行业企业创新发展注入不竭动力。提高公共医疗卫生服务水平。深化医教研内涵建设,积极参与上海国际医学园区的建设,推进交大医学院浦东校区建设。重点整合各附属医院的优势临床资源,形成一批多中心、跨学科的专病诊治平台。积极参与城郊区三级医院建设,推进医院标准化和规范化建设,完善公立医院法人治理结构,建立和完善现代医院管理制度。

（六）推进高层次国际化办学,构建国际合作交流新格局

坚持"以我为主"的方针,以国际化支撑学校人才培养、科学研究、师资队伍建设、行政管理与服务等各方面工作。

持续推进与世界一流大学的实质性战略合作。采取分层次战略合作策略,积极拓展与世界一流大学的合作关系,争取与更多的全球顶尖大学形成标志性合作办学项目。充分发挥交大密西根学院等办学特区的溢出效应,带动和提升全校各院系的国际化水平。

深化国际化办学的内涵建设。加快推进人才培养国际化建设,探索建立与世界一流大学互授学位机制。进一步提高学生海外游学、访学的比例与质量，开拓海外实习基地。建立长效的国际科研合作机制，探索"政府—大学—企业"多边国际合作创新模式。深化留学生管理改革。加大全校协同力度，提高招生质量、优化生源结构、扩大学位留学生规模。探索建立留学预科培养体系和留学生培养质量评估体系。探索以院系为主体招收留学研究生。大力开拓中外合作双学位硕士项目。规范服务管理、促进深度融合，逐步推进中外学生趋同化管理。

（七）推进资源配置模式改革，全面激发学校的办学活力

拓宽资源来源渠道，提高资源使用效率，充分发挥院系积极性，为学校的可持续发展和教职工收入的稳步提高提供有力保障。

推进院为实体的综合预算改革。建立规范有序的学院治理结构，落实学院在资源配置、经费预算和人员管理方面的主体地位。推进校部机关行政管理方式的转变，积极推进财权与事权同步下移，真正实现学院责权利相统一。加强多渠道办学资源筹集能力。充分调动校院两级的筹资积极性，建立多层次、全方位、国际化的筹资渠道和市场化、专业化的基金运作机制。加强办学成本核算，优化财政支出结构，逐步提升人员经费支出占总经费支出的比重。进一步加强国有资产管理，完善资源配置机制，全面盘活存量资产。进一步深化后勤社会化改革。改革管理体制，统一管理职能，整合服务实体。进一步优化运行机制，逐步开放校园后勤市场，推进社会服务购买，引入优质社会服务，健全准入退出机制，提升社会化程度。切实提高后勤管理能力和服务质量，努力建设生活舒适、环境优美、文化丰富的宜人校园。

（八）推进大学文化建设，塑造全体交大人的价值共同体

充分发挥大学文化的引领作用，进一步增强全体交大人的价值认同、使命认同和情感认同，全面提升学校软实力。

倡导全员参与的大学文化建设。健全学校文化建设领导体制和工作机制,完善文化建设制度体系和长效机制。办好 120 周年校庆。引导和鼓励各具特色的院系文化、学科文化、社团文化和网络文化建设,使广大师生医务员工都成为交大精神和交大文化的忠实崇尚者、自觉践行者、坚定捍卫者和积极传播者。推进价值规范与行为规范体系建设。进一步加强学风建设,大力宣传教书育人楷模、优秀学生典型、杰出校友等,形成有利于培育和弘扬交大文化的氛围,使交大精神的影响无所不在、无时不有。塑造学校良好的社会形象和国际形象。建设好文博大楼,发挥钱学森图书馆、李政道图书馆的育人和文化传承功能。做强交大出版和学术期刊品牌,支持交大学术"走出去",传播交大的学术成果与学术思想。鼓励校园原创文化品牌创建,开拓学校形象传播途径,建设立体综合传媒平台。建立新闻发言人制度,展示交大形象。

四、以改革创新的精神全面推进党的建设

坚持全面从严治党,以加强思想理论建设、从严管理党员干部、强化基层基础、驰而不息改进作风、创新完善制度和党风廉政建设为重点,为学校发展提供坚强保证。

(一)切实把思想理论建设放在首位,进一步坚定理想信念

不断深化习近平总书记系列重要讲话精神的学习教育。创新学习方式,提升学习效果,加强理想信念、党性党风党纪、道德品行、中国特色社会主义法治教育。贯彻中央部署,认真开展"三严三实"主题教育。发挥哲学社会科学的学科优势,推动理论研究成果更好地为思想理论建设服务。

牢牢掌握意识形态工作的领导权、管理权、话语权,加强和改进思想政治工作。坚守底线思维,确保课堂讲坛风清气正。积极主动作为,

建设政治过硬、师德高尚的高校宣传思想工作队伍和思政课教师队伍。充分发挥党校的作用，构建内涵丰富、形式多样的教育培训体系。规范党内政治生活、严守政治规矩，教育引导党员、干部在思想上、政治上、行动上同党中央保持高度一致。在"建好网"上下功夫、在"管好网"上出实招、在"用好网"上建机制，筑牢网络宣传思想阵地。

（二）加强干部队伍建设，进一步提升推动科学发展的能力

不断加强领导班子建设，增强总揽全局协调各方的能力、应对复杂局面的能力、依法治校理政的能力。按照"有效管用、简便易行"的原则，进一步完善干部选拔任用机制。坚持"德才兼备、以德为先"的选人用人标准，努力打造"信念坚定、为民服务、勤政务实、敢于担当、清正廉洁"的干部队伍。创新举措，加快年轻干部的选拔培养。推动建立校部机关与院系基层轮岗交流、校内与校外培养输送贯通的机制。加强后备干部队伍建设，完善干部分类培养、分轨道发展的机制建设。积极做好党外干部的培养、选拔和推荐工作。推动从严管理监督干部常态化。严格执行领导干部个人有关事项报告制度，制定落实干部提醒、函询、诫勉实施办法，规范干部谈心谈话制度，推进干部能上能下。树立科学的干部考核评价导向，建立工作督办和责任追究机制。

（三）抓基层打基础，进一步激发各级党组织的创新活力

以服务改革、服务发展为重点，切实加强服务型党组织建设。健全院系党政联席会议制度，完善院系党委（总支）的工作体制和决策方式，更好地发挥党组织的政治核心作用。优化党支部设置模式，选好配强支部书记。丰富基层党组织生活的内容和方式，深化开展"三大引领"行动，不断增强基层党组织的生机和活力。构建党员经常性教育和集中教育相结合的长效机制，充分发挥党员的先锋模范作用。实施党员发展质量工程，重视在高层次人才中发展党员。坚持力量下沉、重心下移，建立稳定的经费保障机制和党务工作激励保障机制。

（四）创新完善制度，进一步加强党内民主建设

认真贯彻民主集中制原则，坚持"集体领导、民主集中、个别酝酿、会议决定"和"三重一大"的决策制度。进一步落实党建工作责任制，推动各级党组织书记切实履行第一责任人的责任。推进党务公开，完善党内情况通报和领导班子年度民主评议制度。建立健全党内督察制度，提高党委决策的执行力。充分发挥党代会在学校党的建设中的重要地位和作用，落实党代会代表任期制。加强基层党组织的规范化和制度化建设。扩大党内民主，尊重党员主体地位，保障和落实党员的知情权、参与权、选举权、监督权。

（五）驰而不息改进作风，进一步提高联系服务群众水平

牢固树立马克思主义群众观，贯彻落实中央八项规定精神，不断巩固党的群众路线教育实践活动成果。完善领导干部联系基层、党员联系师生制度，构建领导班子作风建设的长效机制，努力把广大师生医务员工的期待变成我们的行动。高度关注师生医务员工的根本利益和现实需求，不断完善教职工收入随学校事业发展稳定增长的机制。强化机关服务基层，畅通联系服务师生的"最后一公里"。加强公共服务体系建设，提升师生学习、工作、生活的环境品质。关心教职工身心健康，持续推进学校周边基础教育条件改善。多方统筹资源，积极争取国家和上海市公共租赁房等政策支持，加快公寓房建设，不断缓解引进人才和青年教师的住房压力。加强统一战线工作，发挥工青妇的作用，更好地服务学校的中心任务。带着责任和感情做好离退休工作，让老同志分享到学校发展的成果。

（六）加强党风廉政建设，进一步提高勤政廉政意识和能力

贯彻落实党的十八大以来党中央关于反腐倡廉建设的新思想、新要求、新举措，科学谋划和有序推进符合学校改革发展长远目标的惩治和预防腐败体系。严格执行党风廉政建设责任制，进一步强化和落实

党委抓党风廉政建设的主体责任和纪委监督责任,建立完善履责报告和责任追究机制。建立完善学校党风廉政建设"两个责任"和"一岗双责"的实施细则,健全党风廉政建设集体谈话和领导干部勤政廉政约谈制度,加强纪检监察干部队伍建设。强化权力运行制约与监督,健全重点部位关键环节的内控规范和廉政风险防控体系。进一步加大对违犯党的纪律行为的查处和追究力度,形成惩治腐败的有力震慑。不断提高反腐倡廉宣传教育的针对性和有效性,筑牢拒腐防变的思想道德防线,努力营造勤政廉政的校园廉洁文化氛围。

加强和改进党建工作
加快建设世界一流大学*

（2016 年 6 月 27 日）

再过 3 天，我们即将迎来中国共产党 95 周年华诞。首先，我代表学校党委，向全校 2 万多名共产党员，向全校各级党组织致以节日的问候！也向在今天的会议上受到表彰的优秀共产党员、先进党组织和优秀党务工作者表示热烈的祝贺！

十天前，中共中央政治局常委、中央书记处书记刘云山同志专程来我校视察工作，并与师生党员进行了亲切交谈，发表了重要意见。

云山同志一行来到我校徐汇校区，首先在钱学森图书馆视察了三个环节：一是与青年马克思主义学校党支部书记培训班师生交流；二是观摩党务专题研讨会，并与教职工党支部书记代表、学生代表交流；三是与毕业国防生交流并合影留念。随后乘车参观了徐汇校区。活动进行得很顺利，相关师生、基层党支部书记的汇报都讲得言简意深，与首长互动也比较充分。

在观看青年马克思主义学校党支部书记培训班现场教学时，刘云山同志说，上海交大做得非常好，你们大都是理工男、理工女，共同学习马克思主义，我给你们点赞！实际上，马克思主义是认识世界、认识所有事物的一把钥匙。现在有越来越多的年轻人喜欢马克思，有一首网

---

* 本文节选自 2016 年 6 月 27 日在纪念建党 95 周年暨党建工作座谈会上的讲话。

络歌曲的名称就叫《马克思是个九零后》，内蒙古电视台还开辟了一档叫《开卷有理》栏目，由一批 80 后和 90 后交流学习和研究马克思主义的心得。你们青年学生热衷于马克思主义的研究，热衷于学习马克思主义。我看这和总书记提出的又红又专、德才兼备、全面发展的要求相吻合，希望你们在这一方面有更大的建树。

在观摩党务专题研讨会时，云山同志说，我们办中国特色社会主义大学，最根本的就是党的领导。上海交大党的建设、基层党组织的建设抓得都很扎实，基层党支部发挥了战斗堡垒作用，基层党员发挥了先锋模范作用。高校在党的建设和思想政治工作中要想有所作为，一定要继承我们党的优良传统。同时，还要与时俱进，你们在创新方面提供了很好的经验。要做好互联网时代的思想政治工作。过去我们经常讲，赢得了青年，就是赢得了未来。今天我们可以这样说，我们只要引领了互联网，就引领了青年。高校党的建设和思想政治工作一定要把互联网载体、互联网平台这块阵地紧紧地抓在手上。要接地气，要有问题意识和问题导向。我们不仅要关注国家的方针政策和世界性的大问题，还要关注师生日常工作生活中涉及他们切身利益的具体问题，这样思想政治工作才能有生命力，也会有效果。

在与毕业国防生交流时，云山同志用总书记在给清华大学建校 105 周年的贺信中的要求勉励同学们，即又红又专、德才兼备、全面发展。

6 月 20 日，云山同志组织召开了华东地区部分高校代表座谈会，听取了关于高校党的建设和思想政治教育工作的汇报。咱们学校由我和化学化工学院的康达同学参加。我谈了对党委领导下的校长负责制的看法，康达同学谈了 90 后与网络共同成长的感受和参与网络内容建设的体会。在这个座谈会上，云山同志也做了重要讲话。

这次调研和座谈主要是为 2016 年即将召开的全国高校党建与思想政治工作会议做准备。党的十八大以来，习近平总书记多次就知识分子工作、人才工作和高校工作作重要讲话或批示,充分体现了中央对高校工作的高度重视和殷切期待。高校是推进创新驱动发展的中坚力量,也是意识形态的重要阵地。中央高度重视高等教育发展,重视人才和知识分子。我们要紧紧抓住历史机遇,加强党的领导,坚持立德树人,持续深化综合改革,不断推进中国特色世界一流大学建设。

刚才,我们表彰了一批优秀共产党员、优秀党务工作者和先进基层党组织,几位党支部书记和党员代表也分别做了很好的发言。总体而言,我们的党建工作做得还是比较扎实的,比较有成效的,不乏先进的典型、优秀的事迹以及好的经验与做法。但也不够平衡,距离中央提出的"全覆盖、经常化、有创新、重效果"的要求还有距离。当前,学校正在深入推进"两学一做"学习教育活动,值此建党95周年之际,结合贯彻落实中央精神,就加强和改进学校党建工作,我谈几点意见:

一是要从容自信。建党95年来的光辉历程充分证明,中国共产党的领导是我们立国兴邦的根本,是中国特色社会主义最本质的特征。改革开放30多年来,我们缔造的中国奇迹,创造的中国模式越来越受到国际社会的认可和尊重。作为共产党员,我们应当比以往更加自豪和自信。对于中国高等教育而言,党委领导下的校长负责制是党对高校领导的根本制度,也是建设中国特色世界一流大学的制度保障。近年来,我们学校坚定有效地执行了这一制度,比较好地把握了"党委领导"与"校长负责"的关系,得到了上级的肯定和全校上下的认同,值得珍视。对于各院系而言,通过党政联席会议决定重大事项也已成为我们的制度安排,我们要发挥好院系党委(党总支)的政治核心和监督保证作用,完善党政联席会议制度;尤其是当前,随着综合改革的深入推进,学校决策重心下移,学院要特别重视执行好党政联席会议制度,院长和书记对学院建设和发展负有共同但各有侧重的责任,要相互信任、充分沟通、共同担当。

二是要立德树人。立德树人是教育的根本任务。近年来，我们提出"以学生的健康成长"为中心，推进"学在交大"，就是要把"立德树人"根本任务落实到办学治校、教学科研、管理服务的全过程，培养具有"中国心"的合格建设者和可靠接班人。为此，我们要发挥好党建和思想政治工作的引领作用，要重视坚守好课堂和网络两个阵地。对于课堂和论坛，我们要坚持正能量。一方面，建设好课堂和论坛。面向国计民生重大需求、经济社会发展现实需要，繁荣并发展哲学社会科学，增强理论的感染力、提高课堂的说服力，让正面声音成为主流，让正能量成为主旋律。另一方面，管理好课堂和论坛。鼓励学术争鸣，但是要明确课堂纪律，坚决反对以学术研究为幌子，肆意抹黑、歪曲事实，要通过明确红线、守好底线，打造风清气正的课堂和论坛环境。对于网络，我们要掌握主导权。云山同志提出的"引领了互联网，就引领了青年"的论断很有现实意义。当前，我们的培养对象大部分是 80 后、90 后，我们自身也受到互联网的深刻影响。因此，我们要在互联网这块阵地上占据主动。在云山同志这次调研中，我们着重汇报了网络思政的进展，得到充分肯定，我校在 BBS 易班、南洋通讯社和官方微博微信等方面都有可圈可点的探索，积累了很好的经验，也取得了一些成效。但是，我们也要清醒地认识到，互联网已成为当前意识形态较量的主要阵地，面对新形势、新要求，我们要善于运用学生喜闻乐见的方式，善于运用新兴网络平台和社交媒介，牢牢把握网络育人的话语权和主导权。

三是要解决实际问题。"两学一做"学习教育活动，特别强调问题导向，"学"要带着问题学，"做"要针对问题改。前一段时间，我们党务专题会专门研究了学校教工和学生的党建工作，总结了经验，也分析了问题，形成了对策和建议。从调研中，可以看到近年来我校党建工作成效显著，但也存在一些需要改进的问题。在基层党支部层面，教工党支部存在重业务、轻党务，重娱乐活动、轻思想教育等现象；学生党支部存在支部学习泛活动化、组织生活形式单一等现象。要解决这些问题，就需要我们在抓好基层党建规范化、常态化的同时，激发党支部的活力。教工党支部不但要融合"党务"和"业务"，防止"两张皮"，而且要强调思想性，与工会、妇委会活动有所区别；学生党支部要在增强吸引力、凝聚力和引领性上下功夫，让学生在支部活动中有启发、有收获；另外，要加强党支部书记队伍建设，支部书记要能够做到说话有人听，办事有人跟。在党员个体中，存在党员身份意识淡化、理想信念模糊的现象。我们要明确地对每一个党员同志提出要求：做合格党员，必须增强"四个意识"，即政治意识、大局意识、核心意识、看齐意识，要树立更多的优秀典型，推动更多的教师党员在教书育人、科技攻关、管理服务中发挥先锋作用，让更多的学生党员在践行社会主义核心价值观中发挥示范引领作用。总体而言，在我们的党建工作中要能够发现问题、剖析问题并解决问题，我们"两学一做"学习教育活动是否成功，就看是否解决了实际问题，是否取得了实际效果，是否推动了实际工作。

四是要在传承中创新。创新不仅是一个国家兴旺发达的不竭动力，也是一个政党永葆生机的力量源泉。研究新形势，解决新问题，既要继承优良传统，又要坚持创新进取。交通大学 120 年的悠久办学历史，为我们积累了宝贵的精神财富，交大党的建设也具有优良的传统。早在 1925 年，我们就建立了党组织——中共南洋大学党团支部，这是全国高校中最早建立的共产党组织之一；此后，在抗日救亡活动和爱国民主运动中，涌现了许多可歌可泣的感人故事和革命先烈；再后来，在探索和曲折中坚韧前行，党支部工作与教育工作密切结合；在改革开放的洪流中锐意进取，敢为人先创新高等教育管理体制；在迈向世界一流大学的征程中只争朝夕，以党的建设引领和推进学校的改革发展。这些历史和传统体现了历代交大人的精神和追求，是值得我们深耕的沃土，是我们开展师生思想政治教育的珍贵资源。在新时期，我们要以创新的意识，充分挖掘优秀历史传统的宝贵财富，形成具有影响力的校本教材，无论是在思想政治理论课的建设、支部理论学习，还是支部组织活动开展中都要不断创新形式、内容和载体，让社会主义核心价值观教育真正入脑入心。同时，在"互联网＋"时代，在国际化的背景下，我们也要加强党建工作的系统谋划和研究，以创新的理念，积极探索有利于破解工作难题的新举措、新办法，让创新在基层生根，取得实效。

同志们，在建党 95 周年之际，中华民族伟大复兴展现出前所未有的光明前景，我们应该满怀信心、满怀激情！做好高校党建工作，是加强党对高校领导的重要保证，是确保中国特色社会主义事业后继有人的重要支撑。始终与党和国家发展同向同行，是我校 120 年历程的缩影，也是我校近些年快速发展的最重要经验。我们要发扬传统、开拓创新，让党的旗帜在上海交大每一个基层阵地上都高高飘扬起来！

切实履行党建工作第一责任人职责 *

（2017 年 11 月 29 日）

  按照中央部署，学校党委从 10 月开始，在全校部署推进 2017 年度二级单位党组织书记抓基层党建述职评议考核工作。2017 年是开展述职评议的第三个年头，三年来共有 30 位书记参加了现场述职，学校计划在党委一届任期内，实现全覆盖。

  从这次的述职评议考核工作来看，一年来，全校基层党建工作取得了明显的成效：

  一是经过中央巡视的政治体检，各单位抓党建的自觉性和主动性有了很大的提升，巡视整改取得了阶段性成果。

  二是书记履行党建工作第一责任人职责的意识明显增强，班子成员履行抓党建"一岗双责"的工作机制逐步得到完善。

  三是基层党支部的生机和活力显著提升，支部开展工作的能力不断提高，主题党日活动的形式和内容更加丰富多彩，基层组织建设取得的成果值得肯定。

  与此同时，我们也要清醒地看到，党的十九大对新时代党的基层组织建设提出了新的要求，对党的基层组织提出了更高的期望；经过巡视整改，基层党建的规范化建设得到全面加强，但有的问题还没有完全整改到位，有些工作还需要长期坚持；大家在述职过程中，也都深入梳理

---

* 本文是 2017 年 11 月 29 日在上海交通大学二级单位党组织书记抓基层党建述职评议会上的总结讲话节选。

排查了我们工作中存在的不足和问题，反映出我们的基层党建工作还有很多需要努力的地方，具体表现在：

一是院系党政联席会议制度基本得到落实，但院系党组织的政治核心作用还需要强化，党政班子的思想政治建设还存在薄弱环节。

二是基层党支部建设更加规范了，活力也有所增强，但党支部在学院改革发展中的作用还不明显，对师生群众的影响力、凝聚力不够强。

三是立德树人的广泛共识正在形成，但教职工思想政治工作还不够深入，尤其是在海归教师、高层次人才队伍中发展党员工作的有效措施不多，成效不明显。

对这些问题，大家要高度重视，并在今后的工作中想办法加以改进和解决。下面，我讲三点意见。

一、明确当前和今后一个时期的首要政治任务

这个首要政治任务就是学习宣传贯彻好党的十九大精神，用习近平新时代中国特色社会主义思想武装头脑、指导实践、推动工作。

一是领导干部要带头学懂弄通。领导干部是"关键少数"，书记是关键少数的关键，要带头沉下心学习、静下心思考，力求先学一步、学深一步，在自己学深悟透的基础上，把二级中心组的学习搞好。要善于从方法论的高度，进一步深化对高等教育规律的认识和把握，用党的十九大精神和习近平新时代中国特色社会主义思想来指导我们认识，把握"什么是中国特色世界一流大学"以及"如何加快建设中国特色世界一流大学"。总书记曾明确提出，人才培养的根本途径是通过教育，培养的目的是建设者和接班人，不是培养旁观者和反对派。我们要深化对总书记关于"培养什么样的人、如何培养人以及为谁培养人"的重要论述的理解，坚定落实"四个服务"，从中国特色社会主义事业后继有人

的高度,把立德树人这个根本任务落实好。

二是要把原原本本、全面系统学习与专题学习、重点研究结合起来。深刻学习领会党的十九大精神,必须坚持全面准确,读原著、学原文、悟原理,原原本本研读党的十九大报告和党章,要联系而不是孤立、系统而不是零散、全部而不是局部地理解党的十九大精神。在原汁原味学习的基础上,要突出重点,着重做好有关高等教育和各学科各领域新论断、新要求的专题重点研究。比如,党的十九大报告中提到"建设科技强国、质量强国、航天强国、网络强国、交通强国、数字强国"。这几个"强国",毫无疑问对学校的工作有较强的现实指导意义,值得相关单位和部门开展深入的专题研究。再比如,党的十九大报告中提到"实施健康中国战略",生农医药的相关院系可以围绕这一战略研究我们在其中可以做些什么。文科院系和相关智库可以针对国家治理体系和治理能力现代化、构建人类命运共同体等内容做些文章,发出交大声音。

三是要联系学校改革发展实际,推动党的十九大精神在我校落地生根、开花结果。学习贯彻好党的十九大精神,落脚点在行动,最终要看实效。我们学习党的十九大精神,切忌搞形式主义,要扎实推动广大师生对党的基本理论、基本路线、基本方略的理解和把握,增强师生对党的伟大事业的信心。要深入思考,把学习领会党的十九大精神和"立德树人、教书育人"有机结合起来,在做实上下功夫。党的十九大报告中也特别提到"加快一流大学和一流学科建设,实现高等教育内涵式发展",今后一段时间,要认真思考如何更好地围绕学科群建设、促进交叉学科发展,找准学习贯彻党的十九大精神、加快推进"双一流"建设的结合点、切入口。

二、不断强化院系党组织的政治核心作用

全国高校思想政治工作会议和中央 31 号文件都提到了这个问题,

9月份中管高校党的建设工作推进会上,陈希部长又专门强调;中央巡视组也直接点到了这个问题。这项工作需要我们长期努力,不断探索。

一是进一步推进党政班子的政治建设。党的政治建设是党的根本性建设,决定党的建设方向和效果。党的干部,就要旗帜鲜明地讲政治,自觉维护党中央权威和集中统一领导。要严格遵守政治纪律和政治规矩,自觉遵守中央八项规定精神。建设积极健康的党内政治文化,特别是在党员领导干部中大力弘扬忠诚老实、公道正派、实事求是、清正廉洁等价值观。坚持民主集中制,严肃党内政治生活。要带头严格执行新形势下党内政治生活若干准则,特别要强调的是,要严肃认真对待年底的领导班子民主生活会,不能把这项工作仅仅停留在开过了、完成任务了,对照检查中讲问题要实事求是,批评与自我批评也要坦诚相见,真心帮助同志,要确保民主生活会开出成效。

二是增强班子的整体合力。事业要发展,班子是关键。书记作为一把手,更要胸襟开阔一些,既要敢于负责,又要善于听取采纳大家的意见,坚持遇事多商量多通气,及时交换看法。领导班子成员要增强全局观念和责任意识,坚持各有分工,但分工不分家,心往一处想,劲往一处使,强化凝聚力建设,发挥团队优势,学院重要事项、重大决策在班子成员内部要充分达成共识。没有班子的团结协作和整体合力就难以保证目标的统一性,就像拔河比赛,贵在步调一致。对工作中遇到的棘手问题不推诿、不扯皮,共同研究解决问题的措施和办法,形成班子的整体合力。

三是不断完善党政联席会议运行机制。不断增强领导班子治院办学的能力,尤其是政治领导的能力,在学院重要办学问题上把好政治关。健全完善以党政联席会议制度为重点的学院治理体系。把党政联席会议作为学院最高决策机构,讨论决定学院重大事项,同时强调院长和书记对学院建设和发展负有共同但各有侧重的责任。2017年7月,学校党委也重新修订了学院党政联席会议工作条例,刚刚在述职中看到,越来越多的学院在此基础上,结合实际进一步制定了实施细则。学校党委制定了党委常委会重要决策通报机制,方便各位书记在党政联席会议上,更及时准确地传达学校党委常委会的相关决策部署。

三、加强基层党组织建设,为学校改革发展稳定各项事业提供坚强的政治保证

党的十九大对基层党组织赋予了更高的期待,要把基层党组织建设成为"宣传党的主张、贯彻党的决定、领导基层治理、团结动员群众、推动改革发展的坚强战斗堡垒"。

一是牢固树立党的一切工作到支部的鲜明导向。经过巡视整改后,基层支部建设更加规范、严格起来,支部都设置了纪检委员,设置了党小组,全校基层党支部也全部完成了按期换届,这些工作还都是基础性的。要继续强化党支部的政治功能,提高党支部书记的政治待遇,明确他们的政治责任。现在学校的干部大会、中央有关精神的传达会,学校都有意识地请支部书记参会。最重要的还是让支部书记意识到他们承担着重大的政治责任,既然当了支部书记,就要在全校从严治党的工作中负有一份责任。学院内部也要注重发挥这支队伍的作用,一些重要的会议也可以请党支部书记参加;重要的决策出台前,可以先听听党支部书记的意见,真正发挥党支部团结动员群众的作用。

二是以主题党日活动为重点推动支部活动方式创新。2017 年 5 月,学校党委通盘考虑,下拨了 513 万元党费至基层党支部,支持党支部开展主题党日活动。大家反响很好,有的同志讲,学校下拨的党费保障了党支部的基本活动经费。从组织部调研统计的情况来看,除掉暑假,5 个月来全校近 700 个党支部共开展了不同形式的主题党日3 000

余场次，平均每个支部开展活动超过 4 次，整体来看还是取得了不错的成效。但从经费的使用情况看，目前大部分单位使用比例在20%以下。同志们反映，一方面是以前过惯了苦日子，在使用党费的时候比较谨慎；另一方面是因为其他经费到了年底用不完学校会收掉，党费则是不收的。下一步，要把重点放在不断提高主题党日活动的质量和实效上，不断推动党支部活动方式的创新。

三是着力做好发展教师入党的工作。要统筹做好教师思想政治工作、党外知识分子统战工作和发展高层次人才入党的工作，不能割裂开来。学院书记要直接挂帅，班子成员要齐抓共管。我看到述职报告中很多院系也都意识到这项工作的重要性，也做了一些剖析和总结，绝大多数院系建立了党委班子成员联系教职工入党积极分子的机制，这些做法都值得肯定。下一步还要克服"坐等上门"思想，主动深入党外教师群体，有深度、有温度地做好发展党员工作。各位书记也要注意关心青年教师和海归教师的现实需要，帮助他们协调子女入学、老人就医、家庭住房等困难，把解决政治思想问题与解决工作生活问题结合起来。按照中央组织部有关要求，党委组织部可以将各院系高层次人才发展党员计划单列，大力推动这项工作，争取在 2018 年有所突破。

坚持和完善党委领导下的校长负责制*

（2018 年 7 月 30 日）

根据培训班要求，我谈两点体会和两条建议。

第一点体会，习近平总书记率先垂范，旗帜鲜明，为党的建设做出了划时代的历史贡献，为各级领导干部树立了以身许国的榜样。

我是 2014 年 1 月回到阔别 19 年的母校工作的。4 年多来，我与在座多位党委书记一样，先后 10 余次现场聆听习总书记的重要报告和讲话，深受教育，倍感责任重大。我还清晰地记得，2015 年 2 月，我们在中央党校列席了省部级主要领导干部学习班开幕式。习总书记在对党的十八届五中全会精神进行解读时，鲜明地提出"党政军民学，东西南北中，党是领导一切的"。这一重大政治原则后来在党的第十九次全国代表大会上郑重地公之于世。再举一个与高等教育关系密切的例子。习总书记多次告诫我们，在坚持高等教育的社会主义办学方向上绝不能含糊其词，当所谓的"开明绅士"。他是这样要求的，更是这样身体力行的。2017 年 10 月 30 日，习总书记在会见清华大学经济管理学院顾问委员会的海外委员时明确指出，教育就是要培养中国特色社会主义事业的建设者和接班人，而不是旁观者和反对派。作为中管高校的主要领导，我们不仅要认真领会，而且要自觉践行。

第二点体会，坚持和完善党委领导下的校长负责制是建设中国特色世界一流大学的必由之路。

＊ 本文是 2018 年 7 月 30 日在中管高校党委书记校长专题培训班学员论坛上的发言。

中管高校代表了我国高等教育的最高水平，承担着代表国家参与世界高等教育竞争与合作，早日建成世界一流大学的重要使命。而世界一流大学必然是高度国际化的大学，海外师生的比例将会逐步达到10%以上，国际交流与合作也将日益广泛、活跃和深入。在这样的趋势下，要不要强调中国特色？要不要坚持我们的制度安排？习总书记在一系列讲话中给出了明确回答。我们要树立更强的制度自信，把党委领导下的校长负责制贯彻落实得更好，推动以制度激励为核心的综合改革，走中国特色的世界一流大学建设之路。

几年来，上海交大在工作实践中强调，党委集体领导不是书记个人领导，党委承担管党治党，办学治校主体责任不是党委包揽行政决策，更不是取代校长依法按章履行职责。我们认为，党委书记和校长承担着共同而又各有侧重的责任，应当相互信任、密切沟通、换位思考、增强合力。要加强重要决策的会前酝酿，提高党委常委会和校长办公会的决策质量和效率。我们还提出，全校各部门、各院系都要对党委领导下的校长负责制全面领会、切实负责，我们也据此做出了相应的制度安排和机构调整，实践效果较好。

借此机会，我提两点与组织工作有关联的建议。

第一，建议支持中管高校推进专职干部和"双肩挑"干部的合理配备，营造宽松和谐的用人氛围和各得其所的成长空间。

目前，上海交大党委直接管理干部有382人，其中，"双肩挑"干部187人。总体上看，校管干部都发挥了较好的作用。专职干部全身心投入管理工作，不仅成为校级部门和学院稳定运行的支撑力量，而且为向外输送优秀干部打下了基础。"双肩挑"干部大都在岗尽责，同时，仍在科研和教学上发挥应有作用。绝大多数"双肩挑"干部在任期结束后回归学术，不仅畅通了干部的出口，而且提高了师资队伍的综合素质。我之所以要提出这个问题，一是因为近期上级部门的指示似乎偏向于增加专职干部数量,长此以往,可能造成冗员或出口不畅问题;二是上级文件中对"双肩挑"领导干部薪酬的限制偏严,可能导致他们比同层次的教授付出更多而回报更少。

第二,建议对院系党组织如何发挥作用进行多形式的探索。

2018 年 2 月,中组部和教育部联合下发了《高校党建工作重点任务》,提出要规范院(系)党组织会议和党政联席会议制度,明确涉及办学方向、教师队伍建设、师生员工切身利益等重大事项,应由党组织先研究再提交党政联席会议决定。2018 年 7 月 23 日下午,陈希同志在开班式讲话中使用了"探索院系党组织先研究、再提交党政联席会议决定"的提法。我赞同提"探索",而不宜过于刚性安排。从现状看,各高校院系书记的作用近年来持续增强,小书记、大院长的局面已有很大改变,党政联席会议已成为学院决策核心,院长和副院长中的党员大都已进入党委,因此,工作的着力点似乎还应聚焦于院长和书记要建立密切的工作交流机制,党政联席会议的重要议题必须会前酝酿,努力精简会议,提高质量和效率。

坚持改革创新　推进马克思主义学院建设[*]

（2019 年 7 月 4 日）

经过认真筹备，中国共产党上海交通大学马克思主义学院第一次代表大会今天隆重召开了。这是马克思主义学院全体党员和全院师生政治生活中的一件大事，也是学院改革发展进程中的一件大事。在此，我代表学校党委向大会的召开表示热烈的祝贺！向各位代表以及学院全体党员和师生致以诚挚的问候！

2019 年，恰逢马克思主义学院成立十周年。自建院以来，在学校党委的领导下，学院党政班子团结带领全院师生解放思想、锐意进取，取得了显著成绩，各项工作迈上了新台阶。过去的五年，马克思主义学院坚持科学发展，学科竞争力、影响力不断增强，师资队伍不断发展壮大；坚持立德树人，思想政治理论课建设水平持续提高，人才培养质量稳步提升；坚持完善管理机制，学院班子领导能力和决策水平不断提高；坚持对接国家哲学社会科学发展需要，科学研究屡结新果。马克思主义学院为学校人才培养、科学研究、社会服务、文化传承创新等各方面工作，做出了积极的贡献。在这里，我代表学校向学院老同志、老教师，向全体师生，向学院历任领导班子表示由衷的感谢！

当前，马克思主义学院正处在大有可为的重要机遇期。开好这次党代会，对于全面贯彻落实党的十九大精神，学习领会全国教育大会精神、全国高校思想政治会议精神和学校思想政治理论课教师座谈会精

───────────────

* 本文是 2019 年 7 月 4 日在上海交通大学马克思主义学院第一次党代会上的讲话。

神,贯彻学校第十次党代会以来的各项部署,加快"双一流"建设步伐,开创学院工作新局面具有十分重要的意义。

下面,我代表学校党委提三点希望:

第一,坚持立德树人,把持续提高思想政治理论课质量和水平摆在首要位置抓紧抓好。

大学办得好不好,关键看能培养出什么样的人才。培养什么样的人才,关系到中国特色社会主义事业的前程,关系到党和国家的发展,关系到民族复兴的光辉伟业。对此,习总书记曾经做出多次重要论述。

2019年3月18日,习近平总书记主持召开学校思想政治理论课教师座谈会,这在新中国的教育发展史上是第一次,充分体现了党中央对办好思想政治理论课的高度重视,是旗帜鲜明坚持社会主义办学方向,落实立德树人根本任务的重要举措。

我也在多个场合强调过,当今的大学生群体,与其父母辈相比,视野更加开阔,心态更加成熟,对国家的未来更有信心,对中国共产党更有期待。这样的深刻变化并不是突然的跃升,而是改革开放持续发展的结果,也是高等教育界坚持社会主义办学方向的结果。其中,思想政治理论课是关键课程,是培养大学生思想政治素质的"主渠道"。思政课只能加强不能削弱,而且必须提高课程质量。思政课不仅要在价值上,而且要在事实上实现情感与理性的有机统一,使价值观很好地融入学生情感中,进而达到引导学生、影响学生的教学目的。

近年来,学校在思政课建设方面积极探索、不断努力,以价值引领为核心的"四位一体"育人理念深入人心,"学在交大"蔚然成风。我也欣慰地看到,学院围绕贯彻"四位一体"育人理念,系统梳理各门课程的脉络和知识点,挖掘校本资源,在着力提高思政课思想性、理论性和针对性上下了大功夫,也取得了初步成效。

希望学院结合新时代学校的办学实际,聚焦人才培养这一根本使命,不断优化资源配置,推进制度创新,搭建教师成长发展舞台,鼓励和帮助教师上好思政课;尊重差异、鼓励探索,进一步释放每一位教师的积极性、创造性。希望我们思政课教师进一步坚定政治立场,自觉提高自豪感、使命感;加强学习,以“一物不知为耻”的高标准不断提高自身职业能力和水平,全力培养优秀的德智体美劳全面发展的社会主义建设者和接班人,向学校和社会交出新时代思政课建设的优异答卷。

第二,坚持改革创新,推进全国一流马克思主义学院建设。

学院的自身建设是思想政治理论课教学和一流学科建设的重要基础。

要以人才队伍建设为抓手。教师队伍是学院发展的基本依靠力量。要以加强高素质人才队伍建设为抓手,内强素质,外求发展,努力建设一支理想信念坚定、热爱思想政治理论课教学、老中青相结合、职称结构合理、综合素质全面的教师队伍。一是要严把政治标准和业务标准,通过选留、引进和培养等方式,继续充实学院师资队伍,做好教师队伍的“增量”。二是要全面提升人才队伍“质量”,努力做到“一师一优课,一课一名师”。加大中青年教师培养力度,大力支持教师通过各种方式赴国内外大学和高水平研究机构访学研修。三是要尊重和关心教师的发展,提升教师队伍的“热量”。用优质的学科平台支持教师发展,用崇高的荣誉感激励教师发展,用责任意识着力培养中青年学科带头人和教学科研骨干,用先进的教学理念和方法培养教师,用切实的政策措施保障教师发展。

要以加强学科建设为持久动力。学科建设的实质是科学研究的加强。要坚持正确导向,增强学科建设对思想政治理论课的支撑。教学与科研应该相得益彰,二者相互支持,成果相互转化。教育教学过程中遇到的许多重大理论和实际问题,都需要通过加强学科建设进行深入研究。通过科学研究,把问题研究透彻,把道理阐释清楚,使得理论更彻底,因为只有理论彻底才能说服学生。理论的彻底性就是抓住事物的根本。高质量的学术水平能够提升教学质量,能使得学生有获得感,从而帮助教师赢得学生的爱戴和尊重。要按照学科特点和方向,整合学术力量,不断推出高水平理论研究成果。努力培育学术共同体,打造能够代表学校和学院科研水平及学术影响力的学术品牌。要整合力量,集中优势,提升学科咨政建言成效。

要积极培育具有身特色的学院文化。文化建设是学院建设的重要组成部分,是学院发展的软实力,影响着学院建设的整体水平。一是要建设有立场的文化,将政治方向放在首位,把立德树人作为学院的首要目标。二是要建设有内涵的文化。这种内涵来源于理论的深度、底蕴的厚度和思维的广度。三是要建设有情怀的文化。要注重人文关怀,要以满足和维护师生成长发展的需求为出发点,主动帮助师生解决个人发展中遇到的实际困难。

第三,发挥领导核心作用,切实加强班子建设。

学院党政班子是学院各项事业发展的主心骨,是关键少数。打铁还需自身硬。班子的作风是学院风气的集中反映,师生的眼睛是雪亮的,领导班子的一言一行都处于师生的监督之下,领导班子的作风决定学院的政风、教风和学风。希望新一届学院党委和班子坚定信念、知行合一,在学院改革发展中充分发挥表率作用,让师生满意、组织放心。

要坚持大事讲原则,小事讲风格,做"维护团结"的表率,推动包容发展。团结出凝聚力、出战斗力、出生产力。在一个单位、一个领导班子里,不可能每个人的性格、风格完全相同,遇事也不可能大家的意见完全一致。作为领导干部,要有容人之短的胸怀、容人之长的美德、容人之异的肚量,做到求大同、存小异,善于尊重和欣赏别人多姿多彩的个性。

要始终坚持立足当前谋划长远,着眼未来发展当前,埋头苦干,做

"勤政务实"的表率。要始终保持"不待扬鞭自奋蹄"的热情和"敢教日月换新天"的闯劲，坚持埋头苦干、实事求是的良好作风，做到大事敢于拼、难事敢于冲、新事敢于闯。

要始终做到"心中有戒"，把纪律规矩挺在前面，把个人利益看轻一点，把工作责任看重一些。在行动上要先于师生，在要求上要严于师生，在标准上要高于师生，做"廉洁自律"的表率。

各位代表、同志们，学校党委高度重视马克思主义学院的建设，也将一如既往地全力支持学院的改革发展，共同推动美好愿景的早日实现。希望马克思主义学院全体师生在学院党政班子的领导下，进一步解放思想，开拓创新，面向未来，凝心聚力，为早日实现一流马克思主义学院建设目标而不懈奋斗！

加强党的领导　建设一流医学院 *

（2019 年 7 月 24 日）

我们欣喜地看到，医学院和附属医院，每年都捷报频传，特别是医学院在 2018 年成功入选高水平地方高校建设行列，令人欣喜。

前不久（7 月 20 日），学校召开了战略发展咨询会议，这个会是首次召开，是我们邀请社会贤达为学校发展集思广益的有效尝试。总体上，会议开得比较成功，我们邀请的 9 位专家发表了不少真知灼见。比如，专家们对学校未来的学科战略布局中，把"健康"和"海洋"作为重点方向，表示了一致赞同，特别是大健康方向的发展，既要依靠我们高水平的医学院和附属医院，也要发挥临床和科研的深度融合优势，比如我们的重大学科基础设施转化医学平台。另外，还要充分依托本部综合性大学的多学科优势，特别是进一步促进医工交叉。借此机会，我也想与各位同志分享几点看法。

一、加强党的领导和建设，健全现代医院管理制度

2018 年，中共中央办公厅印发了《关于加强公立医院党的建设工作的意见》，明确公立医院实行党委领导下的院长负责制。随后，中共上海市委办公厅和医学院党委也先后出台并推行关于加强附属医院党的建设工作的实施意见和细则。

---

* 本文是 2019 年 7 月 24 日在上海交通大学医学院 2019 年暑期干部务虚会上的讲话节选。

应该看到，"党委领导下的院长负责制"，是"坚持和加强党的全面领导"在医院层面的具体体现。各位都受党教育多年，在对这样一个新制度的政治认同上不能含糊，同时在实践探索中又要循序渐进，平稳过渡。大家知道，我们党于1990年即作出决定，在公办高等学校中实行党委领导下的校长负责制。30年来，这一基本制度逐步成熟，对我国高校快速健康发展乃至保证国家长治久安都发挥了重要作用。医学院党委在部市共建、强强合并之后，仍然实行党委领导下的院长负责制，总体运行情况也值得肯定。下面，我就领导体制和运行机制问题谈一些实践中的体会。

第一，要正确处理好"党委领导"和"院长负责"之间的关系。党委领导不是党委直接指挥行政业务工作，党委决定重大事项不是党委包揽行政决策，而是通过党委集体领导、积极支持院长依法依规履行职责，从而卓有成效地开展工作、促进发展。党委集体领导不是书记个人领导，党委书记是党委的召集人，相当于带头人，党委领导院长，不是党委书记领导院长。在医院中，党委书记和院长承担着共同而又各有侧重的责任，没有一把手、二把手之分，应当相互信任、密切沟通、换位思考、增强合力。只有党委领导有力、党政团结和谐、政治生态健康，我们的医院才会具有积极向上的活力。凡是党政关系不和谐的，事业发展一定会受挫，对个人也是不幸。

第二，要积极探索党政班子的议事决策制度。议事决策的核心是要用好民主集中制。实施意见明确规定"三重一大"等重要事项，由党委会讨论决定，重要行政、业务工作应当先由院长办公会议讨论通过，再由党委会议研究决定。这对我们的议事和决策提出了基本要求，但在具体的操作过程中，我们不能生搬硬套，过度区分两套班子，还是应该强调党委会与院长办公会之间各有分工，但有效衔接，重大的问题在上会前就提前沟通、取得共识，避免重复开会、议而不决。就交大而言，党委常委会议和校长办公会议一般是隔周召开,所有副校长都参加或者列席党委常委会议,我和各位副书记也都参加校长办公会议。有时为了及时决策,也会将两个会放在同一个单元(半天)召开。一般而言,在校长办公会已讨论通过的重要行政、业务工作,常委会上不重复讨论,可直接通过决策意见。在工作机构上我们也做了一些调整,把学校的党委办公室和校长办公室合并,成立了党政办公室。

第三,要把党建和医院的中心工作有机结合起来,围绕中心抓党建。基层党建工作要紧紧围绕健康中国的战略要求,让党建与医院的医疗、科研、教学等工作统一起来、融合起来,避免党建和业务工作"两张皮"。

二、发挥学科交叉融合的优势,促进医工、医理、医文交叉融合,促进医教协同发展

回首医学院这些年的快速发展,得益于"部市共建""部部共建"的体制机制,也离不开依靠综合性大学这一支撑平台,离不开优势互补、交叉融合的发展模式。2007 年,学校设立了"医工交叉研究基金",在国内率先提出了医工交叉的创新模式:面向国家需求和临床应用,通过"医""工"团队协同合作,建立培育国家重大项目、培养复合型人才、对接企业产业化的医工交叉平台。2007 年至今,已累计资助项目超过1 300 项,经费则呈现逐年上升趋势。今明两年,随着转化医学重大科技基础设施,以及医疗机器人产业园、医学影像研究基地等一批高水平设施和基地投入使用,将进入质的飞跃阶段。通过医工交叉基金,我们整合优质资源,培育了一批国家和省部级项目,对学校和医学院科研水平的提升,都起到了非常大的作用。

2010 年,在王振义院士的倡议下,交大向国家发展改革委申报建设

"转化医学国家重大科技基础设施"，并得到批复。当前，闵行校区基地转化医学大楼建设已经投入运行，瑞金基地转化医学大楼也将于2019年投入运行。林忠钦校长和丁奎岭常务副校长正在着力谋划上海交通大学转化医学交叉研究计划（SJTU Trans-med Awards Research，简称"STAR"计划）。我们非常欢迎医学院和附属医院的各位专家们积极参与研究计划，围绕国家在脑科学、再生医学、精准医疗等方面的重大战略需求，开展前沿研究，共同打造交大"转化医学"的高地，为交大冲击世界一流大学、医学院冲击世界一流医学院提供动力。

当然，医工、医理的交叉融合和协同发展不仅仅是科学研究、社会服务，更重要的还是培养人才。我们要努力把我们在学科、医疗方面的优势，特别是13家附属医院的临床教学优势，转化为育人优势。"士有百行，以德为先。"对于未来卓越医学健康人才的培养，我们要坚持立德树人、强调价值引领，不仅要提升医学人才的过硬技能，更要提升人文情怀和综合素质，让"学在交大，行在交医"蔚然成风。在这方面，我们的全体教师以及带教医生要以身垂范，做到以德立身、以德立学、以德施教。

同志们，十余年来，医学院"博极医源，精勤不倦"与交大"求真务实，努力拼搏，敢为人先，与日俱进"的精神品格交相辉映，相得益彰，诠释了交大人的家国情怀和使命担当。希望我们继续团结奋进、砥砺前行，为实现健康中国贡献更大的力量，为践行社会责任书写更精彩的篇章。

不忘初心　牢记使命　坚决做到"两个维护"*

（2019 年 9 月 20 日）

专题学习今天进入第二天，昨天大家听了两个报告，各有特点，相信同志们都有收获。另一方面，辅导报告不能代替自学，我们要按照上级要求读原著、学原文。作为本次主题教育的普遍要求，广大领导干部要重点精读《习近平关于"不忘初心、牢记使命"重要论述选编》（简称《选编》）和《习近平新时代中国特色社会主义思想学习纲要》。在今天的学习讨论中，我重点谈谈学习《选编》的体会。

《选编》以党的十九大报告作为开篇，然后按照时间顺序选编了 37 篇讲话或文章，内容非常全面，从这样一个脉络来理解习近平新时代中国特色社会主义思想，包括理解习近平总书记本人对我们党和国家发展历程中的一些重要历史阶段、历史事件和历史人物的认识和评价，都颇有深意。另外，《选编》在理想信念、党性修养、政治纪律、政治规矩、思维方法等方面所收录的许多内容都很有针对性，非常有意义。《人民对美好生活的向往，就是我们的奋斗目标》是习总书记在党的十八大闭幕后的中外记者见面会上做出的庄严承诺，作为党的十八大代表，我深有感触。在《认真学习党章，严格遵守党章》中，总书记号召全党学好党的十八大修订的党章，拉开了全面从严治党的序幕。在《中国梦，复兴路》中提出了"中国梦"。《在第十二届全国人民代表大会第一次会议上的讲话》是习近平同志当选国家主席后的讲话，总书记以身许党许国

＊　本文是 2019 年 9 月 20 日在上海交通大学主题教育第一次集体讨论时的发言。

的意志和能力令人肃然起敬。此外，《加强辩证唯物主义是中国共产党人的世界观和方法论》和《推动全党学习和掌握历史唯物主义，更好认识规律，更加能动地推进工作》分别讲了辩证唯物主义和历史唯物主义，选编这两篇文章很有意义。回首我们党建党90多年、新中国成立70年、改革开放40多年来所走过的路，确实要用历史唯物主义的观点去认识，在主题教育的过程中和日常工作中也要注意把握，防止以偏概全。

在《选编》中，有多篇关于理想信念的讲话，包括《领导干部要践行"三严三实"》一文也是与理想信念有着很大关联的。另外，关于坚决维护习近平总书记党中央的核心、全党的核心地位，坚决维护党中央权威和集中统一领导，也有比较重的分量，这也是主题教育的重点内容，大家要认真学习理解，往心里走，往深里走，往实里走。这对我们严守政治纪律、政治规矩也有非常强的指导意义。同时，这与我们党一贯坚持的民主集中制原则是不矛盾的，这点也要认真领会与把握。《在纪念毛泽东同志诞辰一百二十周年座谈会上的讲话》和《在纪念邓小平同志诞辰一百一十周年座谈会上的讲话》，是代表我们党对两位领袖在党的发展过程中所做出的历史性功绩的准确评价，也反映了我们党继往开来的优良传统。另外，还有几篇大家比较熟悉，包括《在纪念马克思诞辰两百周年大会上的讲话》《在庆祝改革开放四十周年大会上的讲话》等，后面这个讲话我们是在菁菁堂集体收看的，我印象最深的就是"改革开放是我们党的一次伟大觉醒"，这是习总书记对改革开放的历史地位和重大意义的深刻阐述。另外还有三篇，名称都含有"一以贯之"，分别是《坚持和发展中国特色社会主义要一以贯之》《推进党的建设新的伟大工程要一以贯之》《增强忧患意识、防范风险挑战要一以贯之》。一些西方领导人对我们党在改革开放40年中乘风破浪、不断进步疑惑不解，关键是在西方制度下，不可能"一以贯之"。在读《选编》的过程中,我还是很有感情的,有一种代入感。我感到习近平总书记的确是一位伟大的马克思主义者,他对于我们党的历史、国家的命运有非常全面的评价和极为深刻的理解,我们一定要向总书记看齐。作为基层党组织,要把如何全面系统领会习近平总书记和党中央的要求把握好,并加以贯彻,结合实际推动中国特色世界一流大学的建设。这是我们学习原著的意义所在。通过原汁原味地学,并且在实践中学思践悟,才能完整准确地理解习近平总书记的思想,把我们的工作切实做好。习近平总书记关于高等教育有一系列重要指示,我们应该理解得比较深入,并在全面领会的基础上认真落实。习近平总书记对教育的要求相对集中在思想政治方面,但这并不就是全部内容。比如,习近平总书记关于"双一流"建设和科技创新等方面的指示,是习近平教育思想的重要内容。我们现在有双重责任,一方面是要参考世界公认的客观标准建设我们的一流大学,提升我国高等教育的国际认可度和国际话语权;另一方面我们更要为国家的复兴做出不可或缺的贡献,这些贡献可能在国际评价体系里很难体现。习近平总书记对教育无比重视,对知识分子群体高度信任、寄予厚望,这也是习近平总书记教育思想的内容。我一直觉得信任很重要,但信任不能代替监督。只有信任,没有监督,好人可能会变坏。我们党在反腐倡廉问题上付出了比较沉重的代价,与监督不到位有很大的关系。因此,自觉接受监督是我们党性修养的一部分,要习惯于在监督中工作和生活。当然,在实际工作中也要注重改进监督的方式方法,不要出现"一个人干活,九个人监督"的情况,所以我们党提出在治理体系和治理能力现代化方面还需要不断探索,定于四季度召开的党的十九届四中全会就会讨论这一重大议题。

旗帜鲜明加强党的领导
坚定自信迈向世界一流*

（2019 年 10 月 17 日）

党的十八大以来，特别是全国高校思想政治工作会议之后，上海交通大学在坚持社会主义办学方向，把握立德树人根本任务，认真执行党委领导下的校长负责制，切实把党的领导贯穿于办学治校、教书育人全过程方面取得了一些新进展，为加快创建中国特色世界一流大学提供了坚强政治保证。

一、坚持和完善党委领导下的校长负责制，切实履行管党治党、办学治校主体责任

一是完善议事决策制度，充分发挥党委集体领导作用。同时，注意准确把握"党委领导"和"校长负责"的关系，明确党委集体领导不是书记个人领导，党委决定重大事项不是党委包揽行政决策，作为书记，坚持与校长各有侧重、相互信任、换位思考、密切沟通，积极支持校长依法按章履行职责。着力构建党政班子成员务虚研讨、党委全委会和常委会研究决策、校长办公会组织落实的议事决策体系，修订完善党委全委会、常委会、校长办公会会议制度和议事规则，形成党委统一领导、党政

---

* 本文是 2019 年 10 月 17 日在部分中管高校"不忘初心、牢记使命"主题教育工作座谈会上的发言。

分工合作、高效协调运行的工作机制。

二是加强党政工作统筹，形成工作合力。2016 年 5 月，我校将党委办公室和校长办公室合并为党政办公室，把原先分别召开的校院书记季度交流会和校院长季度交流会合并为校院领导季度交流会，积极推动党政工作协同，实践效果良好。

三是健全工作指导推动机制，层层压实管党责任。学校党委定期专题研究党的建设和思想政治工作，制定细化落实举措。建立党务专题会制度，每周召开一次，及时学习传达中央和上级党委的决策部署，推进落实重点工作。健全工作督查和考核评价体系，把党建和师生思想政治工作纳入院（系）工作考核的重要内容。

二、增强基层党组织政治功能，着力提升基层党建工作质量

一是强化院（系）党组织政治把关作用。制定院（系）党组织会议规则，修订院（系）党政联席会议工作办法，明确"三重一大"事项由院（系）党组织以适当方式前置讨论、党政联席会议决定，明确党建工作包括干部工作由院（系）党组织会议决定，从制度上保证院（系）党组织会议与党政联席会议各有分工、有效衔接。同时，进一步明确个别酝酿、会议决定的要求，避免重复开会、议而不决。

二是选优配强院（系）领导班子特别是书记、院长。把政治素质优、管理能力强、懂业务、有修养的优秀干部选派到院（系）党组织书记岗位上，党员院长全部兼任院（系）党组织副书记。

三是加大对基层党支部工作指导力度。加强基层党务工作者队伍建设，实现院（系）组织员配备全覆盖。注重从专家学者、教学名师、学术骨干中选育教师党支部书记。分类制定教师、学生、机关党支部年度活动主题，每年下拨 500 万元党费支持基层党支部活动，开展优秀案例

评选,推动基层党组织围绕中心工作抓党建,不断提升支部活动实效。

三、坚持立德树人,切实加强对广大师生的思想政治引领

一是坚持把价值引领贯穿于人才培养各个环节。紧紧围绕培养社会主义建设者和接班人的目标要求,坚持价值引领、知识探究、能力建设、人格养成"四位一体"的育人理念,组织开展以"立德树人,学在交大"为主题的教育思想大讨论,凝聚广泛共识,营造浓厚氛围,培育家国情怀,强化使命担当。"选择交大,就选择了责任"已逐步成为交大学子最深刻的求学记忆。

二是坚持育人者先受教育,切实加强教师思想政治工作。学校党委成立教师工作委员会,由党委副书记担任主任,下设党委教师工作部(与人力资源处合署办公),统筹推进教师的思想引领、教书育人、师德师风、职业发展等工作,把教书育人的使命职责亮在明处、落在实处。加强对教师群体特别是海归教师、党外知识分子的关心团结和政治引领,在服务中加强教育引导,既讲道理又办实事,不断增强他们对"四个自信"的认同。

三是着力打造专职为主、专兼结合的思想政治工作者队伍。制定《关于青年教师参与大学生思想政治工作经历认定和应用的实施细则》,明确青年教师晋升高一级专业技术职务,需有1年以上参加学生思想政治工作经历并考核合格的要求。制定专职辅导员"卓越体系建设方案",借鉴学校长聘教职的模式,为专职辅导员职业发展创造条件和空间,鼓励一批有经验、有能力、有水平、有情怀的专职辅导员在院(系)一线潜心育人。

各位领导、同志们! 党的领导和思想政治工作的加强和完善,有力地推动了上海交大创建中国特色世界一流大学。学校不仅在国际上有

影响力的大学排名中相继进入百强大学行列，而且在服务国家重大需求，解决"卡脖子"关键技术和工程突破方面取得了有显示度的成果，特别是在"立德树人、教书育人"方面形成了良好的氛围。

下一步，我们将按照本次座谈会的精神，认真组织开展"不忘初心、牢记使命"主题教育，切实加强学校党的建设和思想政治工作，坚持中国特色与世界一流的有机统一，奋力推进"双一流"重大战略决策落实，在中华民族伟大复兴中做出无愧于时代的贡献。

践行初心使命　迈向世界一流 *

（2019 年 11 月 12 日）

　　教育事关国家发展、事关民族未来。没有哪一项事业像教育这样影响甚至决定着接班人问题，影响甚至决定着国家长治久安，影响甚至决定着民族复兴和国家崛起。习近平总书记关于教育的重要论述为建设中国特色世界一流大学提供了根本遵循。教育是国计也是民生，是践行我们党"为中国人民谋幸福，为中华民族谋复兴"初心和使命的重要方面。

　　上海交通大学深入开展"不忘初心、牢记使命"主题教育，在学懂弄通做实习近平新时代中国特色社会主义思想上下功夫，践行初心使命，坚持为党育人、为国育才，以高质量主题教育加快推进中国特色世界一流大学建设。

一、加强党的全面领导，牢牢把握社会主义办学方向

　　习近平总书记指出，中国共产党的领导是中国特色社会主义最本质的特征。古今中外，每个国家都是按照自己的政治要求来培养人的，世界一流大学都是在服务自己国家发展中成长起来的。中国共产党领导是建设中国特色世界一流大学的根本保障，也是我们的制度优势。

　　上海交通大学坚持和完善党委领导下的校长负责制这一党对高校

* 本文 2019 年 11 月 12 日发表于《光明日报》。

领导的根本制度,切实把党的领导贯穿于办学治校、教书育人全过程,为加快建设中国特色世界一流大学提供坚强政治保障。在校级层面,着重处理好"党委领导"与"校长负责"的关系,落实党的全面领导。在院系层面,认真执行好党政联席会议制度和党组织会议制度,各有侧重、有效衔接、增强班子合力。在基层党支部层面,在抓好规范的同时,更好地激发创新活力,推进党务工作和业务工作双融合、双促进。

注重发挥党委集体领导作用,积极支持校长依法按章履行职责。着力构建党政班子成员务虚研讨、党委全委会和常委会研究决策、校长办公会组织落实的议事决策体系,健全党委统一领导、党政分工合作、高效协调运行的工作机制。将党建和师生思想政治工作纳入院系工作考核内容,与"双一流"建设工作一起谋划、一起部署、一起落实、一起检查。从专家学者、教学名师、学术骨干等优秀党员中大力选育教师党支部书记,促进学科、党建双带头、双培养。分类制定教师、学生、机关党支部年度活动主题,开展"一目标、一问题、一方案"系列主题党日活动,推动基层党组织围绕中心工作抓党建,不断提升支部活动实效。学校形成了党委领导有力、党政团结和谐、干部积极奋进的良好工作氛围。

二、遵循人才培养规律,牢牢把握立德树人的根本任务

育才造士,为国之本。培养德智体美劳全面发展的社会主义建设者和接班人,是办好新时代中国特色社会主义大学的根本任务,也是实现教育现代化的方向目标。上海交通大学牢牢把握立德树人根本任务,努力在推进"双一流"建设中培养德智体美劳全面发展的优秀社会主义建设者和接班人。

坚持价值引领、知识探究、能力建设、人格养成"四位一体"的育人

理念，把价值引领贯穿于人才培养的各个环节，培育家国情怀，强化使命担当。开展国家勋章、国家荣誉称号获得者黄旭华、吴文俊的先进事迹展等系列专题活动。将"饮水思源，爱国荣校"的校训和"胸怀大局、无私奉献、弘扬传统、艰苦创业"的"西迁精神"作为爱国主义教育的校本教材，加强爱国主义教育、厚植爱国情怀。

学校坚持育人者先受教育，传道者首先要明道、信道，切实做好教师思想政治工作，学校党委成立教师工作委员会和党委教师工作部，统筹推进教师的思想引领、教书育人、师德师风、职业发展等工作。贯彻落实习近平总书记提出的"政治要强、情怀要深、思维要新、视野要广、自律要严、人格要正"的要求，把教书育人的使命职责亮在明处、落在实处。加强马克思主义学院及思政课教师队伍、辅导员队伍建设，着力打造专职为主、专兼结合的高水平师资队伍。加强对教师群体特别是海归教师、党外知识分子的关心团结和政治引领，在服务中加强教育引导，既讲道理又办实事，切实增强政治认同、思想认同和情感认同。

三、融入国家和区域发展，牢牢把握"四个服务"的基本遵循

习近平总书记指出："我国高等教育发展方向要同我国发展的现实目标和未来方向紧密联系在一起，为人民服务，为中国共产党治国理政服务，为巩固和发展中国特色社会主义制度服务，为改革开放和社会主义现代化建设服务。"这是我们推进"双一流"建设必须遵循的根本原则，必须深化落实于扎根中国大地办世界一流大学的具体实践中。

近年来，上海交通大学坚持面向世界科技前沿、面向国家重大需求、面向国民经济主战场，充分激发师生创新活力，提升自主创新能力。对接上海具有全球影响力的科创中心建设，加快建设李政道研究所、交大张江科学园。扎实推进智能制造研究院、人工智能研究院、医疗机器

人研究院和中国城市治理研究院等一批对接国家战略需求的前沿性研究平台以及交叉学科平台、智库平台建设。着力打造"大海洋""大健康"学科高峰。推进转化医学国家重大科技基础设施建设；对接长三角一体化战略，成立健康长三角研究院。服务海洋强国战略，与自然资源部第二海洋研究所合作共建海洋学院。聚焦攻关关键核心技术，取得重要进展。创建了海上大型绞吸疏浚装备的完整技术体系，技术水平跃居世界前列，实现从"被封锁"到"出口管制"的突破，开发研制一系列建设深远海岛礁的"国之重器"。

守初心、担使命。上海交通大学坚持扎根中国大地办世界一流大学，坚持为党育人、为国育才，持续推动内涵式发展。学校将牢牢把握"守初心、担使命，找差距、抓落实"的主题教育总要求，增强"四个意识"、坚定"四个自信"、做到"两个维护"，以钉钉子精神推进解决短板和瓶颈问题，把习近平新时代中国特色社会主义思想转化为推进学校改革发展的实际行动，让初心使命成为党员干部开拓创新的动力和真抓实干的自觉，奋力推进"双一流"重大战略决策落实，在中华民族伟大复兴中做出无愧于时代的贡献！

人民科学家钱学森的初心使命[*]

（2020 年 1 月 9 日）

　　2019 年是人民科学家钱学森同志逝世十周年。在全社会大力弘扬科学家精神之际，从钱学森光辉灿烂的科学人生中，我们可以重温他作为一名优秀共产党员对党和人民无限忠诚的炽热情怀。他的使命担当及党性光芒，为新时期全面加强党的建设，推进国家治理体系和治理能力现代化提供了理论支撑与现实镜鉴。

一、心怀科学报国梦，决心为党和人民事业奋斗终身

　　习近平总书记指出："只有理想信念坚定的人，才能始终不渝、百折不挠，不论风吹雨打，不怕千难万险，坚定不移为实现既定目标而奋斗。"

　　钱学森堪称信念坚定、为党和人民事业奋斗终身的共产党员的典范。在上海交通大学求学期间，他通过参加党的外围组织及其开展的进步活动，接受科学社会主义思潮的洗礼，引发了自身对中国革命前途问题的关注和思考。

　　1935 年，钱学森怀着"将最先进的科学技术学到手，为中国人争气，为祖国争光"的远大理想赴美留学。正是因为有这种坚定的爱国情怀、家国梦想作支撑，钱学森硕士毕业后即深感"一名技术科学家对于

＊　本文 2020 年 1 月 9 日发表于《光明日报》。

祖国的帮助远大于一名工程师"，针对振兴祖国航空工业的现实需要，他从航空工程转向航空理论研究。

当得知新中国即将诞生，他当即先后辞去各种重要职务，毅然决定回国服务。在回国受阻期间，钱学森这位在万里之外的赤子，孤身一人面对强大的美国反动势力，不仅没有屈服，而且表现出一位中国科学家在美国国家力量打压面前毫不畏惧、有理有节的大气魄、大智慧，充分体现了大义凛然的民族气概和义无反顾的赤子豪情。

1959 年 11 月 12 日，钱学森正式成为一名中国共产党党员。在他看来，成为一名党员代表着自己真正融入了广大劳动人民。钱学森将一生深深融入了中国共产党人"为中国人民谋幸福，为中华民族谋复兴"的初心和使命之中。

二、充分发挥社会主义制度优势，开创中国航天伟业

一个国家、一个民族要自立于世界民族之林，既要有坚实的物质基础，又要有强大的精神力量，更要有科学的制度保障。中国特色社会主义最本质的特征是中国共产党领导。中国特色社会主义制度的最大优势是中国共产党领导。

钱学森作为中国航天事业奠基人，在"两弹一星"工程研制过程中，他始终站在世界科技前沿，以自己的卓越智慧和远见卓识，带领新中国第一代航天人自力更生、艰苦创业，攻破了一系列重大技术难关，解决了一大批关键技术难题，在艰苦卓绝的环境中开创了举世瞩目的航天事业；他从战略高度思考、谋划我国科学技术发展特别是国防科技发展的重大问题，提出了许多富有创造性、富于前瞻性的重要学术思想和有重大价值的建议，为我国导弹航天事业发展做出了许多具有里程碑意义的贡献。

在党中央坚强领导下，广大航天科技人员自力更生、大力协同、尊

重科学、严谨务实、献身事业、勇于攀登，铸就了伟大的航天精神。钱学森认为，导弹航天是一项成千上万人的事业，没有党的领导，没有集体的努力是谁也干不成的。他自己只是恰逢其时，回到祖国，做了他该做的工作。1989 年，他在致聂荣臻元帅的信中，对"两弹一星"成功经验所体现的社会主义制度优势进行了科学总结。

开创中国航天事业，钱学森肩负着特殊的历史使命，承担着独特的时代角色。他既是规划者，又是实施者；既是事业上的领导，又是技术上的导师。他一方面开创了中国航天实现跨越式发展的"中国模式"和"中国经验"；另一方面也促进了他系统工程思想的形成和发展，为构建系统工程中国学派奠定了坚实基础。

三、探索国家治理体系和治理能力现代化的理论良方

进入晚年，钱学森从国防科研战线技术领导人岗位上退居二线，但他退而不休、老而弥坚，将主要时间和精力用于思考关乎国家长远发展、长治久安的系统性、前瞻性、战略性重大问题，试图找到科学地建设社会主义的理论和方法，为国家和人民继续贡献自己的"光"和"热"。

钱学森以辩证唯物主义认识论为指导，运用博大精深的思想和敏锐的洞察力，广泛吸收现代科学技术各领域的知识，融会贯通、高屋建瓴，构建了从基础学科、技术科学到工程技术三个层次的现代科学技术体系，并将马克思主义哲学置于最高位置，作为人类对客观世界认识的最高概括。他在跨学科、跨领域和跨层次的研究中，特别是不同学科、不同领域的相互交叉、结合与融合的综合集成研究方面，做出了许多开创性的贡献，并将其融入现代科学技术体系的总体框架之中。

1979 年，钱学森与乌家培发表《组织管理社会主义建设的技术——社会工程》一文。该文是钱学森等人将系统工程从工程系统工

程上升为社会系统工程、从工程管理上升为国家管理,在认识论和方法论层面的重要成果。这一成果具有鲜明的马克思主义理论特质和中国特色社会主义现实指向,为我国新时期全面深化改革、扩大对外开放提供思想助力,与党中央治国理政强调系统思维、统筹规划以及全面深化改革强调系统性、整体性、协同性高度契合。

党的十九届四中全会通过的《中共中央关于坚持和完善中国特色社会主义制度、推进国家治理体系和治理能力现代化若干重大问题的决定》指出,要"尊重知识、尊重人才,加快人才制度和政策创新,支持各类人才为推进国家治理体系和治理能力现代化贡献智慧和力量"。钱学森自改革开放伊始即投入大量时间和精力思考与我国社会主义现代化建设密切相关的重大理论和现实问题。尤其在晚年,他在理论层面对提高国家治理体系和治理能力现代化提出了一系列真知灼见。他提出,要研究和创立社会主义现代化建设的科学、领导社会主义现代化建设要讲究决策的科学化、强调社会主义文明的协调发展要加强社会主义政治文明建设、要重视我国社会主义建设的大战略问题等前瞻性观点,直面我国社会主义建设中的重大理论和现实问题。

理想信念是共产党人的"总开关"。我们每一位党员都应自觉学习、宣传和弘扬钱学森作为一名党员的崇高精神品质和人格魅力,用榜样的力量自我感召,建功立业新时代。高等教育应自觉践行立德树人根本任务,切实贯彻习近平总书记在全国教育大会上所强调的"要在坚定理想信念上下功夫,教育引导学生树立共产主义远大理想和中国特色社会主义共同理想,增强学生的中国特色社会主义道路自信、理论自信、制度自信、文化自信,立志肩负起民族复兴的时代重任"的重要讲话精神,以理想信念塑造挺拔灵魂,努力培养一代代钱学森式具有崇高理想和坚定信念的社会主义建设者和接班人,为办好人民满意的教育不懈奋斗。

后 记

当本书付梓之际,我依然有些惶恐。出书不是我的初衷,写作也不是我的强项。只是交大有这样一个传统,主要领导退任之后,通常会对自己在任期间的所作所为、所思所想有所整理,并在此基础上结集出版一本书。我在此之前拜读过几位交大老领导的著作,感觉到不仅亲切生动,而且确有资治、存史的价值。因此,在振斌书记和忠钦校长的鼓励下,我也勉为其难,用了 6 个多月时间,将担任党委书记 6 年多的报告、讲话、发言和文章等整理了一番,选择了若干较有代表性的文章编入五个篇目,形成了这本拙作。

本书的主题比较明确,那就是坚定从容建设世界一流大学。这也是过去 6 年间上海交大全部工作的主旋律。我们咬定青山不放松,从容自信干实事,实现了综合实力进入世界百强大学行列的阶段性奋斗目标。本书呈现了学校党委在管党治党、办学治校过程中履行主体责任的情况,既包含实践探索,也包含理论思考,希望能够反映出中国特色世界一流交大之路的独特性。

本书的内容忠于史实。近年来,以习近平同志为核心的党中央对我国高等教育发展做出了一系列重要指示。历史的车轮滚滚向前,中国的发展日新月异,如何建设中国特色世界一流大学的认识和实践也在不断深化。因此,细心的读者会发现,本书在不同年份中对同一主题或观点的阐述并不完全一致,或者说,有些前些年发表的观点与今天的主流意见也不尽相同,但出于忠于历史、忠于原作的考虑,本书所选取的文章和讲话均保持了当时的原貌,这或许也有利于读者从中发现思想和实践的演进，从而理解与时俱进的含义。

本书的编撰是集体智慧的结晶。一方面，书中有些文章和讲话是学校相关部门的同志代为起草的，我只是在写作提纲确定和修改定稿阶段贡献了意见。有些报告是党委集体讨论后定稿的，许多校领导都参与了文稿准备和修改定稿。另一方面，在确定编著本书之后，党政办公室、改革与发展研究室和交大出版社的有关同志付出了许多心血，包括各类资料、照片的搜集整理，篇目及文稿的确定和修改以及编辑出版中各方面细节的把握等，在此一并致以诚挚的谢意。

再过两天，我们就将作别令世人惊心动魄的庚子鼠年，迎来充满希望的辛丑牛年。此时此刻，我祈愿世界和平、国家安泰、人民幸福！我也衷心希望我的母校上海交通大学在攀登世界一流大学高峰的进程中不断取得新的辉煌，提前祝福母校125周年生日快乐！

2021 年 2 月 10 日
于上海交大徐汇校区